LLM으로 만드는
AI 투자 분석 시스템

LLM으로 만드는 AI 투자 분석 시스템

Designing AI Investment
Analysis Systems Using LLM

박준형·김용희 지음

좋은땅

AI는 금융 분석의 언어를 바꾸고 있습니다. 데이터가 폭증한 시대에 투자 판단은 더 이상 단편적 지표나 직관에만 의존할 수 없습니다. 이 책은 대규모 언어 모델(LLM)을 활용해 전통적 분석의 강점과 현대 AI의 능력을 결합하여, 근거가 명확하고 일관되며 재현 가능한 투자 분석 시스템을 구축하는 과정을 단계별로 안내합니다.

우리가 다루는 근본 질문은 변하지 않습니다. "가격과 가치 중 무엇이 진실인가?" 도구는 진화해도 본질은 같습니다. 우리는 이 영원한 질문을 오늘의 기술로 다시 묻고, 더 엄밀한 방식으로 답하려 합니다.

이 책의 흐름은 맥락 이해에서 시작됩니다. 1장과 2장에서 가치투자와 기술적 분석의 계보, 그리고 트랜스포머·임베딩·어텐션으로 대표되는 LLM의 핵심 원리를 짚어 현재 위치를 가늠합니다. 과거와 현재의 언어가 만나는 지점을 이해하는 것은 이후 설계 선택의 기준을 제공합니다.

3장부터는 실습으로 들어갑니다. 간결한 개발 환경을 구축하고 Apple을 사례로 첫 분석을 구현합니다. 초기 성과는 단순하지만, 여기에 일관성을 더하면 분석이 시스템이 됩니다. 4장에서는 프롬프트의 온도 설정과 역할 부여, 예시 활용과 구조화 출력을 통해 동일 입력에 동일한 형식과 품질의 결과가 나오도록 표준화합니다. 재사용 가능한 템플릿과 스키마는 현업 적용의 출발점입니다.

언어 모델만으로는 현재를 알 수 없습니다. 5장에서는 실시간 데이터 연동을 통해 지식의 시차를 해결합니다. Yahoo Finance의 가격과 지표, SEC 공시 자료, 최신 뉴스를 결합하여 모델이 추측이 아닌 근거로 답하게 합니다. 숫자와 출처, 해석이 연결될 때 분석은 신뢰를 얻습니다.

6장은 컨텍스트 한계를 다룹니다. 모든 문서를 입력하는 대신 RAG로 필요한 부분만 정밀 검색하여 비용과 품질을 동시에 확보합니다. 방대한 자료에서 질문과 직결된 부분만 선별해 인용하는 방식은 '적게 넣고 정확하게'라는 실무 원칙을 기술로 구현합니다.

정보가 충분해도 사고 과정이 흐트러지면 좋은 결론이 나오지 않습니다. 7장에서는 Chain-of-Thought, Self-Consistency, Self-Refine 등 고급 프롬프트 기법으로 모델이 답뿐 아니라 이유를 설명하게 합니다. 단계별 추론과 자기 검토가 결론을 견고하게 만들고, 사용자는 판단 과정을 검증할 수 있습니다.

실제 운영 환경은 별개의 도전입니다. 8장에서는 제로 트러스트 보안 아키텍처를 통해 인증과 권한, 로그와 거버넌스 체계를 구축합니다. "항상 검증하고, 최소 권한으로, 맥락에 따라, 지속적으로"라는 원칙은 금융 환경에서 AI를 안전하게 운영하기 위한 필수 조건입니다.

9장에서는 시선을 넓혀 자동화와 개인화, 리스크 관리가 상호 강화하는 미래 금융 생태계를 조망합니다. 여기서는 정답을 예언하기보다 변화 속에서도 흔들리지 않을 작업 원칙과 점검 질문을 정리합니다. 기술은 변해도 좋은 시스템의 기준은 분명합니다.

이 책을 관통하는 네 가지 기준이 있습니다. 일관성, 근거, 최신성, 보안입니다. 같은 질문에는 같은 구조의 답이 나와야 하고, 수치와 출처로 설명 가능해야 하며, 최신 정보를 반영하되 모든 과정이 안전하게 운영되어야 합니다. 이 원칙 아래 각 장의 예제는 독립 실행이 가능하도록 구성했고, 불확실한 환경에서도 재현 가능한 결과를 목표로 설계했습니다.

독자는 현업의 투자·데이터·기술 실무자이거나 제품과 전략을 기획하는 담당자일 것입니다. 파이썬과 API에 대한 깊은 배경지식 없이도 따라 할 수 있도록 코드는 단순하게, 샘플 데이터로 외부 의존성을 최소화했습니다. 중요한 것은 특정 라이브러리 문법이 아니라 분석을 설계하는 언어와 절차를 익히는 일입니다.

Apple은 첫 분석을 위한 도구일 뿐, 본질은 범용적인 방법론을 구축하는 것입니다. 이 책을 마칠 즈음이면 기업과 문서, 도메인을 가리지 않고 적용할 수 있는 프롬프트·데이터·보안의 공통 프레임을 갖추게 될 것입니다. 변화는 빠르지만 좋은 질문과 견고한 절차는 오래갑니다. 이 책이 그런 기준을 세우는 데 도움이 되기를 바랍니다.

CONTENT

Chapter 4 프롬프트 엔지니어링과 구조화된 응답

Chapter 5 실제 데이터로 신뢰성 확보하기

## Chapter 1

금융 분석의 역사와 패러다임 변화

주식시장의 역사는 본질적 가치를 어떻게 발견할 것인가의 역사였습니다. 벤저민 그레이엄이 제시한 가치투자 철학은 '가격'과 '가치'를 구분하고, 재무제표라는 객관적 근거를 통해 기업의 내재가치를 추정하는 훈련이었습니다. 이 접근은 시장의 소음 속에서도 흔들리지 않는 기준을 제공했고, 이후 세대의 투자자들이 같은 언어로 기업을 대화하게 만들었습니다. 우리가 지금 배우려는 LLM 기반 분석도 결국 '가치'라는 질문으로 되돌아옵니다. 도구와 데이터의 양이 바뀌었을 뿐, 본질은 그대로입니다.

1.1.1 벤저민 그레이엄의 가치투자 철학

"가치투자(Value investing)"의 아버지인 벤저민 그레이엄(Benjamin Graham)의 시대는 전통적 펀더멘털 분석의 기초를 다진 중요한 시기였습니다.

벤저민의 사상은 이후 세대의 투자 프레임을 바꾸어 놓았습니다. 대표 저서로는 《증권분석》(1934)과 《현명한 투자자》(1949)가 널리 알려져 있으며, 워런 버핏은 《현명한 투자자》를 "투자에 관한 가장 탁월한 안내서"로 평가했습니다. 그의 핵심은 변동성 속에서도 재무제표를 토대로 내재가치를 판단하고, 가치 대비 가격이 충분히 낮을 때만 행동하라는 원칙입니다.[1]

1.1.2 안전마진과 재무제표 기반 분석

그는 재무제표를 바탕으로 자산·부채·수익성 지표를 교차 점검해 기업의 건전성을 평가했고, '안전마진(Margin of Safety)'으로 불확실성에 대비했습니다. 요지는 단기 소음에 휘둘리지 말고,

내재가치 대비 충분한 가격 여유가 있을 때에만 매수하라는 것입니다. 이 원칙은 오늘날에도 유효한 리스크 관리의 출발점으로 쓰입니다.

재무제표가 기업의 '얼굴'을 보여 준다면, 시장의 '심장 박동'은 가격과 거래량이 말해 줍니다. 그래서 투자자들은 기술적 분석을 통해 흐름을 읽는 법을 익혀 왔습니다.

기술적 분석과 차트 패턴의 발전

기술적 분석은 시장의 가격·거래량에 내재된 정보로부터 추세와 전환을 읽어 내는 시도였습니다. 다우이론에서 출발해 패턴과 지표는 시장 참여자의 행동을 해석하는 언어가 되었고, RSI·MACD 같은 지표는 '리듬'을 수치화했습니다. 이 절의 목적은 특정 패턴을 암기하는 것이 아니라, '행동의 흔적을 읽는 관점'을 익혀 이후 장에서 데이터·텍스트·행동을 하나의 서사로 엮기 위한 기초를 다지는 데 있습니다.

기술적 분석(Technical Analysis)은 기본적 분석(Fundamental Analysis)과 대비되는 기법입니다.

기본적 분석은 재무·산업·거시 지표를 종합해 기업의 내재가치를 평가하는 장기지향적 방법이고, 기술적 분석은 가격과 거래량의 흐름에서 수요·공급의 변화를 읽어 향후 움직임을 가늠하는 접근입니다. 전자는 정보 수집과 해석이 방대하다는 약점이, 후자는 맥락을 놓치기 쉽다는 한계가 있어 실무에서는 두 관점을 상호보완적으로 활용합니다.

1.2.1 초기 기술적 분석(찰스 다우 이론)

찰스 다우(Charles Dow)는 다우존스 앤 컴퍼니(Dow Jones & Company)를 공동 설립하고, 월스트리트 저널(Wall Street Journal)을 창간한 경제 언론인입니다. 다우는 가격이 군중의 기대와 정보(경제·정치·심리)를 반영한다는 가정 아래, 추세 개념(장기·중기·단기)과 거래량의 확인 원칙을 제시했습니다. DJIA는 시장의 체온을 읽는 대표 지표가 되었고, 단순 이동평균과 추세선 같은 기본 도구는 지금도 광범위하게 쓰입니다.

삼성전자 주가를 예로 들면, 10·20·50·100일 가격 평균을 계산해 추세의 방향성과 속도를 가늠할 수 있습니다. 이동평균(MA)은 일정 기간 동안의 가격 평균을 산출해 노이즈를 줄이며, 단순(SMA)·지수(EMA)·가중(WMA) 등 여러 방식으로 계산됩니다.

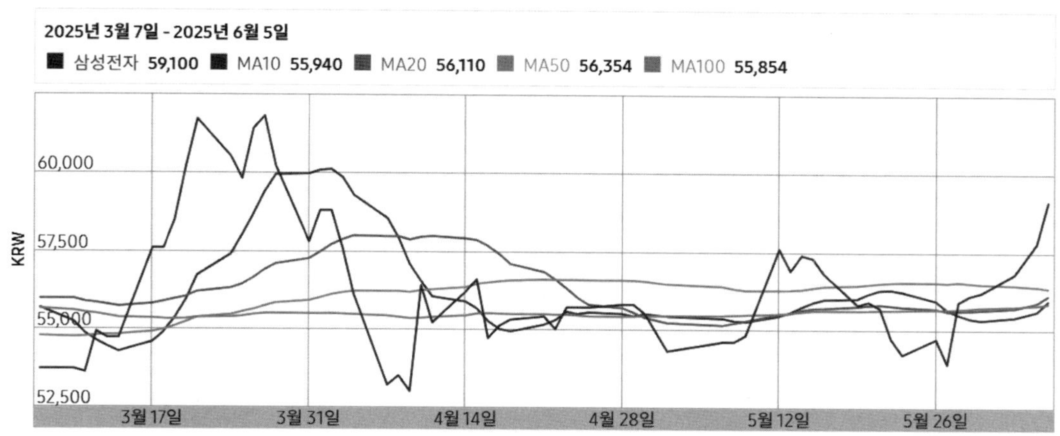

삼성전자 주가 그래프[2]

실무에서는 기간이 짧을수록(예: 5·10·20일) 신호는 민감하지만 '거짓 신호'가 늘고, 기간이 길수록(예: 50·100·200일) 추세는 안정적으로 보이나 반응이 느려지는 특성이 있습니다. 이평선 간의 교차는 대표적인 신호로 활용됩니다. 단기선이 장기선을 상향 돌파하면 '골든 크로스'로, 하향 돌파하면 '데드 크로스'로 해석합니다. 또한 가격이 이동평균 위에 있으면 지지로, 아래에 있으면 저항으로 작용하기 쉽고, 추세가 강할수록 가격과 이평선 사이의 괴리가 확대되었다가 평균회귀로 좁혀지는 순환이 반복됩니다.

1.2.2 차트 패턴과 지표 발전(1940~1970년)

《기술분석과 주식시장이익》(Technical Analysis and Stock Market Profits)의 저자인 리처드 샤베커(Richard Schabacker)와 《주식트렌드의 기술분석》(Technical Analysis of Stock Trends)의 저자인 에드워드 & 매기(Robert D. Edwards & John Magee)가 대표적인 차트의 패턴을 연구하였습니다.

머리 어깨형(Head & Shoulders), 삼각형(Triangle), 깃발형(Flag), 이중 바닥(Double Bottom) 등의 패턴이 등장하였습니다.

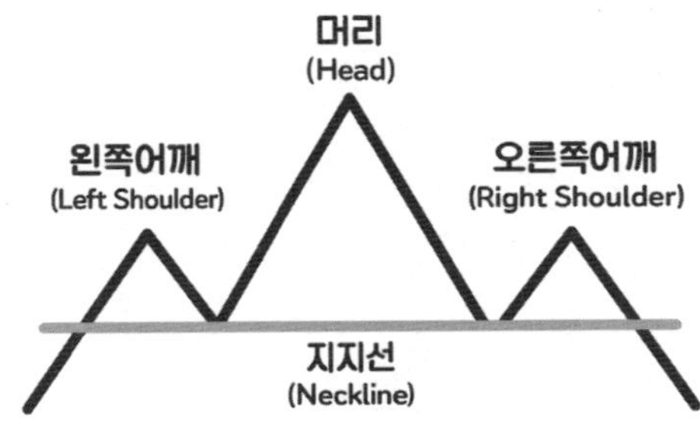

머리 어깨형 패턴

머리어깨형은 가운데 고점이 가장 높고 좌우 고점이 유사한 높이를 보이는 반전 패턴입니다. 지지선(넥라인) 하향 돌파가 확인 신호로 해석되며, 역머리어깨형은 하락 추세 말미의 상승 전환 시그널로 활용됩니다.

삼각형 패턴(Triangle Pattern)은 가격 변동 폭이 점차 좁아지다가 특정 방향으로 돌파되는 구조를 가진 중요한 패턴입니다. 상승 삼각형에서는 수평 저항선 위로 점차 높아지는 저점이 이어지며 최종적으로 저항선 돌파가 강한 상승 신호로 해석됩니다. 하락 삼각형은 수평 지지선과 낮아지는 고점이 결합되어 지지선 이탈 시 하락 지속 가능성을 시사합니다. 대칭 삼각형은 고점과 저점이 모두 수렴하여 방향성이 불확실하므로, 상단 또는 하단 이탈을 확인한 후에야 전략을 세우는 편이 안전합니다.

삼각형에서는 거래량이 대체로 수렴 단계에서 감소하다가 돌파 순간에 증가하는 모습이 자주 관찰됩니다. 목표가는 보통 삼각형의 가장 넓은 높이를 돌파 방향으로 투영해 추정하며, 돌파 직후 되돌림(리테스트)이 발생할 수 있으므로 손절선과 재진입 기준을 미리 정의하는 것이 좋습니다. 시간 프레임에 따라 신뢰도가 달라지므로, 단기 차트의 삼각형은 신속한 관리가, 일·주봉의 삼각형은 인내와 명확한 기준이 요구됩니다.

깃발형 패턴(Flag)은 강한 추세 움직임(깃대) 이후 짧고 좁은 조정 구간(깃발)을 거쳐 기존 추세로 재가속하는 형태입니다. 깃발 구간은 평행 채널로 나타나는 경우가 많고, 상방 재돌파 시 상승 깃발, 하방 재돌파 시 하락 깃발로 해석합니다. 돌파가 거래량 증가와 함께 나타날수록 신뢰도가 높아지며, 이른바 High and Tight Flag처럼 강한 상승 뒤 짧은 조정 후 직선적 급등이 이어지는 경우도 관찰됩니다.[3, 4]

깃발은 일반적으로 깃대 길이의 일부(대략 1/3~1/2 범위)에서 되돌림이 마무리되는 경향이 있으며, 깃발의 기울기는 주 추세의 반대 방향으로 완만하게 나타날수록 건강한 조정으로 해석됩니다. 목표가는 깃대의 길이를 돌파 지점에 더하는 방식으로 추정하되, 조정 기간이 지나치게 길어지거나 거래량이 급감만 지속될 경우 신뢰도가 약화될 수 있습니다.

이중 바닥(Double Bottom)은 두 차례의 저점 형성 후 넥라인 돌파로 상승 전환을 확인하는 반전 패턴입니다. 두 번째 저점이 첫 번째와 유사하거나 다소 높을수록 신뢰도가 높아지며, 형성 과정에서는 거래량이 감소하다가 넥라인 돌파 시 증가하는 경향이 있습니다. 돌파가 유효하면 저점과 넥라인 간 높이만큼을 1차 목표로 삼고, 돌파 실패 시에는 손절 기준을 명확히 해야 합니다.

이 패턴은 두 저점 사이의 간격이 너무 짧으면 '미완성 반등'일 가능성이 커지고, 지나치게 길면 다른 국면 전환 신호와 충돌할 수 있습니다. 실전에서는 넥라인 돌파 후의 되돌림(풀백)에서 지지가 확인될 때 진입을 고려하거나, 거래량이 동반된 확정 돌파를 기다리는 보수적 접근이 많이 활용됩니다.

RSI(Relative Strength Index, 상대강도지수)는 가격의 상승·하락 압력을 0~100으로 정량화해 과매수·과매도 구간을 식별하는 데 쓰입니다. RSI는 다음 공식으로 계산됩니다.

$$RSI \;=\; \frac{RS}{1+RS}$$

RS(Relative Strength)는 최근 상승 평균 / 최근 하락 평균으로 계산됩니다. 일반적으로 RSI가 70을 넘으면 과매수, 30 아래면 과매도로 해석하며, 50 부근은 중립으로 봅니다.[5]

기본 설정은 14기간이며, 기간을 줄이면 신호가 빨라지지만 노이즈가 늘고, 늘리면 신뢰도는 높아지나 반응이 느려집니다. RSI의 핵심 활용 중 하나는 다이버전스입니다. 가격이 고점을 높이는 동안 RSI가 이전 고점을 넘지 못하면 '약세 다이버전스'로, 가격이 저점을 낮추는 동안 RSI가 저점을 높이면 '강세 다이버전스'로 해석합니다. 또한 상승장에서는 RSI가 40~90 범위에서, 하락장에서는 10~60 범위에서 머무는 '레짐 특성'이 관찰되며, 이때 중간대(50) 재돌파 여부가 추세 강도 점검에 유용합니다. 이평선과 결합해 교차 시점을 필터링하거나, 볼린저 밴드 접촉 시 과열·침체 여부를 보조판단하는 방식도 자주 쓰입니다.

MACD(Moving Average Convergence Divergence, 이동 평균 수렴·확산)는 단기와 장기 이동 평균 간의 관계를 통해 추세와 모멘텀을 해석하는 지표입니다. MACD 그래프는 MACD 라인, 시그널, 오실레이터(히스토그램)로 구성되며, MACD 라인은 주가의 12일 지수이동평균과 26일 지수이동평균의 차이를 의미하고 시그널은 MACD의 9일 지수이동평균입니다. 두 선의 교차가 매매 신호로 해석되며, 히스토그램 확대·축소는 모멘텀 강도의 변화를 시각화 합니다.[6]

실무에서는 신호선 교차보다 '제로선(0선) 돌파'를 더 강한 추세 전환 신호로 보기도 합니다. MACD가 0 위로 올라서면 상승 추세, 아래로 내려가면 하락 추세의 우세를 나타냅니다. 파라미터 (12, 26, 9)는 자산 특성에 맞게 조정할 수 있으며, RSI나 볼린저 밴드와 결합해 과열 구간의 교차 신호를 필터링하면 거짓 신호를 줄이는 데 도움이 됩니다. 가격과 MACD 간 다이버전스도 중요한 단서로, 가격이 고점을 높이는 데 MACD가 동행하지 않으면 상승 동력 약화로 해석합니다.

1.2.3 컴퓨터와 알고리즘 분석 도입(1980년 이후)

컴퓨터 기술 발전으로 백테스팅 및 자동화 트레이딩이 가능해졌습니다. 엘리엇 파동 이론 (Elliott Wave Theory), 피보나치 수열(Fibonacci Retracement) 등이 널리 활용되고 있습니다.

엘리엇 파동 이론은 금융 시장에서 가격 변동이 일정한 패턴을 따른다는 개념을 기반으로 한 기술적 분석 이론입니다. 1938년에 저서 《파동이론》(The Wave Principle)에서 발표하였습니다.

시장의 움직임이 반복되는 상승 5파와 하락 3파의 구조를 가진다고 설명합니다.

상승장에서는 1, 3, 5번 파동이 상승하고, 2, 4번 파동은 조정됩니다. 조정파(Corrective Wave)는 추세 반대 방향으로 움직이는 3개의 파동(A-B-C)으로 구성됩니다. A와 C는 추세 방향으로 움직이고, B는 조정 역할을 합니다.

2번 파동(Wave 2)은 1번 파동(Wave 1)의 시작점 이하로 내려갈 수 없으며, 3번 파동(Wave 3)은 가장 짧은 파동이 될 수 없습니다. 4번 파동(Wave 4)은 1번 파동(Wave 1)의 고점과 겹칠 수 없습니다. 엘리엇의 파동이론은 주식, 외환, 암호화폐의 기술 분석에 많이 활용되고 있습니다.

엘리엇 파동이론은 시장 움직임을 5개의 상승 파동과 3개의 하락 파동으로 설명합니다. 이 숫자는 피보나치 수열(1, 1, 2, 3, 5, 8…)에서 유래한 것입니다. 피보나치 수열은 첫 번째와 두 번째는

1, 이후는 앞선 두 수의 합으로 이루어진 숫자의 나열로서 다음과 같습니다.

1, 1, 2, 3, 5, 8, 13, 21, 34, 55, 89, 144, 233, 377, 610, 987, ……

이는 끝없이 이어지는 무한수열입니다. 1+1=2, 1+2=3, 2+3=5, 3+5=8 이런 식으로 앞선 두 개의 숫자의 합이 다음 숫자입니다.[7]

각 파동의 크기와 조정 비율은 0.236, 0.382, 0.618 등의 피보나치 비율을 따릅니다. 이는 시장의 조정과 반등을 예측하는 데 중요한 역할을 합니다.

피보나치 비율 중 0.618은 황금 비율로 알려져 있으며, 엘리엇 파동에서 주요 지지 및 저항 수준을 결정하는 데 사용됩니다.

1.2.4 현대 AI와 빅데이터 기반 기술적 분석

볼린저 밴드는 변동성의 크기를 띠(Band)로 시각화해 가격이 통상 범위를 벗어났는지 판단하게 해 줍니다. 표준편차를 사용하므로 변동성이 커지면 띠가 넓어지고, 잦아들면 좁아집니다. 이로써 돌파 가능 구간과 박스권 지속 여부를 가늠할 수 있습니다. 평균회귀 관점에서는 상·하단 접촉을 과매수·과매도 단서로 해석하고, '밴드 스퀴즈'(폭 축소)는 이후 큰 변동의 전조로 읽습니다. RSI·MACD 등과 병행하면 신호의 신뢰도를 보완할 수 있습니다.

트레이딩 밴드의 가장 초기 사례는 1960년 Wilfrid Ledoux에 의해 등장했습니다. 그는 다우존스 산업평균지수(DJIA)의 월별 고점과 저점을 연결하는 곡선을 활용하여 장기 시장 타이밍을 분석하는 방법을 사용했습니다. 그 후 트레이딩 밴드의 발전 과정은 다소 불분명하지만, 1960년 Chester Keltner가 제안한 10일 이동 평균 규칙(The 10-Day Moving Average Rule)이 후에 시장 기술 분석가들에 의해 Keltner Bands로 발전했습니다. 주요 트레이딩 밴드의 발전 과정을 살펴보면 아래와 같습니다.

· J.M. Hurst(사이클을 활용하여 가격 구조를 감싸는 "봉투"를 설계)

· 1970년대 초기(퍼센티지 밴드 등장, 이동 평균을 사용자가 지정한 퍼센트만큼 상·하 이동)

· Arthur Merrill(퍼센티지 밴드 계산법 개선)

· Donchian Bands(지정된 기간 내 최고점과 최저점을 기반으로 밴드를 형성)

이후 많은 변형과 발전이 이루어졌으며, 현재 가장 널리 사용되는 트레이딩 밴드는 Donchian Bands, Keltner Bands, Percentage Bands, Bollinger Bands입니다.

볼린저 밴드는 가격 구조를 감싸는 곡선으로, 이동 평균(중앙 밴드), 상단 밴드, 하단 밴드로 구성됩니다. 이를 통해 가격이 상대적으로 높거나 낮은지 판단할 수 있습니다. 특히, 중앙 밴드가 중기 추세를 반영할 때 볼린저 밴드는 가장 효과적으로 작동하며, 추세 정보와 상대적 가격 수준 데이터를 결합할 수 있습니다. 보조지표로 %b(밴드 내 상대 위치)와 BandWidth(폭)를 함께 보면 위치·변동성 정보를 수치로 확인할 수 있습니다. 거래량 지표(예: Intraday Intensity)와 조합하면 신호 필터링이 강화됩니다.[8]

1.2.4.1 스토캐스틱(Stochastic Oscillator)

스토캐스틱 오실레이터는 일정 기간의 최고·최저 범위 대비 현재 종가의 상대적 위치를 수치화한 모멘텀 지표입니다. 가격의 '속도'를 포착해 다이버전스와 과매수·과매도 구간 판별에 널리 쓰이며, 추세 전환 신호에 민감하다는 특징이 있습니다.

%K = (현재 종가 - 기간 중 최저가) / (기간 중 최고가 - 기간 중 최저가) × 100

%D = %K의 3일간 단순 이동 평균(SMA)

· 최저가(Lowest Low): 설정한 분석 기간 동안의 가장 낮은 가격

· 최고가(Highest High): 설정한 분석 기간 동안의 가장 높은 가격

%K 값은 소수점을 두 자리 이동시키기 위해 100을 곱하여 표현됩니다.

스토캐스틱 오실레이터의 기본 설정은 14기간이며, 일·주·월·일 중 차트에 모두 적용됩니다.

14기간 %K는 최근 종가와 14기간 최고·최저를 이용해 계산하고, %D는 %K의 3일 단순 이동평균(SMA)으로 신호선 역할을 합니다.

이 지표는 과매수·과매도 구간 식별과 반전 가능성 평가에 유용합니다. RSI 등과 결합해 신호 신뢰도를 보완하며, 변동성이 큰 시장의 단·중기 전략에서 특히 자주 활용됩니다.[9]

현대 주식 시장에서는 인공지능(AI)과 빅데이터를 활용한 기술적 분석이 점점 더 중요해지고 있습니다. 이러한 기술은 거대한 데이터 세트를 분석하고 패턴을 식별하여 투자 결정을 최적화하는 데 사용됩니다.

AI와 빅데이터는 투자 의사결정의 전 과정을 고도화합니다. 과거 데이터를 학습해 미래 변동을 예측하는 머신러닝(예: 딥러닝, 순환신경망, LSTM)은 수치적 패턴을 포착하고, 실시간 신호를 분석해 자동으로 주문을 집행하는 알고리즘 트레이딩은 감정 개입을 최소화합니다. 초저지연 인프라를 전제로 하는 HFT는 마이크로 구조의 미세한 비효율을 포착하고, 뉴스·소셜·기업 공시 같은 텍스트를 양적 지표로 변환하는 감성분석·자연어처리(NLP)는 정성 정보를 정량 의사결정에 연결합니다.

1.2.4.2 퀀트(Quantitative Analysts, Quants) 투자 전략

수학적 모델과 통계적 방법을 사용하여 리스크를 최소화하고 수익을 극대화합니다. 팩터 투자, 포트폴리오 최적화, 통계적 차익거래 등이 포함됩니다.

AI·빅데이터 활용의 장점은 대량 데이터를 실시간으로 처리하면서 인간의 감정 편향을 줄이고 의사결정 속도를 높일 수 있다는 점입니다. 다만 데이터 품질과 표본 편향에 민감하고, 하이퍼파라미터 탐색 과정에서 과적합 위험이 증가하며, 내부 의사결정 경로를 해석하기 어려운 블랙박스 문제가 병존합니다. 따라서 모델 성과 검증, 아웃오브샘플 테스트, 설명가능성 도구의 도입이 필수입니다.

현대 기술적 분석은 머신러닝·AI 기반 패턴 인식, 알고리즘 트레이딩과 고빈도 매매의 확산, 그리고 퀀트 트레이딩과 심리 분석의 결합이라는 특징으로 요약됩니다. 핵심은 데이터와 계산을 통해 신호의 재현 가능성을 높이되, 시장 맥락과 리스크 관리 원칙을 함께 적용해 신뢰도를 보완하는 데 있습니다.

패턴을 읽어 내는 눈이 생겼다면, 이제 그것을 더 넓고 빠르게, 그리고 더 정밀하게 계산할 도구가 필요합니다. 바로 퀀트와 알고리즘의 시대입니다.

컴퓨팅 성능의 도약은 시장을 수량화 가능한 대상으로 바꾸었습니다. 백테스트·자동화·초단타는 직관을 수학과 코드의 절차 속으로 편입시켰고, 블랙-숄즈 류의 모형은 불확실성을 측정하는 공통 언어가 되었습니다. 핵심은 '재현되는 의사결정'입니다. 이어지는 장에서는 여기에 LLM을 결합해 문맥 이해와 설명가능성을 덧댑니다.

'퀀트 혁명'은 수학·통계·컴퓨팅을 결합해 투자 기법이 비약적으로 고도화된 흐름을 일컫습니다. 정성적 직관에 의존하던 방식에서 벗어나, 통계 모형·알고리즘·머신러닝을 토대로 한 정량 프레임으로 이동했습니다.

퀀트 혁명의 핵심은 데이터·알고리즘·리스크 관리의 결합입니다. 방대한 데이터를 기반으로 패턴을 식별하고, 자동화된 알고리즘으로 초단타부터 장기 투자까지 일관된 규칙을 실행하며, 수학적 모델을 통해 변동성과 손실을 정량적으로 제어합니다. 여기에 머신러닝·AI를 접목해 복잡한 비선형 구조를 학습함으로써 기존 통계 기법이 놓치던 신호를 추가로 포착합니다.

흐름을 간단히 정리하면, 퀀트 1.0은 블랙-숄즈 같은 기본 통계·수리 모델에 기반한 가격결정과 헤지로 시작했고, 퀀트 2.0은 백테스팅과 자동화 시스템을 통해 대규모·고빈도 거래를 가능하게 했으며, 퀀트 3.0은 머신러닝과 AI로 전략을 학습·최적화하는 단계로 진화했습니다.

인간의 감정 개입 없이 객관적인 투자가 가능하게 하여 금융 시장의 효율성 증가와 헤지펀드 및 투자은행에서 퀀트 트레이딩 활용이 증가되고 있습니다. 개인 투자자도 퀀트 전략을 활용하여 투자가 가능할 수 있는 기능들을 사용할 수 있습니다.[10]

최근 많은 관심을 받고 있는 로보 어드바이저(Robo-advisor) 역시 퀀트 투자의 일종으로 볼 수 있습니다. 금융에 수리적 규칙과 알고리즘을 기반하여 자동화를 하여 인간의 주관적인 간섭이 최소가 되도록 합니다.

Fischer Black과 Myron Scholes는 1973년 논문 "The Pricing of Options and Corporate Liabilities"에서 옵션 가격 결정을 위한 이론적 모델을 제시했습니다. 이 모델은 다음과 같은 주요 개념을 포함합니다.

1.3.1.1 옵션의 정의

옵션(Option)은 특정 기간 내에 정해진 행사가격으로 기초자산을 매매할 수 있는 권리입니다. 가격을 살 권리가 콜 옵션(Call), 팔 권리가 풋 옵션(Put)이며, 만기일에만 행사 가능한 유럽형과 만기 전 언제든 행사할 수 있는 미국형으로 구분됩니다.

1.3.1.2 Black-Scholes 모델의 기본 가정

이 모형은 주가가 일정 변동성을 가진 확률 과정으로 움직이고, 시장이 효율적이며 거래비용이 없다고 가정합니다. 또한 투자자는 연속적으로 헤지할 수 있어 무위험 차익이 발생하지 않고, 무위험 이자율이 고정이며 배당이 없다는 전제가 붙습니다.

1.3.1.3 Black-Scholes 옵션 가격 결정 공식

이 모델에서는 옵션 가격을 결정하는 공식을 유도합니다.

콜 옵션 가격 공식

$$C = S_0 N(d_1) - X e^{\{-rT\}N(d_2)}$$

풋 옵션 가격 공식

$$P = X e^{\{-rT\}N(-d_2)} - S_0 N(-d_1)$$

여기서, S는 현재 주가, X는 행사가격, r은 무위험 이자율, T는 잔존만기, σ는 변동성, N(d)는 누적 정규분포 함수를 의미합니다.

1.3.1.4 옵션 가격과 주가 관계

옵션 가격은 기초자산 가격과 밀접하게 연동됩니다. 일반적으로 주가가 상승할수록 콜 옵션 가치는 커지며, 주가가 행사가보다 낮을수록 내재가치가 줄어 가치가 미미해집니다. 또한 잔존만기가 길수록 시간가치가 커져 옵션 전체 가치가 증가하는 경향이 있습니다.[11]

1.3.2 알고리즘 트레이딩과 HFT 시대

알고리즘 트레이딩의 등장과 고빈도 트레이딩의 시작으로 금융 시장 판도를 바꾼 핵심 사건 중의 하나입니다. 알고리즘 트레이딩은 1970년대부터 시작되었으며, 1970년대와 1980년대는 프로그램 트레이딩(Program Trading) 개념입니다. 정해진 규칙에 따라 컴퓨터가 주문을 실행하는 방식으로 주문에 컴퓨터를 도입한 시기입니다. 1990년대는 인터넷과 IT 기술의 발전으로 알고리즘 트레이딩의 성장 시기입니다. 2000년대와 현재에는 금융기관들이 고성능 서버를 활용해 알고리즘을 활용하여 트레이딩을 하고 있습니다.

컴퓨터를 활용하여 트레이딩을 하는 알고리즘 트레이딩은 주관적인 인간의 판단 없이, 과거 트렌드와 수치화된 분석과 규칙을 기반으로 매수와 매도 시점을 찾는다는 장점이 있어 많은 활용 분야로 확대하게 되었습니다.[12]

1.3.2.1 고빈도 매매(HFT)의 특징과 영향

HFT의 강점은 밀리초 단위의 체결 속도로 대량 주문을 처리하고, 지속적인 호가 제시를 통해 스프레드를 축소시키며, 뉴스·SNS·공시 등 비정형 데이터에서 즉시 신호를 추출해 자동으로 집행할 수 있다는 점입니다. 반면 잦은 정정·취소로 유동성의 신뢰도가 저하될 수 있고, 정보·속도

격차로 인해 시장 참여자 간 형평성 논란이 제기됩니다. 따라서 규제 환경과 시장 구조에 대한 이해가 전략 설계의 일부가 되어야 합니다.

그렇다면 인간 분석가는 무엇을 더해야 할까요? 도구가 강력해질수록 인간의 한계와 역할은 더 분명해집니다.

1.3.3 빅데이터와 대체 데이터의 부상

은행 산업에서 빅데이터를 활용한 조직 구조와 업무 프로세스를 분석하는 데 활용하게 됩니다. 중앙 집중형 조직이 빅데이터 기반 업무를 주도하게 되며, 본사와 지점 간 협업 구조가 중요한 요소 중의 하나가 됩니다. 마케팅 캠페인 방식에서 은행 간 차이가 존재하며, 초개인화 전략이 핵심으로 부상됩니다. 데이터 기반 경영은 고객 행동 예측과 맞춤형 서비스 제공에 유리하기 때문에 금융산업에서 데이터 기반 분석이 중요한 핵심전략으로 떠오르고 있습니다.[13]

1.3.3.1 빅데이터와 대체 데이터(Alternative Data)의 부상

대체 데이터는 기존 정형 데이터 외에 소셜미디어, 위치정보, 이미지, 센서 데이터 등 비정형 데이터를 포함합니다. 팬데믹 이후 심리적·사회적 변화를 분석하기 위해 치유 공간 관련 대체 데이터를 활용하여 빅데이터 분석을 하고 있습니다. Python 기반 크롤링(Crawling)을 통해 웹사이트의 정보를 자동으로 수집하여 데이터 분석과 검색 엔진, 마케팅, 금융 등 다양한 분야에서 활용하고 있습니다. LDA(Latent Dirichlet Allocation) 토픽 모델링은 방대한 텍스트 데이터에서 숨겨진 주제를 자동으로 추출하는 기법입니다. 뉴스, 리뷰, 논문 등에서 자주 사용되며, 비정형 데이터를 구조화하는 데 유용한 모델링으로 활용됩니다. 이러한 대체 데이터는 정성적 요소를 정량화하는 데 효과적이며, 공간 설계나 사용자 경험 분석에 활용이 가능합니다.[14]

1.3.3.2 소셜 미디어와 뉴스 감성 분석

국내 주요 언론사의 트윗 메시지, 기사 헤드라인, 리드를 수집해 감성 분석을 수행했습니다.
ELECTRA는 Google이 개발한 사전학습 언어 모델이며, KoELECTRA는 한국어 자연어 처리 작업
에 특화된 변형으로 감성 분석 등 텍스트 분류에 강점을 보입니다. KoELECTRA를 활용해 152,383
건의 뉴스 텍스트를 평가 결과, 소셜 미디어 메시지가 헤드라인이나 리드보다 정서적 표현 비율이
더 높게 나타났습니다. 또한 언론은 독자의 관심과 공유를 유도하기 위해 긍정·부정 감성 표현을
전략적으로 활용하는 경향을 보였습니다.[15]

1.3.3.3 위성 데이터부터 신용카드 거래까지

위성 이미지, 신용카드 거래, 실적 발표 녹취록 등 대체 데이터를 활용한 금융 분석 사례가 광범
위해지고 있습니다. 머신러닝과 자연어처리를 통해 비정형 데이터를 정량화하는 방법이 많이 활
용되고 있습니다. 데이터 기반 금융의 이론, 모델, 응용까지 폭넓게 활용되고 있습니다.

전통적 애널리스트의 한계와 새로운 가능성

인지적 편향, 정보 처리 속도, 24시간 모니터링의 부담은 개인이 감당하기 어려운 과제입니다. 동시에 이것이야말로 LLM과 에이전트가 보완할 수 있는 지점입니다. 인간은 문제를 정의하고 가정을 세우며 책임을 집니다. 모델과 도구는 최신 데이터와 문서, 수치와 서사를 통합해 근거를 제공합니다. 이 책은 바로 그 협업의 설계를 다룹니다.

과학사에서의 전통적 분석 툴과 전통적 분석툴이 가진 한계를 비판적으로 검토하고, 사회적, 문화적, 제도적 요소를 포함한 새로운 관점을 통해 과학자와 지식 생산의 방식을 재조명하고 있습니다. 애널리스트의 역할을 지식 생산자로 확장하며, 기존의 수치 중심 분석을 넘어서는 사고를 제안하고 있습니다.[16]

1.4.1 인간 전문가의 인지적 편향과 물리적 한계

《생각에 관한 생각》(Thinking, Fast and Slow)은 심리학자 대니얼 카너먼이 2011년에 출간한 대중 과학 서적으로 노벨경제학상 수상자가 밝힌 시스템 1과 시스템 2의 사고 방식을 소개합니다.

시스템 1은 빠르고 자동적인 처리로, 거리 판단이나 간단한 문장 이해, 도로가 한산할 때의 운전처럼 즉각적이고 감정·휴리스틱에 의존하는 작업에 강합니다. 반대로 시스템 2는 느리지만 노력 집약적인 처리로, 복잡한 계산이나 논리 검증, 좁은 공간에 주차하기, 여러 선택지의 가격·품질을 비교해 의사결정을 내리는 일처럼 의식적 통제가 필요한 상황에서 작동합니다. 실제 의사결정에서는 두 시스템이 번갈아 개입하며, 전문가라도 시스템 1의 직관에 과도 의존할 경우 편향이 발생할 수 있음을 다양한 실험이 보여 줍니다.

이는 전문가도 직관적 사고에 의존할 때 편향과 오류에 빠질 수 있음을 실험으로 증명하였으며 특히 의료, 금융, 법률 등 다양한 분야의 전문가 판단 오류 사례가 많음을 보여 줍니다.

다량의 정보와 글로벌 변화에 따른 미국 경기 변동 우려, 중동 지정학적 불안 등으로 인해 글로벌 증시 변동성 확대가 지속되고 있습니다. 대응력을 강화하기 위한 24시간 모니터링 체계를 유지하며 대응력 강화를 하여야 할 필요성이 대두되고 있습니다. 금융시장뿐 아니라 외환·채권·공급망까지 실시간 감시의 필요성이 나타나고 있습니다.

인간 뇌의 정보 처리 속도는 평균 10bps(초당 비트 수)에 불과합니다. 초고속 인터넷(1억bps)과 비교할 때 극도로 느린 처리 속도를 나타냅니다. 루빅스 큐브, 타이핑, 기억력 대회 등 다양한 실험을 통해 인간의 물리적·인지적 병목 현상이 나타남을 분석하였습니다.

이 장을 마치며, 우리는 가치·가격·알고리즘이 서로 다른 길처럼 보이지만 결국 같은 목적지인 '더 나은 판단'으로 수렴함을 확인했습니다. 전통의 원칙은 나침반의 역할을 하고, 기술은 속도와 시야를 확장하는 도구입니다. 다음 장에서는 LLM이 두 축을 어떻게 연결하는지 살펴봅니다. 데이터와 문서를 이해하고 근거를 설명하며, 반복 가능한 규칙 속에서 맥락을 유지하는 분석을 코드로 구현합니다.

□ **참고문헌**

1) Security Analysis, which he coauthored with David Dodd, was published in 1934.

2) 삼성전자, Retrieved 7th June, 2025, https://www.samsung.com/sec/ir/stock-information/stock-chart/.

3) May 2013 issue of Technical Analysis of Stocks & Commodities magazine. All rights reserved. © Copyright 2013, Technical Analysis, Inc., Retrieved June 7, 2025, https://traders.com/documentation/feedbk_docs/2013/05/Bulkowski.html.

4) Encyclopedia of Chart Patterns, 3rd Edition Thomas N. Bulkowski, ISBN: 978-1-119-73968-5, April 2021.

5) J. Welles Wilder Jr. - New Concepts in Technical Trading Systems (1978).

6) Appel, Gerald (2005). 《Technical Analysis Power Tools for Active Investors》. Financial Times Prentice Hall. 166쪽. ISBN 0-13-147902-4.

7) 피보나치 수열과 파동개수(A. J. Frost, Elliott Wave Principle 발췌).

8) 볼린저 밴드 Retrieved June 14, 2025 https://www.bollingerbands.com/bollinger-bands.

9) Retrieved June 14, 2025 https://web.archive.org/web/20110520041322/http://stockcharts.com/school/doku.php?id=chart_school:technical_indicators:stochastic_oscillator.

10) https://ppss.kr/archives/150243, Retrieved 14 June, 2025.

11) 프린스턴, https://www.cs.princeton.edu/courses/archive/fall09/cos323/papers/black_scholes73.pdf, Retrieved June 14, 2025.

12) 「고빈도 알고리즘 매매의 데이트레이딩 성과 분석」, 한국재무학회지, 2024년 제53권 제1호, 우민철(한국거래소).

13) 아태비즈니스연구, 2024년 제15권 제1호, 「금융산업의 빅데이터 경영 사례에 관한 연구」.

14) 정보시스템연구, 제33권 제4호 (2024), 「대체데이터 분석을 위한 토픽모델링 연구」.

15) 소셜미디어 환경에서의 뉴스 정서화: 언론의 트윗메시지와 기사 헤드라인, 리드에 대한 KoELECTRA 모델 기반 감성분석을 중심으로, 2024, vol. 20, no. 3, 통권 65호, 이신행 /Shin Haeng Lee1, 이주연 /Ju Yeon Lee2.

16) 『과학혁명: 전통적 관점과 새로운 관점』 - 김영식, 아르케.

## Chapter 2

AI와 LLM 기술 기초

AI의 발전사는 규칙 기반에서 확률 모델, 그리고 문맥 중심의 추론으로 이동해 왔습니다. 전문가 시스템은 사람이 만든 규정을 수행했고, 머신러닝은 데이터 속 패턴을 스스로 찾아냈으며, 트랜스포머는 중요한 부분에 주의를 배분해 관계와 맥락을 포착합니다. 본서는 이 궤적 위에서 LLM을 금융 분석에 접목합니다. 목표는 데모가 아니라 실전에서 재현 가능한 분석 언어를 갖추는 것입니다.

2.1.1 AI 발전의 역사적 흐름

전통적 프로그래밍 → 머신러닝 → 딥러닝 → 대규모 언어 모델

AI 논의는 1950년대에 본격화됩니다. 1950년 튜링은 '기계가 사고할 수 있는가'를 '튜링 테스트'라는 방식으로 제안했고, 1956년 다트머스 회의에서 '인공지능'이라는 용어가 공론화되었습니다.

같은 시기 신경망 연구도 진전했습니다. 1957년 로젠블랫의 퍼셉트론은 기계가 패턴을 학습할 수 있음을 보였고, 그 배경에는 맥컬럭·피츠의 신경망 모델이 있었습니다. 다만 연산 자원·데이터·이론적 한계로 곧 겨울을 맞습니다.

1980년대에는 사람이 입력한 규칙을 기반으로 자동 판정을 내리는 전문가 시스템(Expert System)이 등장했습니다. 전문가 시스템은 의학, 법률, 유통 등 실용적인 분야에서 진단, 분류, 분석 등의 기능을 수행하며, 일시적으로 AI에 대한 관심을 다시 불러일으켰습니다. 그러나 이 시스템은 사람이 설정한 규칙에만 의존하여 동작하며, 복잡한 현실 세계를 이해하는 능력을 갖추지 못했다는 한계가 있었습니다.

인간의 명령으로만 작동하던 AI는 1990년대 들어서 스스로 규칙을 찾아 학습하게 됩니다. 바로

머신러닝(Machine Learning, 기계학습) 알고리즘을 활용하면서부터입니다. 웹에서 수집한 대량의 데이터를 활용할 수 있게 되면서, AI는 스스로 규칙을 학습하고 나아가 사람이 찾지 못하는 규칙까지 찾아낼 수 있게 되었습니다. AI 연구는 머신러닝을 기반으로 다시 성과를 내기 시작했습니다.[1]

2.1.2 규칙 기반 시스템에서 학습 기반 시스템으로의 전환

오픈AI가 LLM(거대 언어 모델) GPT-3.5를 탑재한 '챗GPT'를 출시하면서 생성형 AI(Generative AI)의 새로운 시대를 열었습니다. 생성형 AI는 인간의 고유 영역으로 여겨지던 '창작'에 진입해 다양한 포맷의 고품질 콘텐츠를 생성합니다. 단순 예측·분류를 넘어, 사용자의 요구에 따라 LLM과 이미지 생성 모형(예: VAE, GAN, Diffusion Model 등)을 활용해 스스로 결과물을 만들어 냅니다.

생성형 AI의 시작은 2014년 이안 굿펠로우(Ian Goodfellow)가 발표한 'GANs(Generative Adversarial Networks, 생성적 적대 신경망)' 모델입니다. GANs는 두 신경망이 서로 경쟁하면서 학습하는 구조입니다. 한 신경망은 실제 데이터와 구분하기 어려운 새로운 데이터를 생성하고 다른 신경망은 이를 실제 데이터와 비교하여 판별하는데, 이 과정을 반복하며 점점 더 정교한 데이터를 완성합니다. GANs 모델은 이후 변형과 개선을 통해 현재까지 이미지 생성 및 변환 등 다양한 응용 분야에서 활발하게 사용되고 있습니다.

2017년에는 자연어처리(Natural Language Processing, NLP) 모델 '트랜스포머(Transformer)'가 발표되었습니다. 트랜스포머는 데이터 간의 관계를 중요 변수로 고려하여 특정 정보에 더 많은 주의를 기울여 데이터 사이의 복잡한 관계와 패턴까지 학습할 수 있으며, 더 중요한 정보를 포착해 이를 기반으로 더 나은 품질의 결과물을 생성할 수 있습니다. 트랜스포머 모델은 언어 이해, 기계 번역, 대화형 시스템 등의 자연어 처리 작업에 혁신을 가져왔습니다. 특히, 앞서 언급했던 GPT 등의 LLM의 출현에 크게 영향을 미쳤습니다.

2018년 처음 공개된 GPT는 매년 더 많은 매개변수와 학습 데이터를 사용해 빠르게 성능이 향상되었습니다. 2022년 GPT-3.5 기반 챗GPT의 등장은 AI 패러다임을 전환시켰고, 2023년 공개된 GPT-4는 텍스트를 넘어 이미지·오디오·비디오 등 다양한 입력을 동시에 처리하는 LMM(멀티모달 모델)로 진화했습니다. 이후 기업들은 텍스트·이미지·오디오를 아우르는 다양한 생성형 AI

서비스를 잇달아 출시했습니다. 구글의 제미나이(Gemini), 메타의 SAM, 오픈AI의 소라(Sora) 등이 대표적입니다.

글로벌 시장 조사업체인 IDC(International Data Corporation)의 보고서에 따르면 2024년 생성형 AI 시장은 전년 대비 2.7배나 높은 401억 달러 규모로 성장할 전망입니다(AI타임즈, 2023). 앞으로 생성형 AI는 소프트웨어를 넘어서 하드웨어, 인터넷 서비스 등 다양한 포맷에 도입될 것입니다. 기능은 상향 평준화될 것이며, 더 많은 사람들이 손쉽게 이용할 수 있도록 편의성은 확장될 것입니다.

대규모 언어 모델(LLM)의 핵심 개념

대규모 언어 모델(LLM, Large Language Model)은 자연어를 이해·생성하도록 학습된 딥러닝 모델입니다. 트랜스포머는 문장을 토큰 단위로 표현하고 관계를 학습하며, 임베딩은 의미를 벡터로, 어텐션은 중요도를 가중치로 변환합니다. 사전학습은 일반 언어 능력을, 미세조정은 과업 특화 능력을 부여합니다. 이 개념들은 곧 프롬프트 템플릿·구조화 출력·RAG에서 실무적으로 연결됩니다.

2.2.1 트랜스포머 아키텍처와 어텐션 메커니즘

대부분의 LLM은 트랜스포머 구조를 채택합니다. 입력 토큰 간 상호작용을 어텐션으로 모델링해 장·단기 의존성을 함께 포착합니다.

기존 RNN(Recurrent Neural Network, 순환 신경망) 계열은 긴 컨텍스트에서 정보가 희석되는 문제가 컸습니다.

어텐션은 입력 전역을 바라보며 중요한 토큰에 더 큰 가중치를 배분합니다. 각 토큰에서 Query·Key·Value 벡터를 만들고, Q·K 내적으로 중요도를 계산해 Softmax로 정규화한 뒤 그 가중치로 V를 합성해 출력 표현을 얻습니다. "그는 사과를 먹었다. 그것은 달콤했다"에서 '그것'과 '사과'의 연결을 어텐션 가중치가 크게 부여해 참조 관계를 학습합니다.

2.2.2 사전 훈련과 미세 조정 과정

· 사전 훈련(Pretraining): 위키·뉴스·코드 등 대규모 말뭉치로 일반 언어 패턴과 지식을 습득

하는 단계입니다. 전이학습의 기반이 됩니다.

· 미세 조정(Fine-tuning): 번역·요약·질의응답 등 특정 과업에 맞춰 추가로 조정하는 단계입니다.

2.2.3 임베딩(Embedding)과 어텐션 메커니즘(Attention Mechanism)의 이해

임베딩은 단어·문장을 벡터로 표현해 의미 관계를 수치화합니다. 텍스트·이미지·오디오 등 다양한 데이터를 동일 벡터 공간으로 사상해 유사도를 계산할 수 있게 해 줍니다.

어텐션은 입력 전역을 한 번에 바라보며 중요한 토큰에 더 높은 가중치를 부여해 문맥을 구성합니다. 트랜스포머의 핵심 구성요소입니다.

트랜스포머 어텐션 메커니즘은 다음과 같이 작동합니다. 각 토큰 임베딩에 가중치 행렬을 곱해 Query·Key·Value 벡터를 만든 뒤, Query-Key 내적으로 중요도를 계산하고 Softmax로 정규화합니다. 그 가중치로 Value를 가중합해 각 토큰의 새로운 표현을 얻습니다.[2]

2.3 생성형 AI의 특징과 능력

생성형 AI(Generative AI)는 기존 데이터를 학습하여 새로운 콘텐츠를 창작하는 인공지능 기술입니다. 금융에서는 '정확한 문맥과 근거'가 없다면 가치가 줄어듭니다. 본서는 창의성보다 일관성을 우선합니다. 출력은 구조화하고, 근거는 연결하며, 결과는 재현 가능해야 합니다. 이것이 우리가 곧 도입할 Temperature 제어, Few-shot, 구조화 출력, RAG의 이유입니다.

2.3.1 창의적 콘텐츠 생성

창의적 콘텐츠 생성: 텍스트, 이미지, 음악, 영상 등 다양한 형태의 콘텐츠를 스스로 만들어 냅니다. 예를 들어 블로그 글, 그림, 작곡, 영상 클립 등이 있습니다.

2.3.1.1 텍스트

생성형 모델 중에서도 특히 트랜스포머를 기반으로 하는 모델은 지침과 문서부터 브로슈어, 이메일, 웹사이트 카피, 블로그, 기사, 보고서, 논문, 심지어 창작물에 이르기까지 일관성 있고 컨텍스트에 맞는 텍스트를 생성할 수 있습니다. 또한 반복적이거나 지루한 글쓰기 작업(예: 문서 요약이나 웹 페이지의 메타 설명 초안 작성 등)을 수행하도록 맡기고 작가는 보다 창의적이고 가치 있는 작업에 시간을 할애할 수 있습니다.

2.3.1.2 이미지 및 동영상

DALL-E, Midjourney 및 Stable Diffusion과 같은 이미지 생성은 사실적인 이미지 또는 원본 아트를 만들 수 있으며 스타일 전송, 이미지 간 변환 및 기타 이미지 편집 또는 이미지 향상 작업을 수행할 수 있습니다. 차세대 AI 동영상 툴은 텍스트 프롬프트에서 애니메이션을 만들 수 있고, 다른 방법보다 더 빠르고 비용 효율적으로 기존 동영상에 특수 효과를 적용할 수 있습니다.

2.3.1.3 사운드, 음성 및 음악

생성형 모델은 음성 지원 AI 챗봇 및 디지털 어시스턴트, 오디오북 내레이션 및 기타 애플리케이션을 위해 자연스러운 음성 및 오디오 콘텐츠를 합성할 수 있습니다. 동일한 기술로 전문 음악의 구조와 사운드를 모방한 독창적인 음악을 생성할 수도 있습니다.

2.3.1.4 소프트웨어 코드

생성형 AI는 원본 코드를 생성하고, 코드 스니펫을 자동 완성하고, 프로그래밍 언어를 번역하고, 코드 기능을 요약할 수 있습니다. 개발자는 코딩 작업을 위한 자연어 인터페이스를 제공하면서 애플리케이션을 빠르게 프로토타이핑, 리팩터링 및 디버깅할 수 있습니다.

2.3.1.5 디자인과 예술

생성형 AI 모델은 고유한 예술 및 디자인 작품을 생성하거나 그래픽 디자인을 지원할 수 있습니다. 적용 분야에는 환경, 캐릭터 또는 아바타의 동적 생성, 가상 시뮬레이션 및 비디오 게임용 특수 효과 등이 이에 해당합니다.

2.3.1.6 시뮬레이션 및 합성 데이터

생성형 AI 모델은 합성 데이터 또는 실제 또는 합성 데이터를 기반으로 하는 합성 구조를 생성하도록 학습시킬 수 있습니다. 예를 들어, 생성형 AI를 신약 개발에 적용하면 원하는 특성을 가진 분자 구조를 생성하여 새로운 제약 화합물의 설계에 도움을 줍니다.[3]

- 프롬프트 기반 응답: 사용자의 질문이나 지시(프롬프트)에 따라 결과물을 생성합니다. 같은 입력이라도 매번 다른 결과를 낼 수 있어 창의성이 높습니다.
- 확률적 생성 방식: 명시적 규칙이 아닌 확률 기반으로 결과를 생성하므로, 예측 불가능한 창의적 결과가 나올 수 있습니다.
- 멀티모달 처리 능력: 텍스트뿐 아니라 이미지, 오디오, 비디오 등 다양한 입력을 이해하고 생성할 수 있습니다.
- 대규모 학습 기반: 수십억 개의 문장, 이미지, 음성 데이터를 학습하여 인간 수준의 표현력과 이해력을 갖추고 있습니다.

2.3.3 텍스트 처리 능력

2.3.3.1 텍스트 생성(Text Generation)

생성형 AI는 문장·대화·요약·번역 등 텍스트 업무 전반을 자동화합니다. GPT-4, Claude, Gemini 등의 모델이 블로그 초안·이메일·보고서·마케팅 카피·뉴스 기사 등 다양한 산출물을 프롬프트에 맞춘 톤과 스타일로 생성합니다.

2.3.3.2 텍스트 요약(Summarization)

긴 문서에서 핵심만 간추리거나, 새 문장을 생성해 요약합니다(BERTSUM, BART, Pegasus, GPT 등). 회의록·뉴스·논문·상담 기록 정리에 널리 쓰입니다.

2.3.3.3 텍스트 번역(Translation)

다국어 간 자연스러운 번역을 수행합니다(DeepL, Google Translate, GPT 등). 논문·이메일·서비스 현지화에 활용되며, 문맥 기반 번역과 문장 교정 지원으로 정확도가 개선됩니다.

2.3.3.4 텍스트 분석(Text Analysis)

감성·키워드·주제 분류·문장 구조 분석 등을 수행합니다. 리뷰 분석, 여론 조사, SNS 트렌드 파악부터 법률·의료 문서 자동 분류까지 적용되며, BERT 계열 분류기와 GPT 기반 질의응답이 대표적입니다.[4]

2.3.4 컨텍스트 이해와 추론 능력

다중모달 AI 모델이 인간의 의도를 정확히 이해하려면 전역 컨텍스트 해석과 논리적 추론이 필수입니다. 기존 모델의 문제점은 중요한 단서를 간과하거나 질의에만 집중해 맥락을 무시하는 경향이 있어서, 컨텍스트 보상, 형식 보상, 논리 보상을 통해 추론 정확도를 향상시켜야 합니다. 강화학습(RL)을 활용해 추론 능력 강화하고 IntentBench라는 벤치마크로 인간 감정과 의도 이해 능력 평가도를 높입니다.[5]

2.3.5 Few-shot 학습과 In-context Learning

퓨샷(Few-shot) 학습은 프롬프트에 소수의 입력-출력 예시(Demonstration)를 포함시켜 모델이 새로운 작업을 수행하도록 유도하는 방식입니다. 제로샷(Zero-shot)이 예시 없이 지시만으로 작업을 수행하는 반면, 퓨샷은 예시의 선택, 순서, 품질에 따라 다른 결과가 나올 수 있습니다.

LLM의 한계와 주의사항

환각·편향·실시간성 제약은 LLM의 기본 리스크입니다. 대응 원칙은 ① 온도 하향으로 결정성 확보, ② 출력 구조화·파싱·검증, ③ 외부 검색(RAG)으로 최신성·정확성 보강, ④ Self-Refine·검증 규칙으로 피드백 루프 구축입니다. 이후 장에서 실제 코드로 구현합니다.

2024년 11월 루마니아 부쿠레슈티에서 열린 데프캠프(DefCamp) 컨퍼런스에서 '양자 컴퓨팅과 AI로 재정의되는 사이버 전쟁'을 주제로 발표한 쿠베카는 CSO Online과의 인터뷰에서 "이런 툴은 코드 분석, 패턴 인식, 익스플로잇 개발 프로세스의 일부 자동화에도 도움이 됩니다. LLM은 대량의 소스 코드나 바이너리를 빠르게 분석하고 잠재적인 취약점을 식별해 제로데이 발견 속도를 높일 수 있습니다. 또한 자연어 설명과 제안을 제공해 익스플로잇 생성 장벽을 낮추므로 더 많은 사람이 이런 프로세스에 접근할 수 있습니다"라고 설명했습니다.

그 반대 진영에서는 윤리적인 버그 사냥꾼과 침투 테스터가 취약점을 더 신속하게 찾아서 알리기 위한 목적으로 LLM을 활용합니다. 기존 코드 분석 툴에 LLM을 통합하면 버그가 프로덕션 단계에 도달하기 전에 찾아서 분류 및 수정할 수 있습니다.[6]

2.4.1 환각(Hallucination) 현상

국제해킹대회인 CTF에서 2위를 차지한 퓨 초즌(The Few Chosen) 팀의 호리아 니타는 새로운 코드베이스를 분석하고 잠재적인 공격 벡터 또는 발견한 코드에 대한 설명을 얻기 위해 여러 맞춤형 AI 툴을 사용한다고 말했습니다. 니타는 "AI 툴 덕분에 버그 바운티 작업이 간소화됐습니다. 버그 바운티 분야에 있는 모두가 이와 유사한 리소스를 툴박스에 갖춰야 한다고 생각합니다"라고 설명했습니다. 니타는 특정 주제를 연구하거나 무차별 대입 공격을 위한 페이로드 생성에 LLM을 사용하지만, 경험상 LLM은 특정 유형의 결함을 타겟팅하는 데 있어 여전히 일관성이 부족하다고 평가했습니다. 니타는 "현재 AI는 탐지 규칙을 우회할 수 있는 기능적이고 유용한 익스플로잇이나 페이로드 변형을 생성할 수는 있습니다. 그러나 환각과 부정확성이 발생할 가능성이 높기 때문에 기대하는 만큼의 신뢰할 만한 수준에 미치지는 못합니다. 시간이 지나면서 개선되겠지만, 현재로 서는 많은 사람이 수동 작업이 더 믿을 만하고 효과적이라고 생각합니다. 정확성이 중요한 복잡한 작업에서는 특히 그렇습니다"라고 지적했습니다.

생성형 AI에서 발생하는 환각 현상에도 여러 종류가 있습니다. 홍콩 과학기술대학교 인공지능 연구센터(CAiRE) 연구진에 따르면 AI 환각 현상은 크게 두 가지로 나뉘는데, '내재적(Intrinsic) 환 각'과 '외재적(Extrinsic) 환각'입니다.

2.4.1.1 내재적 환각

내재적 환각은 입력된 정보와 생성된 정보가 다른 오류입니다. 예를 들어 '최초의 에볼라 바이러 스 백신은 2019년 FDA 승인을 받았다'는 내용을 학습한 AI가 실제 출력한 문장에서는 '최초의 에볼 라 백신은 2021년 승인됐다'고 답하는 것입니다. 즉, 아는 내용을 틀리는 것이 내재적 환각입니다.

2.4.1.2 외재적 환각

반면 외재적 환각은 입력된 정보와는 전혀 무관한 내용을 출력하는 오류입니다. 예를 들어 '운석 충돌을 막을 수 있는 AI 기술이 있는가'라는 질문에 실제로는 존재하지 않는 논문 및 연구결과를 제시하는 것이 외재적 환각입니다. 가장 자주 나타나는 환각 유형이며, 치명적 오류가 될 수 있는 현상이기도 합니다.

이미지가 없어도 이해할 수 있는 예를 들면 다음과 같습니다. 알버트 아인스타인이 스마트폰을 들고 있는 장면은 시간적 사실과 모순되므로 불가능한 사례입니다. 또한 완전히 밀폐된 병 안의 촛불은 산소가 부족해 지속적으로 탈 수 없으므로 현실에 부합하지 않습니다.[7]

전문가들은 이처럼 AI가 환각 현상을 일으키는 원인은 여러 가지가 있지만, '데이터에 의한 환 각'과 '학습 및 단위에 의해 환각' 두 가지를 꼽습니다. 즉, 사람이 틀린 정보를 학습하면 틀린 답을 내놓는 것처럼, AI도 잘못된 정보를 학습하면 오류가 발생하는 것입니다.[8]

편향성과 일관성 문제는 인공지능 시스템의 신뢰성과 공정성을 위협하는 핵심 이슈입니다. 실제로 편향성의 문제를 편견(Prejudice, Vorurteil)이나 고정관념의 문제와 혼동하는 경우가 많은데, 편견은 통계적, 기술적인 용어라고 한다면 고정관념의 문제는 윤리적인 용어입니다. 데이터를 모으고 처리하는 과정에서 항상 편향성의 문제가 제기됩니다.[9] 예를 들어, 금발은 범죄율이 낮다는 사람이나 사회의 편견으로 편향된 데이터가 반영되어 결과로 나타나는 형태입니다.

인공지능(AI)의 답변은 일관성이 없으며, 이에 따라 가치관이나 선호도 있을 수 없다는 연구 결과가 나왔습니다. MIT 컴퓨터과학 및 인공지능 연구소(CSAIL)는 2025년 4월 8일(현지시간) 온라인 아카이브를 통해 「재현이 아닌 무작위(Randomness, Not Representation): LLM의 문화적 평가의 신뢰성 부족」이라는 논문을 게재했습니다. 연구진은 AI 시스템을 '문화적으로 정렬(Alignment)'하는 것, 즉 모델이 인간이 원하는 바람직한 방식으로 동작하도록 하는 것이 흔히 생각하는 것보다 더 어려울 수 있다고 지적했습니다. 또 "AI는 안정성, 외삽 가능성, 그리고 조종 가능성에 대한 많은 가정을 따르지 않는다는 것"이라고 밝혔습니다.

연구진은 '라마 3.1 405B'와 '클로드 3.5 소네트', 'GPT-4o' '제미나이 2.0 플래시' '미스트랄 라지' 등 가장 대중적인 모델을 분석했습니다. AI 모델이 얼마나 강한 견해와 가치관을 보이는지 살펴봤으며, 이런 점을 쉽게 수정할 수 있는지도 조사했고, 그 결과 어떤 모델도 일관성 있는 선호도를 보이지 못했다고 밝혔습니다. 특히, 질문의 표현과 방식에 따라 번번이 매우 다른 답을 출력했다는 결론입니다.[10]

일관성의 문제는 특히 사진 등 이미지 묘사에서 다르게 나타나는데, 손가락 묘사가 자연스럽지 않은 문제, AI 데이터셋이 대부분 서양인이 많기 때문에 동양인의 모습에 관한 이미지가 다양하지 못하고 일관성이 없는 문제가 제기됩니다.

또한 AI 특유의 이미지로 부자연스럽게 표현되고, 동일 인물에 관한 사진이 배경이나 조건을 다르게 주면 다르게 표현되는 문제가 생기기도 합니다.

LLM은 학습 컷오프 이후 지식을 스스로 갱신하지 못합니다. 최신성 요구가 큰 업무에서는 RAG로 외부 지식을 결합해 보정하지만, 완전한 실시간성·정밀도를 보장하지는 않습니다. 특히 주가 변동·속보처럼 동적 데이터는 선택·정합 과정의 오류 가능성을 동반하므로 파이프라인 수준의 검증이 필요합니다.[11]

RAG 시스템은 검색과 생성 2단계로 이뤄집니다. 먼저, 사용자가 입력한 질문이나 쿼리를 바탕으로 지식 소스, 데이터베이스, 외부 소스 등에서 관련 정보를 검색합니다. 검색된 정보가 지식 증강 생성기(Knowledge-Augmented Generator)로 전달되고, 이 생성기가 질문에 대한 구체적이고 유의미한 답변을 생성합니다.[12]

금융 분야에서의 LLM 활용 가능성

금융 분야에서의 LLM 활용 가능성은 매우 높으며, 이미 다양한 방식으로 도입되고 있습니다.

2.5.1 재무제표와 보고서 자동 분석

LLM 기반 요약·추출로 대용량 재무 문서의 핵심을 신속히 파악합니다. 사업·감사보고서, 주석 등에서 위험 요인, 성장 동력, 재무 건전성 신호를 자동 식별하고, 항목 간 연관관계도 함께 제시해 비전공자도 자연어로 이해할 수 있게 돕습니다.

미국 연구팀 분석에 따르면 AI 기반 예측의 실적 정확도는 약 60%로, 애널리스트의 53%를 상회합니다. 이에 따라 투자 수익 개선이 관찰되며, 로보어드바이저 개발도 탄력을 받고 있습니다. 현재 증권가와 금융 산업에서는 재무제표 분석 보고서 작성, 경쟁사 비교, 위기관리, 전략 수립 등 다양한 영역에 AI가 보편적으로 활용되고 있습니다.

2.5.2 뉴스와 공시 정보 실시간 처리

크롤링·요약·알림을 결합해 DART·블룸버그·로이터·구글 뉴스 등에서 키워드 기반으로 이벤트를 실시간 감지합니다. 변동성 트리거, 규제 공시, 실적 속보를 구조화해 트레이더·애널리스트 워크플로우에 연결합니다.

자연어 질문을 받아 문서·데이터베이스를 검색(RAG)하고, 근거와 함께 답을 생성합니다.

(예) "NVIDIA의 부채비율은 안정적인가요?" → 최신 재무제표를 인용해 수치·추세·비교를 함께 제시합니다.

관심 종목·산업·지표에 맞춘 자동 리포트를 생성합니다. 재무지표 요약, 경쟁사 비교, 뉴스·공시 요약을 표·그래프로 시각화하고, 시나리오별 전략 개요까지 포함합니다. 음성 합성으로 오디오 리포트 제공도 가능합니다.

□ 참고문헌

1) SK하이닉스 https://news.skhynix.co.kr/all-around-ai-1/ Retrieved 13th, August, 2025.

2) https://www.ibm.com/kr-ko/think/topics/attention-mechanism Retrieved 13th, August, 2025.

3) IBM 웹사이트 https://www.ibm.com/kr-ko/think/topics/generative-ai Retrieved 13th, August, 2025.

4) https://nomadlab.kr/104 Retrieved 13th, August, 2025.

5) HumanOmniV2: 컨텍스트를 통한 이해에서 오므니-모달 추론으로 HumanOmniV2: From Understanding to Omni-Modal Reasoning with Context 채팅 시작 June 26, 2025 저자: Qize Yang, Shimin Yao, Weixuan Chen, Shenghao Fu, Detao Bai, Jiaxing Zhao, Boyuan Sun, Bowen Yin, Xihan Wei, Jingren Zhou, https://www.chatpaper.ai/ko/dashboard/paper/30d06e11-7a8a-4599-997a-e3461b42ae53 Retrieved 13th, August, 2025.

6) IT World, CIO "제로 트러스트부터 거버넌스까지" 생성형 AI를 위한 보안 실전 가이드.

7) https://whoops-benchmark.github.io/ Retrieved 16th, August, 2025.

8) 시사위크(https://www.sisaweek.com) https://www.sisaweek.com/news/articleView.html?idxno=208087 Retrieved 13th, August, 2025.

9) 데이터 윤리에서 인공지능 편향성 문제에 대한 연구, 한국윤리학회, 변순용 서울교육대학교.

10) AI타임스(https://www.aitimes.com) https://www.aitimes.com/news/articleView.html?idxno=169605 Retrieved 16th, August, 2025.

11) https://fcaiing.co.kr/ai_aiagent/ Retrieved 16th, August, 2025.

12) https://ahha.ai/2024/07/24/rag/ Retrieved 16th, August, 2025.

## Chapter 3

LLM 실습 환경과
첫 번째 Apple 분석

들어가며

이 책은 파이썬 문법이나 개발 환경 자체를 깊이 다루지 않습니다.

LLM 실습에 필요한 최소한의 파이썬 환경 설정만 안내하며, 주요 초점은 LLM 활용 기법과 시스템 설계에 있습니다. 파이썬 기초 문법이나 상세한 개발 환경 구축은 별도의 파이썬 학습서를 참고하시기 바랍니다.

이번 장은 앞으로 5장에 걸쳐 구축할 AI 금융 상담 시스템의 출발점입니다. 건물의 기초 공사처럼, 견고한 개발 환경을 먼저 세우는 일이 중요합니다. 여기서 마련한 설정과 첫 코드가 이후 고급 기법의 공통 토대가 됩니다.

💡 **우리의 최종 목표**

· 사용자: "Apple 주식에 투자해야 할까요?"

· AI 시스템: 실시간 데이터 수집 → 다각도 분석 → 리스크 평가 → 개인화된 투자 조언 제공

3.1.1 파이썬 설치 확인

이 책에서는 파이썬을 사용합니다. 파이썬은 AI/ML 생태계에서 가장 널리 사용되는 언어로, LangChain, OpenAI API 등 대부분의 LLM 관련 라이브러리들이 파이썬을 우선적으로 지원하며, 풍부한 데이터 처리 라이브러리와 간단한 문법으로 빠른 프로토타이핑이 가능합니다.

먼저 파이썬이 설치되어 있는지 확인합니다.

```
python --version
```

파이썬 3.8 이상이 설치되어 있으면 됩니다. 설치되어 있지 않다면 https://python.org에서 다운로드하여 설치할 수 있습니다.

3.1.2 가상환경의 필요성과 중요성

가상환경은 프로젝트별로 독립적인 패키지 공간을 만들어 주는 도구입니다. 현대 파이썬 개발에서는 필수적인 도구로 여겨지며, 특히 LLM 프로젝트처럼 다양한 외부 라이브러리를 사용하는 경우 더욱 중요합니다.

파이썬의 기본 패키지 관리 시스템은 모든 라이브러리를 전역 환경에 설치합니다. 이는 개발자에게 편의를 제공하는 듯 보이지만, 실제로는 여러 심각한 문제를 야기합니다.

3.1.2.1 전역 환경의 근본적 문제들

첫 번째는 **버전 충돌 문제**입니다. 프로젝트 A에서 NumPy 1.20이 필요하고 프로젝트 B에서 NumPy 1.24가 필요할 때, 전역 환경에서는 둘 중 하나만 설치할 수 있습니다. 이는 한 프로젝트를 위해 라이브러리를 업데이트하면 다른 프로젝트가 동작하지 않는 상황을 만듭니다.

두 번째는 **의존성 오염**입니다. 한 프로젝트에서 실험적으로 설치한 라이브러리가 다른 프로젝트의 동작에 예상치 못한 영향을 줄 수 있습니다. 특히 머신러닝 라이브러리들은 서로 복잡하게 얽혀 있어 이런 문제가 더욱 빈번하게 발생합니다.

세 번째는 **배포 환경 불일치**입니다. 개발 환경에서는 잘 동작하던 코드가 운영 환경에서 갑자기 오류를 발생시키는 경우가 있습니다. 이는 두 환경의 라이브러리 버전이 달라서 발생하는 문제로, 디버깅이 매우 어렵습니다.

3.1.2.2 가상환경이 제공하는 해결책

가상환경은 각 프로젝트마다 완전히 독립된 파이썬 실행 환경을 제공합니다. 마치 각 프로젝트가 자신만의 별도 컴퓨터에서 실행되는 것처럼 완전히 격리된 환경에서 작업할 수 있게 해줍니다. 이를 통해 앞서 언급한 모든 문제들을 근본적으로 해결할 수 있습니다.

3.1.3 가상환경 생성 및 활성화

```
# 1. 가상환경 생성
python -m venv venv

# 2. 가상환경 활성화
# Windows의 경우:
venv\Scripts\activate

# macOS/Linux의 경우:
source venv/bin/activate
```

가상환경이 활성화되면 터미널 프롬프트 앞에 '(venv)'가 표시됩니다. 이는 현재 독립된 환경에서 작업하고 있음을 알려 주는 시각적 신호입니다.

3.1.4 환경 설정 확인

파이썬 환경이 제대로 설정되었는지 확인해 봅시다.

```
python -c "print('Hello, World!')"
```

"Hello, World!"가 출력되면 환경 설정이 완료된 것입니다.

3.2.1 LLM 서비스와 모델 선택

LLM을 제공하는 서비스 회사는 OpenAI의 GPT, Anthropic의 Claude, 메타의 Llama, 구글의 Gemini 등 여러 개가 있습니다. 이 책에서는 가장 널리 사용되는 GPT로 진행하겠습니다.

모델은 필요에 따라 다른 것을 선택해도 무방합니다. 뒤에 소개할 LangChain 등을 사용하면 모델을 손쉽게 변경할 수 있어서, 한번 익혀 두면 다양한 LLM 서비스를 유연하게 활용할 수 있습니다.

3.2.2 OpenAI API 키 발급

OpenAI API를 사용하기 위해서는 먼저 https://platform.openai.com/에서 계정을 만들고 API 키(액세스 토큰)를 발급받아야 합니다.

3.2.2.1 API 키 발급

1. https://platform.openai.com/에 접속하여 계정 생성 또는 로그인
2. API Keys 섹션에서 새로운 API 키 생성
3. 생성된 API 키를 안전한 곳에 복사해 두기(한 번만 표시됨)

3.2.2.2 주의사항

· API 키는 민감한 정보이므로 절대 공개하지 마세요

· 사용량에 따라 과금되므로 사용량을 모니터링하세요

3.2.3 OpenAI 라이브러리 설치

가장 먼저 OpenAI 공식 라이브러리를 설치합니다.

```
pip install openai
```

3.2.4 첫 번째 OpenAI 코드의 함정

간단한 테스트 코드부터 시작해 봅시다.

```python
import openai

# OpenAI 클라이언트 생성
client = openai.OpenAI(api_key="your_api_key_here")

# 간단한 질문
response = client.chat.completions.create(
    model="gpt-3.5-turbo",
    messages=[
        {"role": "user", "content": "안녕하세요!"}
    ]
)


print(response.choices[0].message.content)
```

이 코드는 동작하지만 심각한 보안 결함을 가지고 있습니다. API 키가 코드에 직접 노출되어 있기 때문입니다. 이는 실무에서는 절대 용납될 수 없는 방식입니다.

3.2.5 API 키 하드코딩이 위험한 이유

API 키를 코드에 직접 작성하는 방식은 편리해 보이지만, 실제로는 심각한 보안 위험을 초래할 수 있습니다. 이는 소프트웨어 개발에서 가장 기본적이면서도 중요한 보안 원칙인 "민감한 정보의 분리" 원칙을 정면으로 위반하는 행위입니다.

3.2.5.1 현실적인 위험 시나리오들

첫 번째는 Git 저장소 노출입니다. 코드를 Git에 커밋하는 순간 API 키는 저장소 히스토리에 영구적으로 기록됩니다. 나중에 해당 코드를 삭제하더라도 Git 히스토리에는 여전히 남아 있어 누구나 확인할 수 있습니다. 실제로 GitHub에서는 이런 방식으로 노출된 API 키들을 자동으로 스캔하여 계정 소유자에게 경고를 보내는 시스템을 운영하고 있습니다.

두 번째는 팀 협업의 복잡성입니다. 여러 개발자가 각자 다른 API 키를 사용해야 하는 경우, 코드를 공유할 때마다 API 키를 수동으로 교체해야 하는 불편함이 발생합니다. 이는 개발 효율성을 크게 떨어뜨리고 실수의 여지를 늘립니다.

세 번째는 환경별 관리의 어려움입니다. 개발 환경, 테스트 환경, 운영 환경에서 서로 다른 API 키나 설정을 사용해야 하는 경우, 코드 수정 없이는 환경을 전환할 수 없습니다. 이는 배포 과정에서 실수를 유발하기 쉽습니다.

네 번째는 보안 사고의 현실적 위험입니다. API 키가 실수로 공개될 경우, 악의적인 사용자가 여러분의 계정으로 API를 호출하여 예상치 못한 비용이 발생하거나 서비스가 남용될 수 있습니다. OpenAI API의 경우 사용량에 따라 과금되므로 이런 사고는 직접적인 금전적 손실로 이어집니다.

3.2.5.2 환경변수를 통한 근본적 해결

환경변수를 사용하면 코드와 설정을 완전히 분리할 수 있습니다. 이는 "Twelve-Factor App" 방법론에서 제시하는 핵심 원칙 중 하나이기도 합니다. 코드는 누구에게나 공개되어도 안전하며, 민감한 정보는 별도의 설정 파일이나 환경변수를 통해 관리됩니다.

3.2.6 Python-dotenv 설치

환경변수를 쉽게 관리하기 위해 'Python-dotenv' 라이브러리를 설치합니다.

```
pip install python-dotenv
```

3.2.7 .env 파일을 통한 안전한 설정 관리

프로젝트 루트 디렉토리에 '.env' 파일을 생성하고 API 키를 저장합니다.

```
# .env 파일 내용
OPENAI_API_KEY=your_actual_api_key_here
```

· 중요: '.env' 파일은 반드시 '.gitignore'에 추가하여 Git 저장소에 커밋되지 않도록 해야 합니다.

이제 환경변수를 사용하여 안전하게 API 키를 관리하는 방식으로 코드를 개선해 봅시다.

```python
import os
from dotenv import load_dotenv
import openai

# .env 파일에서 환경변수 로드
load_dotenv()

# 환경변수에서 API 키 가져오기
api_key = os.getenv("OPENAI_API_KEY")

# OpenAI 클라이언트 생성
client = openai.OpenAI(api_key=api_key)

response = client.chat.completions.create(
    model="gpt-3.5-turbo",
    messages=[
        {"role": "user", "content": "안녕하세요!"}
    ]
)

print(response.choices[0].message.content)
```

이제 코드는 공개되어도 안전하며, 각 개발자나 환경별로 다른 API 키를 쉽게 사용할 수 있습니다.

3.3 / 첫 번째 Apple 분석 시스템: Raw OpenAI API

3.3.1 시스템 설계와 구현

이제 본격적으로 우리의 첫 번째 Apple 주식 분석 시스템을 구축해 보겠습니다. 이 시스템은 겉보기에는 간단해 보이지만, 실제로는 앞으로 우리가 구축할 모든 고급 시스템의 기초가 되는 중요한 출발점입니다.

이 시스템의 핵심 동작 과정을 살펴보면 다음과 같습니다

1. 보안: 환경변수에서 안전하게 API 키를 로드
2. 초기화: OpenAI 클라이언트를 생성하고 설정
3. 구조화: 시스템 메시지로 분석 형식과 방향을 지시
4. 요청: 사용자 메시지로 구체적인 Apple 주식 분석을 요청
5. 처리: API 호출을 통해 LLM으로부터 분석 결과를 획득
6. 출력: 결과를 사용자에게 이해하기 쉬운 형태로 표시

이 과정에서 LLM과의 기본 상호작용과 초기 프롬프트 엔지니어링 감각을 함께 익힙니다.

```python
import os
from dotenv import load_dotenv
import openai


def analyze_apple_stock():
```

```python
# 환경변수 로드
load_dotenv()

# OpenAI 클라이언트 생성
client = openai.OpenAI(api_key=os.getenv("OPENAI_API_KEY"))

# Apple 분석 요청
response = client.chat.completions.create(
    model="gpt-3.5-turbo",
    messages=[
        {
            "role": "system",
            "content": "주요 사업 부문, 긍정적 요인, 위험 요인 등을 포함한 종합적인 분석을 제공해 주세요."
        },
        {
            "role": "user",
            "content": "Apple 주식의 현재 상황을 분석해 주세요."
        }
    ],
)

    return response.choices[0].message.content


if __name__ == "__main__":
    analysis = analyze_apple_stock()
    print(analysis)
```

위 코드를 'apple_analysis_raw.py'로 저장하고 실행하면, GPT 모델이 Apple 주식에 대한 포괄적인 분석을 생성합니다. 일반적으로 다음과 같은 내용들이 포함됩니다

· Apple의 최근 실적과 시장 내 위치 평가
· iPhone, Mac, 서비스 등 주요 사업 부문별 상세 분석
· 긍정적 요인과 위험 요인의 체계적 정리
· 투자 관점에서의 전반적 의견과 권고사항

다만 현재 버전은 몇 가지 한계점을 가지고 있습니다. 실행할 때마다 내용이 조금씩 달라질 수 있으며, 때로는 일반적인 수준의 분석에 그칠 수도 있습니다. 또한 실시간 데이터나 최신 뉴스가 반영되지 않는 점도 개선이 필요한 부분입니다. 이러한 한계점들은 향후 장에서 RAG등의 고급 기법을 통해 체계적으로 해결해 나갈 예정입니다.

LangChain으로 같은 기능 구현하기

3.4.1 LangChain 방식의 구현

이제 동일한 Apple 분석 기능을 LangChain을 사용하여 구현해 보겠습니다. 겉으로 보기에는 결과가 동일할 수 있지만, 코드의 구조와 확장성 측면에서 중요한 차이점들을 발견할 수 있을 것입니다.

LangChain은 LLM 애플리케이션 개발을 위한 포괄적인 프레임워크로, Raw API 방식의 여러 불편함들을 해결하고 더 나은 개발 경험을 제공합니다. 특히 메시지 구성, 에러 처리, 다양한 LLM 제공자 지원 등에서 일관된 인터페이스를 제공하여 개발자가 비즈니스 로직에 더 집중할 수 있게 해 줍니다.

3.4.2 LangChain 환경 준비

먼저 langchain 라이브러리를 설치합니다.

```
pip install langchain langchain-openai
```

이제 아래의 langchain으로 구성된 코드를 실행해 봅시다.

```python
import os
from dotenv import load_dotenv
from langchain_openai import ChatOpenAI
from langchain_core.messages import HumanMessage, SystemMessage

def analyze_apple_with_langchain():
    # 환경변수 로드
    load_dotenv()

    # LangChain ChatOpenAI 초기화
    llm = ChatOpenAI(
        api_key=os.getenv("OPENAI_API_KEY"),
        model="gpt-3.5-turbo",
    )

    # 메시지 구성
    messages = [
        SystemMessage(content="주요 사업 부문, 긍정적 요인, 위험 요인 등을 포함한 종합적인 분석을 제공해 주세요."),
        HumanMessage(content="Apple 주식의 현재 상황을 분석해 주세요.")
    ]

    # LLM 호출
    response = llm.invoke(messages)

    return response.content

if __name__ == "__main__":
    analysis = analyze_apple_with_langchain()
    print(analysis)
```

두 방식 모두 실행하면 유사한 품질의 Apple 분석 결과를 생성합니다. 출력 형태는 동일하며, 분석 내용의 깊이나 정확성에도 큰 차이가 없습니다.

하지만 코드 구조 측면에서는 중요한 차이점들이 있습니다.

· 응답 처리: Raw API는 'response.choices[0].message.content'로 내용을 추출하는 반면, LangChain은 'response.content'로 더 간단하게 접근
· 메시지 구성: LangChain은 'SystemMessage', 'HumanMessage' 등 타입이 명확한 객체를 사용
· 에러 처리: LangChain은 내부적으로 재시도 로직과 에러 처리를 포함하여 네트워크 문제나 일시적인 API 오류에 더 안정적으로 대응

이러한 차이점들은 현재는 미미해 보일 수 있지만, 시스템이 복잡해질수록 그 가치가 기하급수적으로 커집니다.

아래는 실제 실행했을 때 나올 수 있는 분석 결과의 예시입니다.

```
=== Apple 주식 분석 결과 ===


Apple Inc. (AAPL) 현재 상황 종합 분석


주요 사업 부문 현황
- iPhone: 전체 매출의 약 50% 차지, 지속적인 혁신으로 프리미엄 시장 주도
- Services: 고수익성 부문으로 꾸준한 성장세, 구독 기반 수익 모델 확산
- Mac & iPad: 워크프롬홈 트렌드와 함께 안정적 성장
```

긍정적 요인

- 강력한 브랜드 충성도와 생태계 효과

- 서비스 부문의 지속적 매출 증가(App Store, iCloud, Apple Music 등)

- 신흥 시장에서의 점유율 확대 가능성

- 혁신적 기술 개발 역량(AI, AR/VR 등)

위험 요인

- 중국 시장에서의 경쟁 심화 및 지정학적 리스크

- 글로벌 스마트폰 시장의 성장률 둔화

- 공급망 관련 불확실성 지속

- 규제 당국의 앱스토어 정책에 대한 압박

투자 의견

Apple은 안정적인 수익 기반과 지속적인 혁신 역량을 보유하고 있어 장기 투자 관점에서 여전히 매력적인 종목으로 평가됩니다.

다만 단기적으로는 거시경제 환경과 중국 시장 동향을 주의 깊게 모니터링할 필요가 있습니다.

3.4.5 LangChain vs Raw API: 실무 관점의 심층 분석

여기서는 단순한 "동일 기능 구현" 비교를 넘어, 실무 환경에서 두 접근 방식이 갖는 근본적인 차이점과 각각의 장단점을 심층적으로 분석해 보겠습니다.

3.4.5.1 기본적인 차이점들

· 응답 처리: Raw API는 'response.choices[0].message.content'로 내용을 추출하는 반면, LangChain은 'response.content'로 더 간단하게 접근

· 메시지 구성: LangChain은 'SystemMessage', 'HumanMessage' 등 타입이 명확한 객체를 사용

하여 IDE 자동완성과 타입 안전성 제공

· 워크플로우: Raw API는 한 번의 프롬프트 → 응답 구조, LangChain은 Chain/Agent 구조로 복잡한 워크플로우 구현 가능
· 생태계: LangChain은 다양한 모델 지원, PromptTemplate, OutputParser, Memory, Tool 연동 등 풍부한 기능 제공

이러한 차이점들은 현재는 미미해 보일 수 있지만, 시스템이 복잡해질수록 그 가치가 기하급수적으로 커집니다.

3.4.6 LangChain의 핵심 강점들

3.4.6.1 개발 생산성의 극적인 향상

Raw API로 개발할 때 반복적으로 작성해야 하는 보일러플레이트 코드들이 LangChain에서는 이미 모듈화되어 있습니다. 예를 들어, 에러 처리와 재시도 로직을 매번 직접 구현할 필요 없이 'max_retries' 옵션 하나로 해결할 수 있습니다. 또한 프롬프트 템플릿, 출력 파싱, 체인 구성 등이 표준화된 방식으로 제공되어 개발자는 핵심 비즈니스 로직에만 집중할 수 있게 됩니다.

실제 개발 현장에서 이는 상당한 시간 절약으로 이어집니다. 간단한 프로토타입 단계에서는 차이가 크지 않아 보일 수 있지만, 프로젝트가 복잡해지고 여러 기능이 추가될수록 이러한 생산성의 차이는 기하급수적으로 커집니다.

3.4.6.2. 레고 블록 같은 조합성과 확장성

LangChain의 진정한 힘은 컴포넌트들을 레고 블록처럼 자유롭게 조합할 수 있다는 점입니다. LCEL(LangChain Expression Language)의 파이프('|') 연산자를 사용하면 '프롬프트 → LLM → 파서 → 후처리'로 이어지는 복잡한 파이프라인을 직관적이고 간단하게 구성할 수 있습니다.

이러한 조합성은 나중에 5장의 체인, 7장의 RAG, 8장의 에이전트 같은 고급 기능을 구현할 때 그 진가를 발휘합니다. Raw API로는 각 컴포넌트 간의 연결을 위한 접착 코드를 직접 작성해야 하지만, LangChain에서는 선언적인 방식으로 쉽게 조합할 수 있습니다.

3.4.6.3 벤더 독립성과 미래 대비

LLM 시장은 빠르게 변화하고 있으며, 새로운 모델과 제공자들이 지속적으로 등장하고 있습니다. OpenAI에서 Anthropic으로, 또는 Google, Meta의 모델로 교체해야 할 상황이 언제든 발생할 수 있습니다.

LangChain은 이런 상황에서 일관된 인터페이스를 제공합니다. Raw API 방식에서는 각 벤더의 서로 다른 API 구조, 파라미터 형식, 에러 처리 방식에 맞춰 코드를 대폭 수정해야 하지만, LangChain에서는 클래스 이름과 몇 개의 설정만 바꾸면 됩니다. 이는 기술 부채를 줄이고 시스템의 유연성을 크게 향상시킵니다.

3.4.6.4 구조화된 출력과 타입 안전성

LLM의 출력은 본질적으로 자유형 텍스트이기 때문에 이를 구조화된 데이터로 변환하는 과정에서 많은 어려움이 있습니다. LangChain은 Pydantic 스키마를 활용한 'with_structured_output' 기능을 제공하여 이 문제를 우아하게 해결합니다.

이를 통해 LLM의 응답을 원하는 형태(JSON, Python 객체 등)로 안정적으로 파싱할 수 있으며, 형식이 맞지 않을 경우 자동으로 재시도하는 전략도 쉽게 구성할 수 있습니다. 이는 프로덕션 환경에서 시스템의 안정성을 크게 향상시킵니다.

3.4.6.5 풍부한 RAG 생태계

문서 로더, 텍스트 스플리터, 임베딩, 벡터 저장소, 리트리버 등 RAG(Retrieval-Augmented Generation) 구현에 필요한 모든 구성요소가 통합되어 있습니다. 각각이 표준화된 인터페이스를 가지고 있어 별도의 접착 코드 없이 자유롭게 조합할 수 있습니다.

이는 특히 기업 환경에서 내부 문서나 데이터베이스와 연동하여 AI 시스템을 구축할 때 엄청난 가치를 제공합니다. 프로토타입부터 프로덕션 수준까지 일관된 아키텍처로 빠르게 발전시킬 수 있습니다.

3.4.6.6 강화된 관측성과 디버깅 지원

복잡한 AI 시스템에서는 어느 단계에서 문제가 발생했는지 파악하기 어려운 경우가 많습니다. LangSmith와 연동하면 체인의 각 단계별 실행 상황, 프롬프트 입출력, 성능 메트릭, 비용 추적 등을 시각적으로 추적할 수 있습니다.

이는 단순히 로그를 확인하는 것을 넘어서, 전체 파이프라인의 흐름을 한눈에 파악하고 병목 지점을 식별할 수 있게 해 줍니다. 복잡한 멀티스텝 체인에서 어느 단계에서 문제가 발생했는지 쉽게 파악할 수 있어 디버깅과 최적화가 훨씬 수월해집니다.

3.4.7 LangChain의 현실적인 한계점들

3.4.7.1 추상화로 인한 복잡성과 학습 곡선

LangChain의 추상화는 양날의 검입니다. 복잡한 작업에서는 개발을 단순화하지만, 간단한 작업에는 오히려 과도한 복잡성을 가져올 수 있습니다. 단순히 "안녕하세요"라는 메시지 하나를 보내기 위해서도 여러 객체를 생성하고 설정해야 하는 경우가 있습니다.

또한 프레임워크 특유의 개념과 패턴을 학습해야 하는 부담이 있습니다. Chain, Runnable, LCEL 등의 개념을 이해하고 적절히 활용하기까지는 상당한 시간이 필요합니다. 팀 내에서 LangChain에 익숙하지 않은 개발자가 있다면 초기 학습 비용이 프로젝트 일정에 영향을 줄 수 있습니다.

3.4.7.2. 버전 변동성과 호환성 리스크

LangChain은 매우 활발하게 개발되고 있는 프레임워크입니다. 이는 새로운 기능이 자주 추가되다는 장점이 있지만, 동시에 API가 예고 없이 변경되거나 기존 기능이 지원 중단(deprecated)될 위험도 있습니다.

실제로 LangChain의 초기 버전들을 사용해본 개발자들은 메이저 버전 업데이트 시마다 상당한 코드 수정이 필요했던 경험을 가지고 있습니다. 운영 환경에서는 반드시 의존성 버전을 고정하고, 업그레이드 전에 충분한 회귀 테스트를 수행해야 합니다.

3.4.7.3 최신 기능 지원 지연과 제어 한계

OpenAI나 다른 제공자가 새로운 API 기능을 출시했을 때, LangChain에서 이를 지원하기까지는 시간이 걸립니다. 예를 들어, OpenAI가 새로운 모델이나 기능을 출시하면 공식 SDK에서는 즉시 사용할 수 있지만, LangChain에서 이를 지원하기까지는 몇 주에서 몇 달이 걸릴 수 있습니다.

또한 추상화 레이어로 인해 세밀한 제어가 어려운 경우가 있습니다. 특별한 헤더를 추가하거나, 특정 타임아웃을 설정하거나, 커스텀 재시도 로직을 구현하는 등의 작업이 Raw API보다 복잡할 수 있습니다.

3.4.7.4 성능 오버헤드와 블랙박스 문제

프레임워크 자체의 오버헤드가 존재합니다. 단순한 API 호출에 비해 추가적인 객체 생성, 메시지 변환, 내부 처리 등으로 인한 지연이 발생할 수 있습니다. 초당 수천 건의 요청을 처리해야 하는 고성능 시스템에서는 이러한 오버헤드가 무시할 수 없는 수준이 될 수 있습니다.

또한 내부 동작이 감춰져 있어 예상치 못한 동작이 발생했을 때 원인을 파악하기 어려울 수 있습니다. 특히 복잡한 체인이나 에이전트에서 디버깅이 어려워질 수 있습니다.

3.4.8.1 투명성과 직관적 이해

Raw API는 무엇을 하는지 명확하게 보입니다. HTTP 요청을 보내고 응답을 받는 단순한 구조라 누구나 쉽게 이해할 수 있습니다. 네트워크 탭에서 실제 요청과 응답을 바로 확인할 수 있어 문제 해결이 빠르고 명확합니다.

이러한 투명성은 특히 디버깅 시에 큰 장점이 됩니다. 문제가 발생했을 때 정확히 어떤 요청이 보내졌고 어떤 응답이 왔는지 즉시 확인할 수 있어 문제의 원인을 빠르게 파악할 수 있습니다.

3.4.8.2 최대한의 제어권과 커스터마이징

요청 헤더, 타임아웃, 재시도 정책, 에러 처리 등을 세밀하게 제어할 수 있습니다. 특별한 요구사항이 있는 엔터프라이즈 환경에서는 이러한 제어권이 필수적일 수 있습니다. 예를 들어, 특정 보안 헤더를 추가해야 하거나, 복잡한 로드 밸런싱 로직을 구현해야 하거나, 커스텀 인증 방식을 사용해야 하는 경우 Raw API가 훨씬 유연합니다.

3.4.8.3 최소한의 의존성과 보안

외부 라이브러리에 의존하지 않아 배포 패키지가 가볍고 보안 검토도 간단합니다. 특히 보안이 중요한 환경에서는 의존성이 적을수록 공격 표면이 줄어들고 보안 취약점의 위험이 감소합니다. 또한 의존성 라이센스 검토, 보안 패치 관리 등의 부담도 줄일 수 있습니다.

3.4.8.4 최신 기능의 즉시 활용

새로운 API 기능이나 모델이 출시되면 즉시 활용할 수 있습니다. 프레임워크의 지원을 기다릴 필요 없이 바로 실험하고 도입할 수 있어 기술적 선도성을 유지할 수 있습니다.

3.4.9.1 반복 코드와 유지보수 부담

비슷한 에러 처리, 재시도 로직, 응답 파싱 코드를 프로젝트 곳곳에서 반복 작성해야 합니다. 초기에는 간단해 보이지만, 프로젝트가 커질수록 이런 반복 코드의 유지보수 부담이 기하급수적으로 증가합니다. 특히 여러 개발자가 참여하는 프로젝트에서는 각자 다른 방식으로 에러 처리나 로깅을 구현하여 일관성이 떨어지는 문제가 발생하기 쉽습니다.

3.4.9.2 멀티모달 통합의 복잡성

현대의 AI 애플리케이션은 여러 LLM 제공자, 임베딩 모델, 벡터 데이터베이스, 외부 도구 등을 함께 사용하는 경우가 많습니다. Raw API 방식에서는 각각의 서로 다른 API를 개별적으로 학습하고 통합해야 하며, 이는 상당한 시간과 노력을 요구합니다. 또한 각 서비스의 인증 방식, 에러 형태, 응답 구조가 모두 다르기 때문에 일관된 에러 처리나 모니터링을 구현하기 어렵습니다.

3.4.9.3 확장성과 아키텍처 한계

단순한 질의응답을 넘어 RAG, 에이전트, 멀티스텝 체인 등 복잡한 워크플로우를 구현할 때는 Raw API만으로는 구조적 한계에 부딪힙니다. 각 단계 간의 데이터 흐름 관리, 상태 유지, 에러 전파 등을 모두 직접 구현해야 하며, 이는 코드의 복잡성을 크게 증가시킵니다.

3.4.10.1　LangChain을 선택해야 하는 상황들

· 멀티벤더 환경: 여러 LLM 제공자를 유연하게 교체하며 실험해야 할 때

· 복합 워크플로우: RAG, 에이전트, 복잡한 체인을 구현해야 할 때

· 팀 협업 중시: 코드 재사용성과 일관성이 중요한 팀 개발 환경

· 빠른 프로토타이핑: MVP 구축이나 빠른 실험이 필요할 때

· 프로덕션 운영: 관측성과 모니터링이 중요한 운영 환경

· 장기 프로젝트: 지속적인 기능 확장이 예상되는 프로젝트

3.4.10.2　Raw API를 선택해야 하는 상황들

· 단순한 작업: 극도로 단순한 일회성 스크립트나 간단한 자동화

· 최신 기능 활용: 새로운 API 기능을 즉시 활용해야 할 때

· 성능 중시: 지연시간과 처리량이 극도로 중요한 고성능 시스템

· 보안 민감: 의존성을 최소화해야 하는 보안 민감 환경

· 세밀한 제어: 특별한 커스터마이징이 필요한 엔터프라이즈 환경

· 레거시 통합: 기존 시스템과의 호환성이 중요한 상황

3.4.10.3　결론: 균형 잡힌 선택의 중요성

LangChain과 Raw API는 각각 다른 목적과 상황에 최적화된 도구입니다. 중요한 것은 프로젝트의 특성을 정확히 파악하고 적절한 도구를 선택하는 것입니다.

프로젝트의 규모, 복잡성, 성능 요구사항, 팀의 경험 수준, 장기적인 확장 계획 등을 종합적으로 고려하여 선택해야 합니다. 때로는 프로젝트 내에서도 부분별로 다른 접근 방식을 채택하는 것이 더 효율적일 수 있습니다.

이 책의 이후 장들에서는 LangChain의 강점을 최대한 활용하여 점진적으로 복잡하고 실용적인 AI 시스템을 구축해 나가겠습니다. 체인, 프롬프트 엔지니어링, RAG, 에이전트 등의 고급 기법들을 통해 단순한 질의응답을 넘어서는 진정으로 유용한 AI 애플리케이션을 만들어 보겠습니다.

다음 단계로의 준비

이번 장에서 우리는 AI 개발의 기초를 다졌습니다. 안전한 환경 설정부터 시작해서 Raw API와 LangChain 두 가지 방식으로 동일한 기능을 구현해 보며, 각각의 장단점을 실제로 경험했습니다.

현재 우리의 Apple 분석 시스템은 실시간 데이터 · 일관성 · 개인화 측면에서 초보적입니다. 그러나 이는 출발선일 뿐이며, 이후에 체계적으로 보완할 기반입니다.

다음 장에서는 프롬프트 엔지니어링으로 정확도와 일관성을 높입니다. 이어 체인 기반 워크플로우, RAG의 실시간 데이터 결합을 통해 단계적으로 확장합니다.

지금까지 구축한 기초가 앞으로 모든 고급 기법들의 토대가 될 것입니다. 견고한 기초 위에 세워진 건물이 오래가듯이, 우리도 차근차근 실력을 쌓아 가며 진정으로 유용한 AI 금융 상담 시스템을 완성해 나가겠습니다.

## Chapter 4

프롬프트 엔지니어링과 구조화된 응답

들어가며: 일관성과 재사용성의 중요성

3장에서 우리는 LangChain을 이용해 기본적인 Apple 분석 시스템을 구축했습니다. 하지만 실제로 사용해 보면 몇 가지 중요한 문제가 드러납니다.

첫째, 같은 회사를 분석해도 매번 다른 형식과 내용의 결과가 나옵니다. 이는 프롬프트가 일관되지 않고, LLM의 창의성이 때로는 예측 불가능한 결과를 만들어 내기 때문입니다. 둘째, 결과가 자연어 텍스트로만 제공되어 프로그램에서 활용하기 어렵습니다. 투자 등급이나 신뢰도 점수 같은 정보를 추출하려면 복잡한 문자열 파싱이 필요하고, 이는 오류가 발생하기 쉽습니다.

이러한 문제들은 실제 프로덕션 환경에서 치명적입니다. 투자 시스템에서는 일관성과 정확성이 무엇보다 중요하기 때문입니다. 이 장에서는 이러한 문제들을 체계적으로 해결해 나가며, 일관성 있고 재사용 가능한 분석 시스템을 구축하겠습니다.

우리가 해결할 핵심 과제는 다음과 같습니다.

1. Role-based prompting을 통한 전문성 확보
2. Zero-shot vs Few-shot 기법을 통한 품질 향상
3. 프롬프트 템플릿화를 통한 입력 표준화
4. 구조화된 출력을 통한 데이터 활용성 향상

4.1.1 LLM의 일관성 문제와 Temperature 설정

LLM에는 temperature라는 중요한 매개변수가 있습니다. 이는 응답의 창의성과 일관성을 조절하는 역할을 합니다.

- Temperature=0.0: 가장 결정적이고 일관된 응답을 생성합니다. 같은 입력에 대해 거의 항상 같은 결과가 나옵니다.
- Temperature=0.7: 적당한 창의성과 일관성의 균형을 제공합니다(기본값).
- Temperature=1.0: 높은 창의성을 제공하지만, 매번 다른 응답이 나올 수 있습니다.

우리는 정보를 정리하고 분석하는 일을 할 예정이므로 일관성이 무엇보다 중요합니다. 따라서 temperature를 0.0으로 설정하여 최대한 비슷한 결과물이 나올 확률을 높이겠습니다.

```python
from langchain_openai import ChatOpenAI

# 일관성을 위해 temperature=0.0으로 설정
llm = ChatOpenAI(model="gpt-3.5-turbo", temperature=0.0)
```

Role-based Prompting: 전문가 역할 부여

4.2.1 Role-based Prompting의 개념

Role-based Prompting은 LLM에게 특정 전문가의 역할을 부여하여 더 전문적이고 일관된 응답을 얻는 기법입니다. 이 기법은 LLM이 특정 분야의 전문가처럼 사고하고 응답하도록 유도하여, 단순한 일반적인 답변보다 훨씬 더 깊이 있고 전문적인 분석을 제공할 수 있게 합니다.

최신 대규모 언어 모델(LLMs)은 놀라운 역할 수행 능력을 보여 주며, 인간 캐릭터뿐만 아니라 비인간적 개체까지도 구현할 수 있습니다. 이러한 다재다능함은 다양한 맥락에서 복잡한 인간과 같은 상호작용과 행동을 시뮬레이션할 수 있게 하며, 특정 객체나 시스템을 모방할 수도 있습니다.

· 일반적인 답변: "Apple은 좋은 회사입니다."
· Role-based 답변: "20년 경력의 투자 분석가 관점에서, Apple의 재무제표를 분석한 결과, ROE 147.4%, 부채비율 1.7배로 우수한 재무 건전성을 보여 주고 있습니다…."

4.2.2 Role-based Prompting의 핵심 장점

1. 스타일과 톤 제어

전문가 역할에 따라 응답의 톤, 언어, 접근 방식을 조절할 수 있습니다.

· 음식 평론가: 감각적이고 상세한 묘사 중심
· 마케팅 전문가: 설득적이고 긍정적인 톤

· 고객 서비스 담당자: 공감적이고 해결책 중심

2. 전문적 관점 제공

특정 분야 전문가의 시각으로 문제를 바라보게 됩니다.

· 수학자 역할: 논리적이고 체계적인 접근
· 의사 역할: 증상 기반 진단적 사고
· 변호사 역할: 법적 리스크와 규정 중심 분석

3. 일관된 전문성 유지

전문가의 배경과 철학을 바탕으로 일관된 관점을 제공합니다.

4.2.3 Chain-of-Thought와의 시너지 효과

Role-based Prompting은 뒤에서 소개할 Chain-of-Thought(CoT) 과정을 암묵적으로 촉발시키는 효과가 있습니다. 특정 전문가 역할을 부여함으로써 모델이 해당 분야의 논리적 사고 과정을 자연스럽게 따르도록 유도합니다.

예를 들어, 수학자 역할을 부여하면 모델이 단계별 계산 과정을 자동으로 수행하게 되며, 의사 역할을 부여하면 증상 분석부터 진단까지의 체계적인 사고 과정을 거치게 됩니다.

의료 분야 예시

```
# 일반적인 질문
prompt_general = "두통의 원인을 알려 주세요"

# Role-based 접근
prompt_role = """당신은 30년 경력의 신경과 전문의입니다.
두통 환자를 진료할 때 어떤 원인들을 고려하는지 설명해 주세요."""
```

법률 분야 예시

```
# 일반적인 질문
prompt_general = "계약서에서 주의할 점을 알려 주세요"

# Role-based 접근
prompt_role = """당신은 기업법 전문 변호사입니다.
20년간 M&A 계약을 담당해 왔습니다.
계약서 검토 시 가장 중요하게 보는 조항들을 설명해 주세요."""
```

마케팅 분야 예시

```
# 일반적인 질문
prompt_general = "신제품 마케팅 전략을 제안해 주세요"

# Role-based 접근
prompt_role = """당신은 글로벌 소비재 브랜드의 마케팅 디렉터입니다.
10년간 신제품 론칭을 담당하며 성공적인 브랜딩 경험을 쌓았습니다.
신제품 마케팅 전략을 어떻게 수립하는지 설명해 주세요."""
```

```python
from langchain_openai import ChatOpenAI
from langchain_core.messages import HumanMessage

llm = ChatOpenAI(model="gpt-4o-mini", temperature=0.0)

# 일반적인 방식
general_prompt = "기업의 재무상태를 어떻게 평가하나요?"
general_response = llm.invoke([HumanMessage(content=general_prompt)])

print("\n=== 일반적인 방식 ===")
print(general_response.content)

# Role-based 방식
role_prompt = """당신은 15년 경력의 투자 분석가입니다.
주요 증권사에서 기업 분석을 담당하며,
특히 재무제표 분석에 전문성을 가지고 있습니다.

기업의 재무상태를 어떻게 평가하는지 설명해 주세요."""

role_response = llm.invoke([HumanMessage(content=role_prompt)])

print("\n=== Role-based 방식 ===")
print(role_response.content)
```

효과적인 역할 설정 원칙

- 구체적인 전문 분야 명시: "의사"보다는 "30년 경력의 신경과 전문의"
- 경험과 배경 제시: 구체적인 경력과 전문성 영역 언급
- 적절한 수준 유지: 과도하게 상세한 역할 설정은 오히려 비효율적
- 일관성 유지: 대화 내내 동일한 전문가 역할 유지

주의사항

- 역할의 세부사항을 과도하게 늘려도 효과는 특정 수준에서 수렴
- 핵심적인 전문성과 관점을 명확하게 제시하는 것이 가장 효과적
- 지나치게 복잡한 역할 설정보다는 간결하면서도 구체적인 전문가 설정을 해야 함

Role-based Prompting은 LLM이 특정 전문 분야의 사고 방식과 접근법을 모방하도록 유도하는 강력한 기법입니다. 적절히 활용하면 더욱 전문적이고 신뢰할 수 있는 응답을 얻을 수 있습니다.

4.3 / Zero-shot vs Few-shot Learning

4.3.1 Zero-shot Learning: 즉시 시작하는 AI 추론

4.3.1.1 Zero-shot Learning의 핵심 개념

Zero-shot Learning은 AI가 특정 작업에 대한 사전 예시나 훈련 없이 오직 사전 학습된 일반적 지식만을 활용하여 새로운 문제를 해결하는 방식입니다. 마치 학생이 교과서만 읽고 예제 없이 바로 시험 문제를 푸는 것과 같습니다.

4.3.1.2 작동 메커니즘과 특징

대용량 텍스트 데이터로 사전 훈련받은 AI 모델은 언어의 패턴, 지식, 추론 능력을 내재화합니다. Zero-shot 상황에서는 이러한 축적된 지식만으로 프롬프트의 지시사항을 해석하고 적절한 응답을 생성합니다.

```
# Zero-shot 예시: 직접적인 지시만 제공
prompt = "Tesla 주식을 분석해 주세요"
response = llm.invoke(prompt)
```

4.3.1.3 Zero-shot의 장점과 한계

Zero-shot 방식의 가장 큰 장점은 즉시성과 단순성입니다. 별도의 예시 준비나 템플릿 설계 없이 바로 작업을 시작할 수 있어 빠른 프로토타이핑이나 일회성 작업에 유용합니다.

하지만 몇 가지 구조적 한계가 있습니다

1. 일관성 부족: 동일한 질문에도 매번 다른 형식의 답변
2. 품질 예측의 어려움: 결과의 신뢰성 문제
3. 복잡한 추론의 한계: 다단계 사고나 특정 접근법이 필요한 문제에서 성능 저하

```
# 복잡한 추론이 필요한 예시
complex_question = "이 집합 {15, 32, 5, 13, 82, 7, 1}에서 홀수를 모두 더하면 짝수인가요?"
# Zero-shot으로는 단계별 계산 과정 없이 결론만 제시하여 오답 가능성 높음
```

4.3.2 Few-shot 프롬프팅: 패턴 학습을 통한 성능 향상

4.3.2.1 Few-shot 프롬프팅의 철학적 배경

Few-shot 프롬프팅은 인간의 패턴 인식 방식을 모방한 접근법입니다. 인간도 새로운 작업을 접할 때 몇 가지 좋은 예시를 보고 패턴을 파악한 후 유사한 방식으로 문제를 해결합니다. 이러한 유추적 추론(Analogical Reasoning) 과정을 AI에 적용한 것이 Few-shot 프롬프팅입니다.[1]

4.3.2.2 컨텍스트 내 추론(In-Context Reasoning)

Few-shot 프롬프팅의 핵심은 컨텍스트 내 추론입니다. 모델은 제공된 예시들에서 입력-출력 관계의 패턴을 파악하고, 이를 새로운 입력에 적용합니다. 이 과정에서 모델의 가중치는 변경되지 않으며, 오직 주어진 컨텍스트 내에서만 패턴 인식과 추론이 이루어집니다.

4.3.2.3 Few-shot 프롬프팅의 필수 구성 요소

효과적인 Few-shot 프롬프팅을 위해서는 세 가지 핵심 요소가 필요합니다

1. 명확한 지시사항: 수행할 작업에 대한 구체적인 설명
2. 대표적 예시: 다양한 상황을 포괄하는 고품질의 입-출력 쌍
3. 일관된 형식: 모든 예시가 동일한 구조와 스타일을 유지

4.3.3 Few-shot 프롬프팅 실전 구현

Few-shot 프롬프팅을 실제로 구현하는 방법은 복잡한 라이브러리 없이도 간단한 텍스트 조작만으로 충분합니다. 핵심은 일관된 패턴으로 예시들을 배열하고, 새로운 입력을 같은 형식으로 제시하는 것입니다.

Few-shot 프롬프팅의 구현은 세 단계로 나눌 수 있습니다

1. 예시 데이터 준비: 원하는 작업을 보여 주는 입-출력 쌍들을 정의
2. 프롬프트 구성: 예시들을 일관된 형식으로 배열하고 새로운 입력 추가
3. 실행 및 검증: 모델에 전달하고 결과를 확인

4.3.3.1 간단한 프롬프트 구성 예시

다음 예시들을 참고하여 비슷한 형식으로 답변해 주세요.

예시 1
- 질문: 지구의 대기 중 가장 많은 비율을 차지하는 기체는 무엇인가요?
- 답변: 지구 대기의 약 78%를 차지하는 질소입니다.

예시 2
- 질문: 광합성에 필요한 주요 요소들은 무엇인가요?
- 답변: 광합성에 필요한 주요 요소는 빛, 이산화탄소, 물입니다.

예시 3
- 질문: 피타고라스 정리를 설명해 주세요.
- 답변: 피타고라스 정리는 직각삼각형에서 빗변의 제곱이 다른 두 변의 제곱의 합과 같다는 것입니다.

새로운 문제
- 질문: 화성의 표면이 붉은 이유는 무엇인가요?
- 답변:

같은 패턴을 사용하여 다양한 작업에 활용할 수 있습니다.

# 번역 작업 예시
translation_prompt = """다음 예시를 참고하여 한국어를 영어로 번역해 주세요.

예시 1
- 한국어: 안녕하세요
- 영어: Hello

예시 2
- 한국어: 감사합니다
- 영어: Thank you

새로운 번역
- 한국어: 좋은 하루 되세요
- 영어:"""

```
# 감정 분석 예시

sentiment_prompt = """다음 예시를 참고하여 텍스트의 감정을 분석해 주세요.


예시 1
- 텍스트: 오늘 정말 행복한 하루였어요!
- 감정: 긍정적


예시 2
- 텍스트: 너무 슬프고 우울해요.
- 감정: 부정적


새로운 분석
- 텍스트: 시험 결과가 기대보다 좋아서 기뻐요.
- 감정:"""
```

4.3.3.2 프롬프트 작성 시 주요 포인트

1. 명확한 지시문: "다음 예시들을 참고하여…"로 시작하여 모델이 무엇을 해야 하는지 명확히 제시

2. 일관된 형식: 모든 예시가 동일한 구조(질문: → 답변:)를 유지

3. 적절한 구분: 예시 번호와 빈 줄을 사용하여 각 예시를 명확히 구분

4. 명확한 종료: "새로운 문제:" 또는 "새로운 번역:" 등으로 예시와 실제 작업을 구분

4.3.4 효과적인 예시 설계와 최적화

Few-shot 프롬프팅의 성공은 대부분 예시의 품질에 달려 있습니다. 좋은 예시는 모델이 올바른 패턴을 학습하도록 돕고, 나쁜 예시는 오히려 성능을 저하시킬 수 있습니다.

1. 다양성(Diversity): 포괄적인 상황 대응

단순히 비슷한 예시를 반복하는 것보다는 다양한 상황과 조건을 다루는 예시를 포함해야 합니다. 이는 모델이 더 넓은 범위의 입력에 대해 적절히 대응할 수 있게 합니다.

```python
# 좋은 예시: 다양한 상황을 포괄
stock_analysis_examples = [
    {
        "company": "Tesla",  # 성장주
        "analysis": "투자등급: Buy - 전기차 혁신 리더, 높은 성장 잠재력"
    },
    {
        "company": "Coca-Cola",  # 방어주
        "analysis": "투자등급: Hold - 안정적 배당, 성장성 제한적"
    },
    {
        "company": "GameStop",  # 위험주
        "analysis": "투자등급: Sell - 사업 모델 변화 필요, 높은 변동성"
    }
]

# 나쁜 예시: 비슷한 상황만 반복
bad_examples = [
    {"company": "Apple", "analysis": "투자등급: Buy - 혁신적 기술"},
    {"company": "Google", "analysis": "투자등급: Buy - 혁신적 플랫폼"},
    {"company": "Microsoft", "analysis": "투자등급: Buy - 혁신적 소프트웨어"}
]
```

2. 명확성(Clarity): 모호함 없는 관계 설정

입력과 출력 사이의 관계가 명확해야 합니다. 모호하거나 복잡한 예시는 모델을 혼란스럽게 만들어 일관성 없는 결과를 낳을 수 있습니다.

```
# 명확한 예시
clear_example = {
    "input": "고객이 제품 배송 지연에 대해 불만을 표현했습니다. 어떻게 응답해야 할까요?",
    "output": "1. 먼저 사과하고 상황을 인정합니다\n2. 구체적인 지연 사유를 설명합니다\n3. 해결
방안을 제시합니다\n4. 향후 재발 방지 약속을 합니다"
}


# 모호한 예시(피해야 할 것)
ambiguous_example = {
    "input": "고객 불만이 있습니다. 어떻게 해야 할까요?",
    "output": "고객을 잘 대응하세요"
}
```

3. 일관성(Consistency): 통일된 형식과 스타일

모든 예시가 동일한 구조, 어조, 상세도를 유지해야 합니다. 이는 모델이 안정적인 패턴을 학습하는 데 필수적입니다.

```
# 일관성 있는 예시들
consistent_examples = [
    {
        "question": "지구의 자전 주기는?",
        "answer": "약 24시간입니다." # 간결한 답변
```

```python
    },
    {
        "question": "태양까지의 거리는?",
        "answer": "약 1억 5천만 km입니다."  # 간결한 답변
    }
]


# 일관성 없는 예시들(피해야 할 것)
inconsistent_examples = [
    {
        "question": "지구의 자전 주기는?",
        "answer": "약 24시간입니다."  # 간결
    },
    {
        "question": "태양까지의 거리는?",
        "answer": "태양은 우리 태양계의 중심에 있는 항성으로, 지구로부터의 평균 거리는 약 1억 4960만 킬로미터입니다. 이 거리를 천문단위라고 부르며..."  # 너무 상세
    }
]
```

4. 토큰 효율성과 성능의 균형

Few-shot 프롬프팅에서는 예시의 개수와 성능, 그리고 비용 사이의 최적 균형점을 찾는 것이 중요합니다. 일반적으로 예시가 많을수록 성능은 향상되지만, 동시에 토큰 비용도 증가하므로 효율적인 지점을 찾아야 합니다.

4.3.4.2 실제 성능 변화의 이해

예시 개수에 따른 성능 변화는 선형적이지 않습니다. 처음 2~3개의 예시를 추가할 때 가장 큰

성능 향상이 나타나며, 그 이후로는 점진적인 개선만 이루어집니다.

예를 들어, 감정 분석 작업에서 예시 없이 수행했을 때 70%의 정확도를 보였다면, 2개의 예시를 추가하면 85%로 크게 향상되고, 5개의 예시로 늘리면 90%까지 개선될 수 있습니다. 하지만 10개로 늘려도 92% 정도의 개선만 있을 뿐입니다.

따라서 대부분의 실무 상황에서는 3~5개의 잘 선별된 예시가 가장 효율적인 선택이 됩니다. 이는 상당한 성능 향상을 제공하면서도 토큰 비용을 합리적인 수준으로 유지할 수 있기 때문입니다.

4.3.5 한계 인식과 극복 방안

Few-shot 프롬프팅은 강력한 기법이지만, 완벽하지는 않습니다. 이러한 한계들을 이해하고 인정하는 것이 더 나은 프롬프팅 전략을 개발하는 첫걸음입니다.

4.3.5.1 Few-shot 프롬프팅의 근본적 한계

1. 예시 의존성: 품질이 곧 성능

Few-shot 프롬프팅의 가장 큰 약점은 제공된 예시의 품질에 성능이 직접적으로 좌우된다는 점입니다. 이는 양날의 검과 같아서, 좋은 예시는 성능을 크게 향상시키지만 나쁜 예시는 오히려 성능을 저하시킵니다.

```python
# 좋은 예시의 영향
good_examples = [
    {"input": "감정 분석: 오늘 정말 행복한 하루였어요!", "output": "긍정적"},
    {"input": "감정 분석: 너무 슬프고 우울해요.", "output": "부정적"}
]
# → 명확한 패턴으로 높은 정확도 기대
```

```python
# 나쁜 예시의 영향
bad_examples = [
    {"input": "감정 분석: 오늘 좋았어요!", "output": "나쁨"},  # 잘못된 라벨
    {"input": "감정 분석: 최악이에요.", "output": "좋음"}   # 잘못된 라벨
]
# → 잘못된 패턴 학습으로 성능 저하
```

2. 컨텍스트 길이 제한: 물리적 한계

모든 언어 모델은 한 번에 처리할 수 있는 텍스트 길이(컨텍스트 윈도우)에 제한이 있습니다. 이는 포함할 수 있는 예시의 수와 복잡성을 직접적으로 제한합니다.

```python
# 컨텍스트 제한의 실제 예시
def calculate_token_usage():
    # GPT-4의 컨텍스트 윈도우: 8,192 토큰(약 6,000 단어)

    single_example = "예시: 입력 → 출력"  # 약 10 토큰
    complex_example = """
예시: 매우 긴 입력 텍스트가 여러 문장으로 구성되어 있고
상세한 배경 정보와 함께 제공되는 경우 →
이에 대응하는 매우 상세하고 길며 구체적인 출력 결과
"""  # 약 100 토큰

    # 간단한 예시: 800개까지 가능
    # 복잡한 예시: 80개까지만 가능
```

이 한계를 극복하는 방법은 다음과 같습니다.

· 예시 압축: 핵심만 남기고 불필요한 부분 제거

· 예시 순환: 입력에 따라 관련성 높은 예시만 선택

· 계층적 프롬프팅: 단계적으로 나누어 처리

3. 복잡한 추론의 한계: 단순 패턴 매칭의 벽

Few-shot 프롬프팅은 본질적으로 패턴 매칭에 기반합니다. 따라서 여러 단계의 논리적 추론이나 창의적 사고가 필요한 복잡한 문제에서는 한계를 보입니다.

```
# Few-shot으로 해결하기 어려운 문제 예시
complex_reasoning_problem = """
문제: 한 회사의 2023년 매출이 전년 대비 15% 증가했고,
비용은 8% 증가했습니다. 만약 2022년 순이익률이 12%였다면,
2023년 순이익률은 얼마일까요? 또한 이러한 변화가
회사의 운영 효율성에 미치는 영향을 분석하세요.

이 문제는 다음을 요구합니다:
1. 수학적 계산(매출, 비용, 순이익률 계산)
2. 비즈니스 분석(운영 효율성 평가)
3. 추론과 해석(변화의 의미 파악)
"""

# Few-shot 예시만으로는 이런 다단계 추론을
# 완벽하게 가르치기 어려움
```

4.3.5.2 극복 방안과 발전 방향

이러한 한계들을 극복하기 위해 더 고급 기법들이 개발되었습니다.

1. Chain-of-Thought 프롬프팅: 단계별 사고 과정을 예시에 포함하여 복잡한 추론 지원

2. Tree of Thoughts: 여러 추론 경로를 동시에 탐색하는 고급 기법

3. Agent 시스템: 다단계 계획 수립과 실행을 통한 종합적 문제 해결

이들 기법은 Few-shot의 한계를 보완하며 더욱 정교한 AI 추론을 가능하게 합니다.[2,3] 다음 장에서는 이러한 고급 프롬프팅 기법들을 자세히 살펴보겠습니다.

지금까지 살펴본 Zero-shot과 Few-shot 방식에서 발생하는 문제점들을 해결하기 위해, 더 체계적인 프롬프트 관리 방법을 알아보겠습니다.

4.4.1 기존 방식의 문제점

앞서 구현한 Few-shot 프롬프팅에서 몇 가지 불편한 점들이 있었습니다

```python
# 기존 Few-shot 구현의 문제점들
def create_few_shot_prompt(examples, target_company):
    prompt = "당신은 투자 분석가입니다. 다음 예시들을 참고하여 동일한 형식으로 분석해 주세요.\n\n"

    # 예시들 추가
    for example in examples:
        prompt += f"회사: {example['company']}\n"
        prompt += f"분석:\n{example['analysis']}\n\n"

    # 대상 회사 추가
    prompt += f"회사: {target_company}\n분석:"

    return prompt
```

기존 방식의 문제점

1. 가독성 저하: 문자열 연결로 인한 코드 복잡성 증가

2. 오타 위험: 변수명이 문자열에 하드코딩되어 실수 발생 가능

3. 유지보수 어려움: 프롬프트 구조 변경 시 함수 전체 수정 필요

4. 개발 효율성 저하: IDE 자동완성 지원 부재

5. 재사용성 부족: 다른 분석 목적으로 변경하기 어려운 구조

4.4.2 PromptTemplate 활용

기존 문자열 연결 방식의 한계를 극복하기 위해 LangChain의 'PromptTemplate'을 도입합니다. 이는 프롬프트를 체계적으로 관리하고, 가변 정보를 안전하게 처리하며, 재사용 가능한 템플릿을 만드는 강력한 도구입니다.

PromptTemplate의 핵심 개념

1. 템플릿 기반 설계: 고정된 구조와 가변 부분을 명확히 분리

2. 변수 검증: 'input_variables'를 통해 필요한 변수를 명시적으로 선언

3. 타입 안전성: 변수명 오타나 누락을 컴파일 타임에 방지

4. 재사용성: 동일한 템플릿으로 다양한 입력 데이터 처리

이러한 접근 방식은 프롬프트 엔지니어링의 모범 사례를 따르며, 대규모 프로덕션 환경에서도 안정적으로 동작합니다.

실제 투자 분석 상황을 예로 들어 PromptTemplate의 활용법을 살펴보겠습니다. 여러 기업에 대해 다양한 관점과 투자 기간으로 분석을 요청해야 하는 상황에서, 하나의 템플릿으로 모든 케이스를 효율적으로 처리할 수 있습니다.

```python
from langchain.prompts import PromptTemplate
from langchain.chains import LLMChain

# 다중 변수 템플릿 생성
investment_template = PromptTemplate(
    input_variables=["company_name", "analysis_focus", "time_horizon"],
    template="""당신은 {time_horizon} 투자를 전문으로 하는 분석가입니다.

{company_name}에 대해 다음 관점에서 분석해 주세요:
분석 초점: {analysis_focus}
투자 기간: {time_horizon}

다음 형식으로 답변해 주세요:
1. 현재 상황
2. 주요 강점
3. 리스크 요인
4. 투자 의견"""
)

# LLM과 연결
llm = ChatOpenAI(model="gpt-3.5-turbo", temperature=0.0)
chain = LLMChain(llm=llm, prompt=investment_template)

# 다양한 분석 시나리오
scenarios = [
    {"company_name": "Apple", "analysis_focus": "신제품 출시 영향", "time_horizon": "단기"},
    {"company_name": "Apple", "analysis_focus": "시장 점유율 변화", "time_horizon": "장기"},
    {"company_name": "Microsoft", "analysis_focus": "클라우드 사업 성장", "time_horizon": "중기"},
    {"company_name": "Tesla", "analysis_focus": "전기차 시장 경쟁", "time_horizon": "중기"}
]
```

```python
for scenario in scenarios:
    result = chain.run(**scenario)
    print(f"=== {scenario['company_name']} - {scenario['analysis_focus']} ({scenario['time_horizon']}) ===")
    print(result)
```

이 코드는 PromptTemplate의 핵심 가치를 보여 줍니다. 다중 변수를 활용하여 하나의 템플릿으로 다양한 분석 시나리오를 처리할 수 있고, 'input_variables' 선언을 통해 변수 누락이나 오타 같은 실수를 미리 방지할 수 있습니다.

4.4.3 Few-shot 프롬프팅 개선: FewShotPromptTemplate

기존의 수동으로 구현했던 Few-shot 프롬프팅의 한계를 극복하기 위해 LangChain의 'FewShot-PromptTemplate'을 활용합니다. 이는 예시 데이터와 템플릿을 체계적으로 관리하여 더욱 안정적이고 확장 가능한 Few-shot 프롬프팅을 구현할 수 있게 해 줍니다.

4.4.3.1 FewShotPromptTemplate의 핵심 구성 요소

1. 예시 데이터(Examples): 구조화된 예시들의 리스트
2. 예시 템플릿(Example_prompt): 각 예시를 포맷팅하는 템플릿
3. 접두사(Prefix): 전체 프롬프트의 시작 부분
4. 접미사(Suffix): 예시들 다음에 오는 입력 부분
5. 입력 변수(Input_variables): 최종 프롬프트에 필요한 변수들

이러한 구조화된 접근 방식은 예시 관리의 복잡성을 크게 줄이고, 일관된 품질의 Few-shot 프롬프팅을 보장합니다.

```python
from langchain.prompts import FewShotPromptTemplate, PromptTemplate

# 1. 예시 데이터 준비
examples = [
    {
        "company": "Tesla",
        "analysis": """회사: Tesla Inc.
투자등급: Buy
신뢰도: 0.8
강점: 전기차 시장 선도, 자율주행 기술, 에너지 사업 확장
리스크: 높은 밸류에이션, CEO 리스크, 경쟁 심화
요약: 전기차 혁신 리더로서 장기 성장 잠재력 우수"""
    },
    {
        "company": "Coca-Cola",
        "analysis": """회사: Coca-Cola Co.
투자등급: Hold
신뢰도: 0.7
강점: 글로벌 브랜드, 안정적 배당, 방어적 특성
리스크: 성장 둔화, 건강 트렌드, 당분 규제
요약: 안정적이지만 성장성 제한적인 방어주"""
    }
]

# 2. 개별 예시 템플릿
example_template = PromptTemplate(
    input_variables=["company", "analysis"],
    template="회사: {company}\n분석:\n{analysis}"
)
```

```python
# 3. Few-Shot 템플릿 구성
few_shot_template = FewShotPromptTemplate(
    examples=examples,
    example_prompt=example_template,
    prefix="당신은 투자 분석가입니다. 다음 예시들을 참고하여 동일한 형식으로 분석해 주세요.\n\n",
    suffix="회사: {company}\n분석:",
    input_variables=["company"]
)


# 4. Few-Shot 체인 실행
few_shot_chain = LLMChain(llm=llm, prompt=few_shot_template)

# 여러 회사 분석
companies = ["Apple", "Microsoft", "Netflix"]

for company in companies:
    result = few_shot_chain.run(company=company)
    print(f"=== {company} 분석 결과 ===")
    print(result)
```

이 코드는 FewShotPromptTemplate의 고유한 장점을 보여 줍니다. 예시 데이터와 템플릿이 명확히 분리되어 있어 유지보수가 용이하고, 구조화된 예시를 통해 모델이 일관된 형식의 분석을 생성하도록 유도합니다.

4.4.3.2 FewShotPromptTemplate의 핵심 장점

FewShotPromptTemplate은 기존의 수동 문자열 연결 방식과 비교할 때 여러 가지 중요한 장점을 제공합니다. 먼저 예시 데이터와 템플릿이 명확히 분리되어 있어 유지보수가 훨씬 쉬워집니다.

예를 들어 투자 분석 기준이 변경되면 템플릿만 수정하면 모든 예시에 자동으로 적용됩니다.

또한 수동으로 문자열을 연결할 필요가 없어져서 개발 효율성이 크게 향상됩니다. 예시 데이터베이스가 커져도 체계적으로 관리할 수 있어 확장성이 뛰어납니다. 현재는 투자 분석용으로 사용하고 있지만, 필요에 따라 고객 서비스 응답이나 제품 리뷰 분석 등 다른 도메인으로 쉽게 확장할 수 있습니다.

특히 Few-shot 프롬프팅의 핵심인 예시 관리가 훨씬 체계적입니다. 새로운 예시 추가나 기존 예시 수정이 간단하며, 예시의 품질과 일관성을 쉽게 검증할 수 있어 모델의 성능을 안정적으로 유지할 수 있습니다.

이러한 장점들은 대규모 프로덕션 환경에서 Few-shot 프롬프팅을 안정적으로 운영하는 데 필수적인 요소들입니다.

LLM을 활용하면 입력을 표준화할 수 있지만, 출력은 여전히 자유 형식 텍스트로 제공됩니다. 실무에서는 이 자유형식 데이터를 일관된 리포트, 대시보드, 문서로 변환해야 하며, 특히 동일한 항목과 구조를 가진 분석 결과가 요구됩니다.

이 섹션에서는 표준화된 분석 구조 설계, Pydantic 기반 데이터 모델링, LLM 프롬프트와 체인 구성, 다중 종목 분석 및 활용까지 비즈니스 관점에서 구조화된 출력 시스템을 구축하는 방법을 다룹니다.

4.5.1 구조화된 출력 파서

4.5.1.1 PydanticOutputParser란 무엇인가?

LLM은 기본적으로 자유롭게 텍스트를 생성합니다. 예를 들어 "Apple은 좋은 투자 대상입니다. 주가는 $150 정도이고, Buy 등급을 권장합니다" 같은 자연어로 응답합니다. 하지만 이런 응답은 프로그래밍에서 직접 사용하기 어렵습니다. 우리는 정확한 숫자, 구조화된 정보, 타입이 보장된 데이터가 필요합니다.

PydanticOutputParser는 LLM의 자유 형식 텍스트 응답을 우리가 원하는 구조화된 데이터 형태로 변환해 주는 핵심 도구입니다. 마치 번역가가 한 언어를 다른 언어로 번역하듯이, LLM의 자연어 응답을 프로그래밍에서 사용할 수 있는 정확한 데이터 구조로 변환합니다.

4.5.1.2 내부 동작 원리

1. 스키마 분석 단계

· Pydantic 모델을 분석하여 어떤 필드가 필요한지 파악

· 각 필드의 타입(문자열, 숫자, 날짜 등)과 제약 조건 확인

(예) 'company_name: str', 'investment_grade: InvestmentGrade', 'confidence_level: float'

2. 형식 지침 생성 단계

· LLM이 따라야 할 정확한 JSON 형식을 자동으로 생성

· 필드명, 타입, 설명 등을 포함한 상세한 지침 작성

(예) "다음 JSON 형식으로 응답하세요: {'company_name': '회사명', 'investment_grade': 'BUY/HOLD/SELL 중 선택'}"

3. 응답 파싱 단계

· LLM이 생성한 JSON 응답을 받아서 파싱

· 문자열 형태의 JSON을 실제 Python 객체로 변환

(예) "'{'company_name': 'Apple'}'" → 'StandardizedStockAnalysis(company_name='Apple')'

4. 타입 검증 단계

· 각 필드가 정의된 타입과 일치하는지 검증

· 숫자 필드에 문자열이 들어오면 오류 발생

(예) 'confidence_level'에 0.8이 들어오면 OK, "높음"이 들어오면 오류

5. 오류 처리 단계

· 파싱 실패 시 상세한 오류 메시지 제공

· 어떤 필드에서 어떤 문제가 발생했는지 명확히 알려 줌

(예) "confidence_level 필드에 float 타입이 필요하지만 '높음'이 제공됨"

4.5.1.3 실제 동작 과정 예시

```python
from langchain.output_parsers import PydanticOutputParser


# 1. 파서 생성
parser = PydanticOutputParser(pydantic_object=StandardizedStockAnalysis)


# 2. 형식 지침 확인(내부 동작 과정)
format_instructions = parser.get_format_instructions()
print("LLM에게 전달되는 형식 지침:")
print(format_instructions)


# 3. 실제 파싱 과정
raw_output = '{"company_name": "Apple", "investment_grade": "BUY", "confidence_level": 0.85}'
result = parser.parse(raw_output)
print(f"파싱 결과: {result.company_name}, {result.investment_grade}, {result.confidence_level}")
```

```
{
  "company_name": string,
  "investment_grade": string (must be one of: STRONG_BUY, BUY, HOLD, SELL, STRONG_SELL),
  "confidence_level": float,
  …
}
```

4.5.1.4 다양한 파서 활용

LangChain은 다양한 타입의 데이터를 처리할 수 있는 전용 파서들을 제공합니다. 각 파서는 특정 데이터 타입에 최적화되어 있어, 더 정확하고 안전한 파싱을 보장합니다.

1. EnumOutputParser — 열거형 데이터 처리

투자 등급, 리스크 레벨 등 미리 정의된 값들 중에서 선택해야 하는 경우에 사용합니다. LLM이 허용되지 않은 값을 생성하는 것을 방지하고, 타입 안전성을 보장합니다.

```python
from langchain.output_parsers import EnumOutputParser

# 투자 등급 분석(Enum 활용)
grade_parser = EnumOutputParser(enum=InvestmentGrade)
grade_result = grade_parser.parse(llm_response)
print(f"투자 등급: {grade_result}")

# 리스크 레벨 분석
risk_parser = EnumOutputParser(enum=RiskLevel)
risk_result = risk_parser.parse(llm_response)
print(f"리스크 레벨: {risk_result}")
```

2. DatetimeOutputParser — 날짜/시간 데이터 처리

분석 날짜, 목표 달성일, 이벤트 일정 등 날짜 정보를 정확하게 파싱합니다. 다양한 날짜 형식을 자동으로 인식하고 표준화된 datetime 객체로 변환합니다.

```python
from langchain.output_parsers import DatetimeOutputParser

# 날짜 정보 분석
date_parser = DatetimeOutputParser()
date_result = date_parser.parse(llm_response)
print(f"분석 날짜: {date_result}")

# 다양한 날짜 형식 자동 인식
# "2024년 3월 15일", "2024-03-15", "March 15, 2024" 등
```

이 외에도 다양한 파서들이 LangChain에서 제공됩니다.

4.5.2 OutputFixingParser: 자동 오류 수정

LLM이 요청한 형식과 다른 응답을 생성하는 경우가 자주 발생합니다. JSON 형식을 요구했는데 마크다운으로 반환하거나, 필수 필드가 누락되는 등의 문제가 그 예시입니다. 이런 문제는 실제 운영 환경에서 시스템의 안정성을 위협하는 요소가 될 수 있습니다.

OutputFixingParser는 이런 문제를 자동으로 해결하는 도구입니다. 기존 파서를 감싸는 래퍼 형태로 구현되어, 1차 파싱이 실패하면 추가 LLM 호출을 통해 응답을 자동으로 수정합니다.

작동 방식은 다음과 같습니다.

1. 파싱 실패를 자동으로 감지

2. 오류 정보를 LLM에게 전달하여 수정 요청

3. 수정된 응답을 다시 파싱하여 최종 결과 반환

```python
from langchain.output_parsers import OutputFixingParser

fixing_parser = OutputFixingParser.from_llm(parser=parser, llm=llm)
result = fixing_parser.parse(raw_output)
```

이를 통해 개발자는 복잡한 try-except 블록 없이도 안정적인 결과를 얻을 수 있으며, 파싱 오류 처리보다는 핵심 비즈니스 로직에 집중할 수 있습니다.

4.6.1 문제 상황

지금까지 우리는 개별적인 프롬프트 엔지니어링 기법들을 하나씩 배웠습니다. Temperature 설정, Role-based Prompting, Few-shot 프롬프팅, 구조화된 출력 등이 그것입니다. 그러나 실제 업무에서는 이런 기법들을 따로 사용하지 않습니다.

현실의 업무 환경을 떠올려 보면, 투자 회사의 분석가는 매일 아침 9시에 20개 종목의 분석 리포트를 작성해 오후 2시까지 포트폴리오 매니저에게 제출해야 합니다. 각 리포트에는 투자 등급(BUY/HOLD/SELL), 목표 주가, 리스크 수준, 핵심 투자 논리가 빠짐없이 포함되어야 합니다. 지금까지 배운 기법들을 서로 분리된 채로 적용한다면 리포트의 형식은 날마다 달라지고, 투자 등급을 뽑아내기 위해 긴 텍스트를 일일이 파싱해야 하며, 20개 종목을 처리하는 데 하루가 모자라게 됩니다. 바로 이것이 해결해야 할 문제입니다.

4.6.2 4장에서 배운 기법들을 통합한 시스템

우리가 구축할 시스템은 4장에서 다룬 기법들을 하나의 일관된 파이프라인으로 엮습니다. Temperature는 분석의 창의성과 다양성을 조절해 서로 다른 관점을 실험할 수 있게 하고, Role-based Prompting은 전문가의 목소리와 판단 기준을 일정하게 유지하게 합니다. Few-shot 예시는 모델이 따라야 할 답변 패턴과 필드 구성을 몸에 익히도록 돕습니다. 이렇게 생성된 결과는 Pydantic 기반의 구조화된 출력으로 검증되어 형식과 스키마가 보장되고, 마지막으로 OutputFixingParser가 사소한 형식 오류를 자동으로 교정해 운영 환경에서도 흔들리지 않는 안정성을 확보합니다.

4.6.3 시스템 설계: 3명의 전문가가 협력하는 방식

이 시스템은 세 명의 가상 분석가가 협업하는 구조를 취합니다. 혁신가 분석가(Temperature 0.8)는 산업 트렌드와 신기술에 밝은 전문가의 시선으로, 다섯 해 뒤 기업의 변화를 상상하며 새로운 기술이 열어 줄 기회를 탐색합니다. 균형 잡힌 분석가(Temperature 0.5)는 다년간의 실무 경험을 바탕으로 현재 지표와 미래 전망을 함께 저울질하며, 정량과 정성의 균형을 맞춘 판단을 내립니다. 반면 보수적 분석가(Temperature 0.2)는 데이터와 검증 가능한 지표를 중심으로 리스크 최소화에 집중합니다. "이 투자의 위험은 무엇인가, 재무 건전성은 충분한가"라는 질문을 반복하며 안전한 결론을 우선합니다.

4.6.4 실제 사용 시나리오: Apple 분석하기

Apple의 최신 실적 발표 직후, 우리는 이 종목에 대한 투자 의견을 결정해야 합니다. 입력은 간결합니다. 재무 지표로는 매출 3,940억 달러, 성장률 8.1%, 영업이익률 29%가 제시되고, 시장 데이터는 현재가 175달러와 2.75조 달러의 시가총액으로 요약됩니다. 여기에 "Vision Pro 출시 성공"과 "중국 판매 감소"라는 상반된 뉘앙스의 최근 뉴스가 더해집니다.

세 분석가의 시선은 자연스럽게 갈립니다. 혁신가 분석가는 Apple을 더 이상 하드웨어 기업이 아니라 생태계 플랫폼으로 바라보며, Vision Pro를 새로운 컴퓨팅 패러다임의 출발점으로 평가합니다. 그에게 Apple은 향후 5년간 AR/VR 시장을 선도할 잠재력이 높은 회사입니다. 균형 잡힌 분석가는 건전한 재무 지표를 인정하면서도 성장률 둔화를 우려하고, 서비스 매출이 마진을 개선할 여지는 있지만 높은 중국 의존도 때문에 지속적인 모니터링이 필요하다고 판단합니다. 보수적 분석가는 28.5배의 P/E가 시장 평균 대비 높다는 점을 짚고, 부채비율은 양호하더라도 시장 포화와 경쟁 심화에 따른 리스크를 면밀히 반영해야 한다고 봅니다.

이러한 관점을 종합하면 결론은 명료합니다. 우리는 BUY 등급을 부여하고, 목표 주가를 180달러로 제시하며, 전반적인 리스크 수준은 중간으로 평가합니다.

4.6.5.1 1단계: 구조화된 출력 정의하기

이제 4장에서 배운 프롬프트 엔지니어링 기법들을 실제로 활용하여 시스템을 구현합니다. 먼저 원하는 결과물의 형태를 정의합니다. 4장 4절에서 다룬 Pydantic을 활용합니다.

```python
# 투자 등급: BUY, HOLD, SELL 중 하나
class InvestmentGrade(str, Enum):
    BUY = "BUY"    # 매수 추천
    HOLD = "HOLD"  # 보유 추천
    SELL = "SELL"  # 매도 추천


# 시장 심리: 투자자들의 감정 상태
class MarketSentiment(str, Enum):
    VERY_BULLISH = "VERY_BULLISH"  # 매우 낙관적
    BULLISH = "BULLISH"        # 낙관적
    NEUTRAL = "NEUTRAL"        # 중립적
    BEARISH = "BEARISH"        # 비관적
    VERY_BEARISH = "VERY_BEARISH"  # 매우 비관적


# 리스크 수준: 투자 위험도
class RiskLevel(str, Enum):
    VERY_LOW = "VERY_LOW"  # 매우 낮음
    LOW = "LOW"        # 낮음
    MEDIUM = "MEDIUM"    # 보통
    HIGH = "HIGH"      # 높음
    VERY_HIGH = "VERY_HIGH"  # 매우 높음
```

```python
# 최종 분석 리포트: 우리가 원하는 결과물
class StockAnalysis(BaseModel):

    company_name: str = Field(description="회사명")

    investment_grade: InvestmentGrade = Field(description="투자 등급")

    target_price: float = Field(description="목표 주가 (달러)")

    market_sentiment: MarketSentiment = Field(description="시장 심리")

    risk_level: RiskLevel = Field(description="리스크 수준")

    confidence_score: float = Field(description="분석 신뢰도 (0-1)")

    key_assumptions: List[str] = Field(description="핵심 가정들")

    analysis_summary: str = Field(description="분석 요약")

    investment_thesis: str = Field(description="투자 논리")

    risk_factors: List[str] = Field(description="주요 리스크 요인들")
```

4.6.5.2 2단계: 세 명의 가상 분석가 만들기(Temperature + Role-based Prompting)

이제 4장 1절의 Temperature 조절과 4장 2절의 Role-based Prompting을 활용해서 세 명의 다른 분석가를 만들어 보겠습니다.

```python
class StockAnalysisSystem:
  def __init__(self, api_key: str):
    self.api_key = api_key
    self.parser = PydanticOutputParser(pydantic_object=StockAnalysis)

    # 세 명의 가상 분석가 설정(Temperature + Role-based Prompting)
    self.analysts = {
      # 혁신가 분석가: Temperature 0.8 + 창의적 역할
      "innovator": {
        "model": ChatOpenAI(model="gpt-4o", temperature=0.8, api_key=api_key),
```

```python
        "role": """당신은 혁신적 기술과 산업 트렌드를 깊이 이해하는 산업 전문가입니다.
        기존의 틀에 얽매이지 않고 미래 지향적 관점에서 기업의 장기적 성장 가능성과
        파괴적 혁신의 잠재력을 평가하는 데 특화되어 있습니다."""
    },

    # 균형 잡힌 분석가: Temperature 0.5 + 실용적 역할
    "balanced": {
        "model": ChatOpenAI(model="gpt-4o", temperature=0.5, api_key=api_key),
        "role": """당신은 15년 이상의 주식 분석 경험을 가진 시니어 분석가입니다.
        다양한 시장 사이클을 경험하며 거시경제적 변화와 기업의 펀더멘털을 종합적으로
        고려한 실용적인 투자 의견을 제공합니다."""
    },

    # 보수적 분석가: Temperature 0.2 + 리스크 중심 역할
    "conservative": {
        "model": ChatOpenAI(model="gpt-4o", temperature=0.2, api_key=api_key),
        "role": """당신은 데이터 기반의 객관적 분석을 통해 투자 리스크를 최소화하는 정량 분석가입니다.
        검증 가능한 재무 데이터와 객관적인 지표들을 중심으로 보수적 접근을 선호합니다."""
    }
}
```

혁신가 분석가는 창의적이고 미래 지향적인 관점에서 "이 회사가 5년 후 어떻게 될까?"를 묻습니다. 균형 잡힌 분석가는 실용적이고 종합적인 시선으로 "현재와 미래를 모두 고려하면?"을 질문합니다. 보수적 분석가는 신중하고 리스크 중심의 기준으로 "이 투자의 위험은 무엇인가?"를 가장 먼저 점검합니다.

4.6.5.3 3단계: Few-shot Learning + OutputFixingParser 활용

이제 4장 3절의 Few-shot Learning과 4장 5절의 OutputFixingParser를 활용해서 분석가가 일하

는 방식을 만들어 보겠습니다.

```python
def analyze_stock(self, company_data: dict, analyst_type: str = "balanced") -> StockAnalysis:
    """선택한 분석가가 주식을 분석합니다"""

    # 분석가 선택
    analyst = self.analysts[analyst_type]
    model = analyst["model"]
    role = analyst["role"]

    # Few-shot Learning 예시들
    examples = self._get_few_shot_examples()

    # 분석가에게 주는 업무 지시서(Role-based + Few-shot)
    prompt_template = PromptTemplate(
        template="""
        {role}

        다음은 다른 회사들의 분석 예시입니다(Few-shot Learning):
        {examples}

        이제 다음 회사를 분석해 주세요:

        회사명: {company_name}
        재무 데이터: {financial_data}
        시장 데이터: {market_data}
        뉴스 데이터: {news_data}


        {format_instructions}
        """,
```

```python
    input_variables=["role", "examples", "company_name",
            "financial_data", "market_data", "news_data"],
    partial_variables={"format_instructions": self.parser.get_format_instructions()}
)


# OutputFixingParser로 안정성 확보
fixing_parser = OutputFixingParser.from_llm(parser=self.parser, llm=model)


# 데이터 정리하기
clean_data = self._clean_company_data(company_data)


# 분석가에게 일 시키기
work_chain = prompt_template | model | fixing_parser

try:
  result = work_chain.invoke({
    "role": role,
    "examples": examples,
    "company_name": clean_data["company_name"],
    "financial_data": clean_data["financial_data"],
    "market_data": clean_data["market_data"],
    "news_data": clean_data["news_data"]
  })
  return result
except Exception as e:
  print(f"분석 실패: {e}")
  return None
```

위 함수는 세 분석가 설정과 4장의 핵심 기법을 하나의 작업 흐름으로 엮습니다. 먼저 선택된 분석가의 역할과 모델을 로드하고, 실제 리포트 작성 맥락을 반영한 프롬프트를 구성합니다. 이 프롬프트는 역할 지시(Role), 예시(Examples), 그리고 구조화된 출력 지침(Format_instructions)을 함께 포함하여 모델이 무엇을 어떤 형식으로 답해야 하는지 명확히 합니다.

여기서 중요한 점은, 모델의 출력을 곧바로 신뢰하지 않고 OutputFixingParser로 한 번 더 교정한다는 점입니다. 현업 환경에서는 필드명이 틀리거나 숫자 형식이 어긋나는 작은 불일치가 이후 파이프라인을 멈추게 만들곤 합니다. 교정 단계는 이런 형식적 오류를 흡수해 시스템의 안정성을 크게 높여 줍니다. 마지막으로 예외 처리를 통해 실패한 요청을 조용히 기록하고, 운영 중 장애 전파를 최소화할 수 있습니다.

```python
def _get_few_shot_examples(self) -> str:
    """Few-shot Learning을 위한 예시들"""
    return """
예시 1 - Apple Inc.:
입력: 매출 $394,328M(성장률 +8.1%), 영업이익률 29.0%, P/E 28.5
현재가 $175.43, 시가총액 $2.75T
뉴스: "Apple Vision Pro 출시 성공", "중국 iPhone 판매량 감소"

출력: {
  "investment_grade": "BUY",
  "target_price": 180.0,
  "market_sentiment": "BULLISH",
  "risk_level": "MEDIUM",
  "confidence_score": 0.85,
  "key_assumptions": [
    "iPhone 판매량이 향후 2년간 연평균 5% 성장",
    "서비스 사업 매출이 연평균 15% 성장",
    "Vision Pro가 새로운 성장 동력으로 발전"
  ],
  "analysis_summary": "신제품 모멘텀과 서비스 매출 확대로 실적 견조",
```

  "investment_thesis": "플랫폼 생태계 강화와 신규 카테고리 확장으로 장기 성장",
  "risk_factors": ["중국 시장 둔화", "공급망 리스크"]
}

예시 2 - Tesla Inc.:
입력: 매출 $96,773M (성장률 +18.8%), 영업이익률 9.2%, P/E 45.2
현재가 $220.50, 시가총액 $700B
뉴스: "EV 시장 경쟁 심화", "자율주행 기술 발전"

출력: {
  "investment_grade": "HOLD",
  "target_price": 220.0,
  "market_sentiment": "NEUTRAL",
  "risk_level": "HIGH",
  "confidence_score": 0.70,
  "key_assumptions": [
    "EV 시장 점유율 유지",
    "자율주행 기술 발전 지연 가능성",
    "경쟁 심화로 마진 압박"
  ],
  "analysis_summary": "경쟁 심화와 마진 압박으로 밸류에이션 부담 존재",
  "investment_thesis": "생산 캐파 확대와 소프트웨어 수익화로 중장기 개선 여지",
  "risk_factors": ["가격 경쟁", "규제 리스크"]
}
"""

Few-shot 예시는 모델의 "답변 방식"을 학습시키는 템플릿입니다. 우리는 기업명, 핵심 숫자, 뉴스 요약을 입력으로 제시하고, 투자 등급·목표가·시장 심리·리스크·가정 등 출력 필드를 고정해 줍니다. 예시가 너무 적으면 형식을 제대로 학습하지 못하고, 너무 많으면 과적합과 프롬프트

장황화로 비용이 커집니다. 보통 2~3개로 시작해 결과를 보며 점진적으로 조정하는 전략이 실용적입니다.

또한 예시의 톤과 숫자는 실제 운영 데이터와 유사해야 합니다. 그렇지 않으면 모델이 불필요한 수사나 과장된 어조를 그대로 따라 하게 됩니다. 출력 필드의 이름과 순서를 예시에서 일관되게 유지하면 파서의 교정 비용도 크게 줄어듭니다.

```python
def _clean_company_data(self, data: dict) -> dict:
    """데이터 전처리"""
    processed = {
        "financial_data": "",
        "market_data": "",
        "news_data": "",
    }

    # 재무 데이터 포맷팅
    if "financial" in data:
        fin = data["financial"]
        processed["financial_data"] = f"""
        매출: ${fin.get('revenue', 0):,.0f}M (성장률 {fin.get('revenue_growth', 0):.1f}%)
        영업이익률: {fin.get('operating_margin', 0):.1f}%
        P/E 비율: {fin.get('pe_ratio', 0):.1f}
        부채비율: {fin.get('debt_to_equity', 0):.1f}
        ROE: {fin.get('roe', 0):.1f}%
        """

    # 시장 데이터 포맷팅
    if "market" in data:
        mkt = data["market"]
        processed["market_data"] = f"""
```

```python
    현재가: ${mkt.get('current_price', 0):.2f}
    시가총액: ${mkt.get('market_cap', 0):,.0f}M
    52주 최고가: ${mkt.get('high_52w', 0):.2f}
    52주 최저가: ${mkt.get('low_52w', 0):.2f}
    """

    # 뉴스 데이터 포맷팅
    if "news" in data:
        news_items = []
        for i, news in enumerate(data["news"][:5], 1):
            impact = news.get("impact", "중립적")
            news_items.append(f"{i}. {news['title']} ({impact})")
        processed["news_data"] = "\n".join(news_items)

    processed["company_name"] = data.get("company_name", "Unknown Company")

    return processed
```

이 코드는 먼저 사용할 분석가를 선택하고(Temperature와 역할 설정 포함), 준비된 Few-shot 예시를 불러와 프롬프트에 반영합니다. 이어서 입력 데이터를 정리해 모델이 이해하기 쉬운 형태로 구성하고, 생성된 응답은 OutputFixingParser로 자동 교정하여 형식적 오류를 제거합니다. 마지막으로 Pydantic 기반의 구조화된 출력 형식을 적용해 일관된 결과를 반환합니다.

4.6.6 실제로 사용해 보기: Apple 분석하기

이제 우리가 만든 시스템을 실제로 사용합니다. 4장에서 배운 모든 기법이 어떻게 함께 작동하는지 확인합니다.

```python
system = StockAnalysisSystem(api_key="your-openai-api-key")

# Apple의 실제 데이터(2024년 기준)
apple_data = {
  "company_name": "Apple Inc.",
  "financial": {
    "revenue": 394328,    # 매출 3943억 달러
    "revenue_growth": 8.1,  # 8.1% 성장
    "operating_margin": 29.0, # 영업이익률 29%
    "pe_ratio": 28.5,     # P/E 비율 28.5배
    "debt_to_equity": 1.2,  # 부채비율 1.2배
    "roe": 15.8        # ROE 15.8%
  },
  "market": {
    "current_price": 175.43,   # 현재 주가 $175.43
    "market_cap": 2750000,   # 시가총액 2.75조 달러
    "high_52w": 198.23,    # 52주 최고가
    "low_52w": 124.17      # 52주 최저가
  },
  "news": [
    {"title": "Apple Vision Pro 출시 성공", "impact": "긍정적"},
    {"title": "중국 iPhone 판매량 감소", "impact": "부정적"},
    {"title": "서비스 매출 20% 성장", "impact": "긍정적"},
    {"title": "AI 기능 강화 발표", "impact": "긍정적"},
    {"title": "규제 당국 조사 시작", "impact": "부정적"}
  ]
}
```

이제 같은 Apple 데이터를 세 명의 다른 분석가가 분석하면 어떤 결과가 나올까요?

```python
# 세 분석가가 각각 Apple을 분석
for analyst_type in ["conservative", "balanced", "innovator"]:
    report = system.analyze_stock(apple_data, analyst_type)

    print(f"[{analyst_type.upper()} 분석가의 관점]")
    print(f"  투자 등급: {report.investment_grade}")
    print(f"  목표 주가: ${report.target_price}")
    print(f"  시장 심리: {report.market_sentiment}")
    print(f"  리스크 수준: {report.risk_level}")
    print(f"  신뢰도: {report.confidence_score:.2f}")
    key_assumptions_text = ", ".join(report.key_assumptions) if getattr(report, "key_assumptions",
None) else "(제공되지 않음)"
    print(f"  핵심 가정: {key_assumptions_text}")
    print()
```

예상되는 결과는 다음과 같습니다. 보수적 분석가(Temperature 0.2)는 HOLD 등급과 낮은 목표가를 제시하며 리스크를 높게 인식합니다. 균형 잡힌 분석가(Temperature 0.5)는 BUY 등급과 적정한 목표가를 제시하고 리스크는 중간으로 평가합니다. 혁신가 분석가(Temperature 0.8)는 BUY 등급과 높은 목표가를 제시하며 미래 기대를 반영해 리스크를 낮게 평가합니다.

이번 장에서 우리는 프롬프트 엔지니어링의 핵심 기법들을 체계적으로 학습했습니다. Temperature 설정부터 시작해서 Role-based Prompting, Few-shot 프롬프팅, PromptTemplate, 구조화된 출력 파서까지 모든 요소를 통합하여 실전 비즈니스 리포트 생성 시스템을 완성했습니다.

현재 우리의 분석 시스템은 이제 일관성과 구조화라는 핵심 문제들을 해결했습니다. 하지만 여전히 개선할 여지가 있습니다. 실시간 시장 데이터가 없고, 분석의 깊이가 제한적이며, 복잡한 다단계 추론이 필요한 고급 분석은 아직 구현하지 못했습니다.

다음 장에서는 실제 금융 데이터를 활용한 분석 시스템을 구축해 보겠습니다. Yahoo Finance, SEC EDGAR, 뉴스 API 등을 통합하여 실시간 데이터를 기반으로 한 정확하고 시의적절한 분석을 제공하는 방법을 배워 보겠습니다. 그 이후로는 RAG를 통한 지식 기반 분석, Chain-of-Thought를 통한 복잡한 추론, 에이전트를 통한 자동화된 분석까지 단계적으로 발전시켜 나갈 예정입니다.

지금까지 구축한 프롬프트 엔지니어링 기법들이 앞으로 모든 고급 분석 시스템의 토대가 될 것입니다. 견고한 기초 위에 세워진 건물이 오래가듯이, 우리도 차근차근 실력을 쌓아 가며 진정으로 유용한 AI 금융 분석 시스템을 완성해 나가겠습니다.

□ 참고문헌

1) Brown, T. B., et al. (2020). *Language Models are Few-Shot Learners.* Advances in Neural Information Processing Systems.

2) Wei, J., et al. (2022). *Chain-of-Thought Prompting Elicits Reasoning in Large Language Models.* arXiv:2201.11903.

3) Wei, J., et al. (2022). *Finetuned Language Models Are Zero-Shot Learners.* International Conference on Learning Representations.

## Chapter 5

실제 데이터로
신뢰성 확보하기

들어가며: 왜 실제 데이터가 중요한가?

4장까지 우리는 뛰어난 프롬프트 엔지니어링 기법들을 배웠습니다. 하지만 아무리 프롬프트가 완벽해도 LLM이 가진 지식의 한계 때문에 실무에서 사용하기에는 부족한 부분이 있습니다.

"Apple 주식이 지금 얼마인가요?" — 이런 간단한 질문에도 LLM은 정확한 답을 줄 수 없습니다.

가장 근본적인 문제는 시간적 제약입니다. LLM의 훈련 데이터는 특정 시점까지만 포함되며, 이는 새로운 모델이 출시되어도 항상 학습 완료 시점까지만의 정보를 가지고 있다는 의미입니다. GPT-4o의 경우 2023년 4월까지의 데이터만 포함되어 있어서, 그 이후의 모든 정보는 전혀 알 수 없습니다. Apple 주가는 매일, 매시간 변동하므로 훈련 시점 이후의 정보는 완전히 부재합니다. 실적 발표, 제품 출시, 시장 변화 등 최신 이벤트들은 LLM이 전혀 접근할 수 없는 정보들입니다.

두 번째 문제는 정적 지식의 한계입니다. 주가, 거래량, 시가총액 등은 실시간으로 변동하며, 뉴스, 분석가 리포트, 시장 심리 등도 지속적으로 변화합니다. LLM은 이런 동적 정보를 자동으로 업데이트할 수 없어서 항상 과거의 정보에 의존할 수밖에 없습니다.

세 번째로 정확성 한계가 있습니다. 주가, P/E 비율, 매출액 등 정확한 수치 데이터의 경우 할루시네이션 발생 가능성이 높습니다. LLM은 패턴을 학습하여 "그럴듯한" 수치를 생성할 수 있지만, 투자 결정에서는 1달러의 차이도 중요한 의미를 가지므로 이런 추측성 답변은 치명적입니다.

네 번째 문제는 출처 불명확성입니다. LLM이 제공하는 정보는 어떤 데이터베이스나 언론사의 정보인지 알 수 없고, 데이터 수집 시점과 방법에 대한 정보도 부재합니다. 투자자는 검증 가능한 출처를 요구하지만, LLM은 이런 신뢰성 있는 출처 정보를 제공하지 못합니다.

마지막으로 맥락 부족 문제가 있습니다. LLM은 단순한 수치만 제공하고 주가 변동의 원인 분석이나 경쟁사 비교, 시장 동향, 산업 트렌드 등 투자 결정에 필요한 종합적 맥락을 제공하지 못합니다.

실제 투자 결정에서는 정확한 최신 데이터가 생명입니다. 잘못된 주가나 오래된 실적 정보로 투자 결정을 내린다면 큰 손실로 이어질 수 있습니다. 2023년 10월 Apple 실적 발표에서 예상보다 높은 iPhone 판매량으로 주가가 8% 상승했고, 2024년 1월에는 중국 시장 우려로 주가가 3% 하락했으며, 2024년 3월에는 AI 전략 발표로 주가가 5% 상승했습니다. 이런 최신 이벤트들은 LLM의 훈련 데이터에 포함되지 않았거나, 정확한 수치와 맥락 없이 일반적인 설명만 제공할 수 있습니다.

이번 장에서는 실제 데이터 소스와 LLM을 연결하여 정확하고 신뢰할 수 있는 Apple 분석 시스템을 구축해 보겠습니다. Yahoo Finance API, SEC EDGAR 데이터베이스, 실시간 뉴스 피드 등을 활용하여 LLM이 최신 정보를 바탕으로 정확한 분석을 제공할 수 있도록 하겠습니다.

Yahoo Finance 실시간 데이터 수집

Yahoo Finance는 전 세계적으로 가장 널리 사용되는 금융 데이터 플랫폼 중 하나로, 실시간 주가 정보, 재무제표, 기업 뉴스, 분석가 리포트 등 다양한 금융 정보를 제공합니다. 특히 개인 투자자와 개발자들에게 친숙하고 접근하기 쉬운 API를 제공하여, 금융 데이터 분석에 널리 활용되고 있습니다.

5.1.1 Yahoo Finance 시스템 개요

Yahoo Finance의 데이터를 가져오는 것은 매우 간단합니다. 'Yfinance'라는 라이브러리가 잘 구성되어 있기 때문입니다. 'Yfinance'는 Yahoo Finance에서 실시간 주가 데이터, 재무 정보, 기업 정보 등을 쉽게 가져올 수 있게 해 주는 Python 라이브러리입니다. 이를 통해 LLM이 최신 시장 데이터를 바탕으로 정확한 분석을 수행할 수 있습니다.

5.1.1.1 데이터 모델 정의

투자 분석의 목표는 기업의 현재 상황을 종합적으로 평가하고, 투자 등급과 목표가를 제시하며, 투자 결정에 필요한 핵심 근거와 리스크 요인을 체계적으로 정리하는 것입니다. 이를 위해 LLM이 생성하는 분석 결과를 일관된 구조로 저장할 수 있는 Pydantic 모델을 정의합니다.

```python
class InvestmentAnalysis(BaseModel):
    """투자 분석 결과 구조화"""
    current_situation: Dict[str, str] = Field(description="현재 상황 진단")
    financial_health: Dict[str, str] = Field(description="재무 건전성 평가")
    investment_grade: str = Field(description="투자 등급(Strong Buy/Buy/Hold/Sell/Strong Sell)")
    target_price: str = Field(description="목표가 및 현재가 대비 비율")
    investment_period: str = Field(description="투자 기간(단기/중기/장기)")
    key_reasons: list = Field(description="핵심 근거 3가지")
    risk_factors: list = Field(description="주요 리스크 2~3가지")
    monitoring_indicators: list = Field(description="모니터링 지표 2~3가지")
```

이 모델은 투자 분석의 핵심 요소들을 체계적으로 정리하여, LLM이 일관된 형식으로 분석 결과를 제공할 수 있도록 합니다. 각 필드는 투자 의사결정에 필요한 구체적인 정보를 담게 됩니다.

5.1.1.2 데이터 수집 시스템

투자 분석에서 가장 기본이 되는 것은 현재 시장 상황을 정확히 파악하는 것입니다. 이를 위해 실시간 주가, 거래량, 시가총액, 그리고 기업의 기본 정보를 수집하는 함수를 구현합니다. 이 데이터들은 기업의 현재 가치와 시장에서의 위치를 평가하는 핵심 지표들입니다.

```python
def collect_market_data(self) -> Dict[str, Any]:
    info = self.yf_ticker.info
    hist = self.yf_ticker.history(period="5d")
    latest = hist.iloc[-1] if not hist.empty else None

    if latest is None:
        raise ValueError("주가 데이터를 가져올 수 없습니다")
```

```python
# 전일 대비 변화율 계산
prev_close = hist.iloc[-2]['Close'] if len(hist) > 1 else latest['Close']
change = latest['Close'] - prev_close
change_percent = (change / prev_close) * 100

return {
    "company_name": self.company_name,
    "ticker": self.ticker,
    "current_price": round(latest['Close'], 2),
    "change": round(change, 2),
    "change_percent": round(change_percent, 2),
    "volume": int(latest['Volume']),
    "market_cap": info.get('marketCap', 'N/A'),
    "pe_ratio": info.get('trailingPE', 'N/A'),
    "dividend_yield": info.get('dividendYield', 'N/A'),
    "52_week_high": info.get('fiftyTwoWeekHigh', 'N/A'),
    "52_week_low": info.get('fiftyTwoWeekLow', 'N/A'),
    "sector": info.get('sector', 'N/A'),
    "industry": info.get('industry', 'N/A'),
    "last_updated": datetime.now().strftime('%Y-%m-%d %H:%M:%S')
}
```

이 함수는 Yahoo Finance API를 통해 기업의 실시간 시장 데이터를 종합적으로 수집합니다. 주가의 현재 수준과 변화 추이, 거래량을 통한 시장 관심도, 시가총액을 통한 기업 규모, 그리고 섹터와 업종 정보를 통해 기업의 시장 포지션을 파악할 수 있습니다. 이러한 데이터들은 투자 분석의 기초가 되며, 기업의 현재 상황을 객관적으로 평가하는 데 필수적입니다.

5.1.1.3 재무 데이터 수집 및 분석

시장 데이터가 기업의 현재 상황을 보여 준다면, 재무 비율 데이터는 기업의 근본적인 가치와 성장 가능성을 평가하는 핵심 지표들입니다. 투자 결정에서 가장 중요한 것은 기업의 수익성, 성장성, 그리고 재무 건전성을 종합적으로 판단하는 것입니다. 이를 위해 P/E 비율, ROE, 부채비율 등 핵심 재무 지표들을 체계적으로 수집하는 함수를 구현합니다.

```python
def collect_financial_ratios(self) -> Dict[str, Any]:
    info = self.yf_ticker.info

    return {
        "valuation_ratios": {
            "pe_ratio": info.get('trailingPE'),
            "forward_pe": info.get('forwardPE'),
            "peg_ratio": info.get('pegRatio'),
            "price_to_book": info.get('priceToBook'),
            "price_to_sales": info.get('priceToSalesTrailing12Months')
        },
        "profitability_ratios": {
            "profit_margin": info.get('profitMargins'),
            "operating_margin": info.get('operatingMargins'),
            "return_on_equity": info.get('returnOnEquity'),
            "return_on_assets": info.get('returnOnAssets')
        },
        "financial_health": {
            "debt_to_equity": info.get('debtToEquity'),
            "current_ratio": info.get('currentRatio'),
            "quick_ratio": info.get('quickRatio'),
            "cash_per_share": info.get('totalCashPerShare')
        }
    }
```

이 함수는 기업의 재무 상태를 세 가지 관점에서 종합적으로 평가할 수 있는 데이터를 수집합니다. 가치 평가 비율들은 기업의 주가가 적정한지 판단하는 기준이 되고, 수익성 비율들은 기업이 얼마나 효율적으로 수익을 창출하는지 보여 줍니다. 재무 건전성 비율들은 기업의 부채 수준과 유동성을 평가하여 투자 리스크를 판단하는 데 도움을 줍니다. 이러한 재무 비율들은 투자 분석에서 객관적이고 신뢰할 수 있는 근거를 제공하는 핵심 지표들입니다.

5.1.2 Yahoo Finance 분석 엔진

이제 데이터 수집 함수들을 포함하는 메인 클래스를 정의하고, 핵심인 프롬프트 템플릿을 설정합니다.

```python
class YahooFinanceAnalyzer:
    """Yahoo Finance 데이터 수집 및 LLM 분석 클래스"""

    def __init__(self, company_name: str, ticker: str):
        self.company_name = company_name
        self.ticker = ticker
        self.yf_ticker = yf.Ticker(ticker)

        # LLM 초기화(재무 분석을 위해 temperature=0 사용)
        load_dotenv()
        self.llm = ChatOpenAI(
            api_key=os.getenv("OPENAI_API_KEY"),
            model="gpt-3.5-turbo",
            temperature=0
        )

        # 출력 파서 초기화
```

```python
        self.output_parser = PydanticOutputParser(pydantic_object=InvestmentAnalysis)

        # 핵심: 프롬프트 템플릿 설정(4장 구조화 기법 적용)
        self.analysis_prompt = PromptTemplate(
            input_variables=["company_name", "market_data", "financial_data"],
            template="""
```

당신은 {company_name} 전문 투자 애널리스트입니다.

다음 실시간 데이터를 바탕으로 종합적인 투자 분석을 수행하세요:

실시간 시장 데이터
<market_data>
{market_data}
</market_data>

재무 비율 데이터
<financial_data>
{financial_data}
</financial_data>

분석 요구사항

1. 현재 상황 진단
- 주가 적정성: [과대평가/적정/저평가] - 근거: [구체적 수치 기반 분석]
- 시장 포지션: [선도/중위/후발] - 근거: [섹터 내 위치 분석]

2. 재무 건전성 평가
- 수익성: [상/중/하] - 근거: [ROE, 영업이익률 기준]
- 성장성: [상/중/하] - 근거: [매출 성장률, P/E 비율 기준]
- 안전성: [상/중/하] - 근거: [부채비율, 유동비율 기준]

3. 투자 등급 및 추천
- **투자 등급**: [Strong Buy/Buy/Hold/Sell/Strong Sell]
- **목표가**: $XXX (현재가 대비 ±X%)
- **투자 기간**: [단기/중기/장기]
- **핵심 근거**: [3가지 주요 이유]

4. 리스크 요인
- 주요 리스크: [2~3가지]
- 모니터링 지표: [2~3가지]

모든 분석은 제공된 실시간 데이터를 기반으로 하며, 추측이 아닌 구체적 수치와 근거를 제시하세요.

{format_instructions}
"""
)

        # LLM 체인 생성
        self.analysis_chain = LLMChain(
            llm=self.llm,
            prompt=self.analysis_prompt,
            output_parser=self.output_parser
)
```

이 프롬프트는 4장에서 학습한 프롬프트 엔지니어링 기법들을 실제 투자 분석에 적용한 것입니다. 전문 투자 애널리스트 역할 설정, 구조화된 분석 프레임워크, 그리고 Pydantic 모델을 통한 출력 구조화를 통해 LLM이 실시간 데이터를 바탕으로 전문적인 투자 분석을 수행하도록 설계되었습니다.
```

지금까지 구현한 데이터 수집 함수들과 LLM 분석 시스템을 실제로 동작시켜 투자 분석을 수행하는 단계입니다. 이 단계에서는 수집된 실시간 데이터를 바탕으로 LLM이 전문적인 투자 분석을 수행하고, 그 결과를 투자자가 이해하기 쉬운 형태로 출력합니다.

```python
def run_analysis(self):
    """종합 투자 분석 실행"""
    print(f"{self.company_name} ({self.ticker}) 분석 시작...")

    # 1. 시장 데이터 수집
    market_data = self.collect_market_data()

    # 2. 재무 데이터 수집
    financial_data = self.collect_financial_ratios()

    # 3. LLM 분석
    analysis_result = self.analyze_with_llm(market_data, financial_data)

    # 4. 결과 출력
    print(f"\n투자 등급: {analysis_result.investment_grade}")
    print(f"목표가: {analysis_result.target_price}")
    print(f"핵심 근거: {', '.join(analysis_result.key_reasons[:2])}")
    print(f"주요 리스크: {', '.join(analysis_result.risk_factors[:2])}")
```

이 단계는 전체 투자 분석 시스템의 실행 단계로, 데이터 수집부터 LLM 분석까지 모든 과정을 순차적으로 수행합니다. 각 단계에서 오류가 발생할 경우 적절한 에러 메시지를 출력하고, 성공적으로 분석이 완료되면 투자 등급, 목표가, 핵심 근거, 주요 리스크 등 투자 의사결정에 필요한 핵심 정보들을 간단하고 명확하게 출력합니다. 이를 통해 투자자는 복잡한 재무 데이터를 직접 분석할 필요 없이, LLM이 제공하는 전문적인 투자 분석 결과를 바탕으로 신속하고 정확한 투자 결정을 내릴 수 있습니다.

5.1.4 Yahoo Finance 시스템의 핵심 특징

실제 시스템을 실행하면 다음과 같은 분석 결과 화면을 볼 수 있습니다.

```
Apple Inc. (AAPL) 분석 시작...


현재 시장 상황
 현재가: $173.50 (+2.15, +1.26%)
 거래량: 52,847,123
 시가총액: $2,734,567,890,000
 섹터: Technology | 업종: Consumer Electronics


주요 재무 지표
 P/E 비율: 28.45
 순이익률: 25.34%


투자 분석 결과
 투자 등급: Buy
 목표가: $185.00 (현재가 대비 +6.6%)
 투자 기간: 중기


핵심 근거
 1. 강력한 브랜드 가치와 고객 충성도로 인한 안정적 수익 창출
 2. 서비스 부문 매출 성장으로 인한 수익성 개선 및 다각화
```

3. 현금 흐름이 우수하고 재무 건전성이 높음

주요 리스크

1. 중국 시장 의존도 및 지속적인 공급망 불확실성

2. 규제 환경 변화 및 앱스토어 수수료 정책 관련 리스크

3. 경쟁사와의 기술 경쟁 심화

모니터링 지표

1. iPhone 판매량 및 서비스 부문 매출 성장률

2. 중국 시장 상황 및 공급망 안정성

3. AI 기술 개발 및 경쟁사 대비 혁신 속도

이 화면은 LLM이 실시간 데이터를 바탕으로 수행한 종합적인 투자 분석 예시 결과입니다. 시장 상황, 재무 지표, 투자 권고, 핵심 근거, 리스크 요인, 그리고 모니터링 지표까지 체계적으로 정리되어 투자자가 신속하고 정확한 투자 의사결정을 내릴 수 있도록 도와줍니다.

SEC EDGAR는 미국 증권거래위원회(SEC)에서 제공하는 공식 재무 데이터 시스템으로, 기업이 법적 의무에 따라 제출하는 모든 재무 보고서를 전자적으로 수집하고 분석할 수 있는 플랫폼입니다. 이 시스템을 통해 투자자는 기업의 공식적이고 신뢰할 수 있는 재무 정보에 접근할 수 있습니다.

5.2.1 SEC EDGAR 시스템 개요

5.2.1.1 SEC와 SEC EDGAR란?

SEC(Securities and Exchange Commission, 증권거래위원회)는 미국의 독립적인 연방 정부 기관으로, 1934년 증권거래법에 따라 설립되었습니다. SEC는 주식시장과 증권 거래를 규제하고 감독하며, 투자자 보호, 공정한 시장 운영, 자본 형성 촉진을 목표로 합니다.

SEC EDGAR(Electronic Data Gathering, Analysis, and Retrieval system)는 기업이 SEC에 제출하는 모든 문서를 전자적으로 수집, 분석, 검색할 수 있는 시스템입니다. 10-K, 10-Q, 8-K 등의 공시 문서를 포함하여 기업의 재무상태, 경영성과, 리스크 요인 등에 대한 공식 정보를 제공합니다.

SEC에 제출되는 데이터는 투자 분석에서 매우 중요한 의미를 가집니다. SEC에 제출된 문서는 법적 구속력을 가지는 공식 문서로, 기업이 법적 책임을 지고 제출하는 정확한 재무 정보를 담고 있습니다. 이러한 공식성과 정확성은 투자자 보호를 위한 상세한 정보 공개를 통해 투명성을 보장하며, 표준화된 형식으로 일관된 정보를 제공하여 분석의 신뢰성을 높입니다.

SEC EDGAR에서 제공하는 주요 재무제표 유형으로는 10-K(연간 보고서, 가장 상세한 재무 정보 포함), 10-Q(분기 보고서, 분기별 재무 실적), 8-K(주요 사건 보고서, 중요한 사건 발생 시), 20-F(외국 기업의 연간 보고서) 등이 있습니다. 이 중에서 10-K는 가장 포괄적이고 상세한 정보를 담고 있는 연간 보고서로, 기업의 사업 모델, 재무상태, 경영성과, 리스크 요인, 경영진 정보, 주주 정보 등에 대한 종합적인 분석을 제공합니다. 10-K는 투자자들이 기업의 전반적인 상황을 파악하는데 가장 중요한 문서로 여겨집니다.

모든 SEC 데이터를 핸들링하는 것이 이상적이지만, 이번 구현에서는 10-K 데이터에 초점을 맞추어 분석을 수행합니다. 10-K 데이터를 수집하여 프롬프트에 포함시키고, 이를 통해 기업의 재무상태와 경영성과에 대한 종합적인 분석 결과를 도출하는 것을 목표로 합니다. Langchain의 SequentialChain을 활용한 단계별 분석을 통해 체계적인 접근을 하며, 구조화된 출력을 통해 신뢰성 있는 분석 결과를 제공합니다.

SEC EDGAR에서 공식 재무 데이터를 다운로드하고 마크다운 형식으로 변환하는 기능을 구현합니다. 이 과정은 다음과 같은 단계로 구성됩니다.

1. CIK 번호 조회: 기업의 고유 식별자(CIK)를 티커로부터 찾기
2. 최신 파일링 정보 수집: SEC JSON API를 통해 최신 10-K 보고서 정보 조회
3. 문서 다운로드: 실제 10-K 보고서 HTML 파일 다운로드
4. 마크다운 변환: HTML을 마크다운으로 변환하여 LLM이 더 잘 이해할 수 있도록 처리

이 과정을 통해 공식적이고 신뢰할 수 있는 재무 데이터를 수집할 수 있습니다.

5.2.1.2 데이터 모델 정의

먼저 SEC 데이터 분석을 위한 기본 구조와 Pydantic 모델을 정의합니다.

```python
class SECAnalysis(BaseModel):
    data_reliability: Dict[str, str] = Field(description="데이터 신뢰성 평가")
    financial_reassessment: Dict[str, str] = Field(description="재무 건전성 재평가")
    investment_grade_revision: str = Field(description="수정된 투자 등급")
```

```python
    revision_reason: str = Field(description="수정 근거")
    target_price_adjustment: str = Field(description="목표가 조정")
    additional_risks: list = Field(description="추가 리스크 요인")
    regulatory_issues: list = Field(description="규제 관련 이슈")
    confidence_level: str = Field(description="전체 분석 신뢰도")
```

이 모델은 SEC 데이터 분석 결과를 구조화된 형태로 저장하며, 각 필드는 구체적인 분석 항목을 나타냅니다.

5.2.1.3 SEC 데이터 수집 시스템

CIK(Central Index Key) 번호는 SEC에서 각 기업을 식별하는 고유 번호입니다. CIK는 10자리 숫자로 구성되며, SEC EDGAR 시스템에서 기업을 고유하게 식별하는 데 사용됩니다. 예를 들어, Apple Inc.의 CIK는 0000320193입니다.

SEC는 기업 정보를 JSON 형태로 제공하는 API를 통해 티커 심볼과 CIK 번호를 매칭해 주는 서비스를 제공합니다. 이 함수는 SEC의 공식 API를 활용하여 기업의 티커 심볼을 CIK 번호로 자동 변환합니다. Yahoo Finance에서 수집한 티커 정보를 활용하여 해당 기업의 SEC 데이터에 접근할 수 있도록 하는 핵심 기능입니다.

```python
class SECDataCollector:
    def __init__(self, company_name: str, ticker: str):
        self.company_name = company_name
        self.ticker = ticker
        self.base_url = "https://www.sec.gov/Archives/edgar/data"
        self.headers = {
            'User-Agent': 'Mozilla/5.0 (Windows NT 10.0; Win64; x64) AppleWebKit/537.36'
        }
```

```python
def get_cik_from_ticker(self, ticker: str) -> str:
    """SEC API를 활용하여 티커 심볼을 CIK 번호로 변환"""
    # SEC의 기업 정보 JSON API 엔드포인트
    url = "https://www.sec.gov/files/company_tickers.json"

    response = requests.get(url, headers=self.headers)
    companies_data = response.json()

    # 티커로 CIK 찾기(대소문자 무시)
    ticker_upper = ticker.upper()
    for cik, company_info in companies_data.items():
        if company_info.get('ticker', '').upper() == ticker_upper:
            cik_padded = cik.zfill(10)  # CIK는 10자리로 패딩
            company_name = company_info.get('title', 'Unknown')
            return {
                'cik': cik.zfill(10),
                'name': company_info.get('title', 'Unknown'),
                'ticker': company_info.get('ticker', ticker),
                'exchange': company_info.get('exchange', 'Unknown')
            }
```

5.2.1.4 SEC 데이터 다운로드 및 마크다운 변환

앞서 확인한 CIK 정보를 통해 실제 SEC 데이터를 찾아보도록 합시다.

```python
def get_latest_filing_info(self, form_type: str = "10-K", limit: int = 3) -> List[Dict[str, Any]]:
    """SEC JSON API를 활용한 최신 파일링 정보 수집"""
    cik = self.get_cik_from_ticker(self.ticker)
```

```python
# SEC JSON API 엔드포인트
submissions_url = f"https://data.sec.gov/submissions/CIK{cik}.json"

response = requests.get(submissions_url, headers=self.headers)
data = response.json()
filings = data["filings"]["recent"]

# 지정된 형태의 파일링 찾기
filing_info = []
for i, form in enumerate(filings["form"]):
    if form == form_type and len(filing_info) < limit:
        accession = filings["accessionNumber"][i].replace("-", "")
        primary_doc = filings["primaryDocument"][i]
        filing_date = filings["filingDate"][i]

        filing_info.append({
            "accession": accession,
            "primary_doc": primary_doc,
            "filing_date": filing_date,
            "file_url": f"https://www.sec.gov/Archives/edgar/data/{int(cik)}/{accession}/{primary_doc}"
        })

return filing_info
```

SEC의 공식 JSON API를 사용하여 특정 기업의 최신 파일링 정보를 수집합니다. SEC는 각 기업별로 JSON 형태의 파일링 데이터를 제공하며, 이를 통해 최신 10-K, 10-Q 등의 보고서 정보를 효율적으로 조회할 수 있습니다.

이 함수는 기업의 CIK 번호를 사용하여 SEC의 submissions API에 접근하고, 지정된 형태의 파일링(예: 10-K, 10-Q)을 검색하여 접근번호, 주요 문서명, 파일링 날짜, 그리고 실제 문서 URL을 포함한 상세 정보를 반환합니다. 이를 통해 최신 재무 보고서에 대한 체계적인 접근이 가능해집니다.

```python
def fetch_10k_markdown(self, ticker: str) -> str:
    """10-K 보고서를 마크다운 형식으로 변환하여 수집"""
    # 1. CIK 번호 가져오기
    cik = self.get_cik_from_ticker(ticker)

    # 2. 최신 10-K 파일링 정보 조회
    filing_info = self.get_latest_filing_info("10-K", 1)
    latest_filing = filing_info[0]
    file_url = latest_filing["file_url"]

    # 3. 문서 다운로드
    response = requests.get(file_url, headers=self.headers)
    html_content = response.content

    # 4. HTML 정리
    soup = BeautifulSoup(html_content, "html.parser")

    # 불필요한 태그 제거(script, style 태그만 제거하고 table은 유지)
    for tag in soup(["script", "style"]):
        tag.extract()

    text = str(soup)
    # 마크다운 텍스트 정리(빈 줄 제거 및 공백 정리)
    lines = [line.strip() for line in text.splitlines()]
    formated_text = "\n".join([line for line in lines if line])
```

```python
# 5. html-to-markdown 라이브러리를 사용하여 HTML을 마크다운으로 변환
h = html2text.HTML2Text()
h.ignore_links = False      # 링크 정보 유지
h.ignore_images = False     # 이미지 정보 유지
h.body_width = 0            # 줄바꿈 비활성화로 원본 형식 유지


markdown_text = h.handle(formated_text)
return markdown_text
```

SEC EDGAR에서 10-K 연간 보고서를 다운로드하고 마크다운 형식으로 변환합니다. 10-K 보고서는 기업의 가장 중요한 재무 정보를 포함하는 공식 문서로, 투자 분석에 핵심적인 데이터를 제공합니다.

이 함수는 먼저 기업의 CIK 번호를 조회하고, 최신 10-K 파일링 정보를 가져와서 실제 문서 URL을 생성합니다. 그 다음 HTML 형태의 보고서를 다운로드한 후, html2text 라이브러리를 사용하여 마크다운 형식으로 변환합니다.

마크다운 변환 과정에서는 문서의 구조적 요소(제목, 목록, 표, 링크 등)를 보존하면서도 불필요한 스크립트나 스타일 태그는 제거합니다. 이렇게 변환된 마크다운 텍스트는 LLM이 더 잘 이해할 수 있어 분석 품질이 크게 향상됩니다. 특히 재무 표나 구조화된 데이터가 포함된 부분에서 일반 텍스트보다 훨씬 효과적인 분석이 가능해집니다.

5.2.2 SEC 데이터 분석 엔진

SEC EDGAR에서 수집한 마크다운 형식의 10-K 데이터를 대규모 언어 모델(LLM)의 프롬프트에 포함시켜 체계적이고 정교한 투자 분석을 수행합니다. 이 과정은 Yahoo Finance 분석과 유사한 구조를 가지지만, SEC 공식 데이터의 신뢰성과 정확성을 최대한 활용하여 더욱 정확하고 신뢰할 수 있는 투자 분석 결과를 제공합니다.

SEC에서 수집한 마크다운 형식의 10-K 데이터를 LLM 프롬프트에 포함시켜 체계적인 분석을 수행합니다. 이 과정은 Yahoo Finance 분석과 유사한 구조를 가지지만, 공식 SEC 데이터의 신뢰성과 정확성을 활용하여 더욱 정확한 투자 분석을 제공합니다.

```python
class SECAnalyzer:
    """SEC 데이터 분석기"""

    def __init__(self, company_name: str, ticker: str):
        self.company_name = company_name
        self.ticker = ticker

        # LLM 초기화
        load_dotenv()
        self.llm = ChatOpenAI(
            api_key=os.getenv("OPENAI_API_KEY"),
            model="gpt-3.5-turbo",
            temperature=0
        )

        # 출력 파서 초기화
        self.output_parser = PydanticOutputParser(pydantic_object=SECAnalysis)

        # 프롬프트 템플릿 설정
        self.analysis_prompt = PromptTemplate(
            input_variables=["company_name", "ticker", "sec_data"],
            template="""
당신은 {company_name} ({ticker}) 전문 투자 애널리스트입니다.

다음 SEC 10-K 마크다운 문서를 바탕으로 종합적인 투자 분석을 수행하세요:
```

SEC 10-K 문서 내용

<sec-data>

{sec_data}

</sec-data>

분석 요구사항

1. 데이터 신뢰성 평가

- SEC 공식 데이터의 신뢰도: [높음/보통/낮음]

- 데이터 품질 평가: [구체적 평가 내용]

- 분석 가능한 정보 범위: [재무/경영/리스크/규제 등]

2. 재무 건전성 재평가

- **수익성**: 매출, 순이익, 영업이익률 분석

- **유동성**: 유동비율, 당좌비율, 현금흐름 분석

- **안정성**: 부채비율, 이자보상배율, 자본구조 분석

- **성장성**: 매출성장률, 자산성장률, 수익성장률 분석

3. 투자 등급 수정

- **수정된 투자 등급**: [Strong Buy/Buy/Hold/Sell/Strong Sell]

- **수정 근거**: SEC 데이터 기반 구체적 근거

- **목표가 조정**: $XXX (SEC 데이터 반영 후)

4. 리스크 요인 분석

- **추가 리스크 요인**: [SEC에서 발견된 새로운 리스크 3~5가지]

- **규제 관련 이슈**: [규제 환경 변화, 법적 리스크 등]

- **경영 리스크**: [경영진 변경, 전략적 리스크 등]

5. 신뢰도 평가

- **전체 분석 신뢰도**: [높음/보통/낮음]

- **신뢰도 근거**: [SEC 공식 데이터 활용의 장점]

모든 분석은 SEC 공식 데이터의 신뢰성을 최대한 활용하여 제공하세요.

{format_instructions}
"""
)

    def run_sec_analysis(self, ticker: str) -> SECAnalysis:
        sec_collector = SECDataCollector(self.company_name, ticker)

        markdown_data = sec_collector.fetch_10k_markdown(ticker)

        chain = self.analysis_prompt | self.llm | self.output_parser

        # 분석 실행
        result = chain.invoke({
            "company_name": self.company_name,
            "ticker": ticker,
            "sec_data": markdown_data[:8000], # 토큰 제한 고려
            "format_instructions": self.output_parser.get_format_instructions()
        })

        # 결과 출력
        print("SEC 데이터 분석 결과")
        print(f"- 투자 등급: {result.investment_grade_revision}")
        print(f"- 수정 근거: {result.revision_reason}")
        print(f"- 목표가 조정: {result.target_price_adjustment}")
        print(f"- 신뢰도: {result.confidence_level}")
        print(f"- 추가 리스크: {', '.join(result.additional_risks)}")
        print(f"- 규제 이슈: {', '.join(result.regulatory_issues)}")

        return result
```
```

- 투자 등급: Buy

- 수정 근거: SEC 공식 데이터에서 확인된 강력한 재무 건전성과 안정적인 현금흐름

- 목표가 조정: $185.00(SEC 데이터 반영 후 +$5.00)

- 신뢰도: 높음

- 추가 리스크: 중국 시장 의존성, 반도체 공급망 불안정성, 규제 환경 변화

- 규제 이슈: 개인정보보호 규제 강화, 앱스토어 수수료 관련 법적 분쟁

위의 실행 결과는 SEC EDGAR에서 수집한 공식 10-K 보고서를 기반으로 한 종합적인 투자 분석 결과의 예시로, 실제 투자 결정을 위한 참고 자료로 활용할 수 있는 형태의 출력 결과입니다. 이렇게 SEC 공식 데이터를 활용한 분석을 통해 SEC EDGAR의 공식 10-K 보고서를 기반으로 한 신뢰성 높은 분석, Pydantic 모델을 통한 일관된 구조화된 출력, 규제/경영/시장 리스크를 종합적으로 평가하는 체계적 분석, 모든 투자 권고에 대한 구체적인 근거 제시, 그리고 최신 SEC 파일링 데이터를 실시간으로 활용할 수 있는 시스템을 구축할 수 있습니다. 이러한 SEC 데이터 분석은 Yahoo Finance 분석과 함께 사용할 때 상호 보완적인 역할을 하여, 더욱 정확하고 신뢰할 수 있는 종합적인 투자 분석을 제공할 수 있습니다.

뉴스 데이터 수집 및 분석

뉴스 데이터는 투자 분석에서 핵심적인 역할을 합니다. 재무제표나 주가 데이터가 과거의 성과를 보여 준다면, 뉴스는 기업의 현재 상황과 미래 전망에 대한 실시간 정보를 제공합니다. 특히 기업의 새로운 제품 출시, 경영진 변경, 규제 환경 변화, 경쟁사 동향, 시장 트렌드 등은 주가에 즉각적인 영향을 미칠 수 있어 투자 결정에 중요한 요소가 됩니다.

뉴스 데이터 분석의 핵심은 실시간 정보의 정확한 해석과 투자 의사결정으로의 전환입니다. 이 과정에서는 단순한 뉴스 수집을 넘어서, 수집된 뉴스의 품질 평가, 관련성 분석, 감정 분석(Sentiment Analysis), 그리고 최종적으로 투자 전략으로의 변환이 필요합니다. 특히 뉴스 후처리(News Post-processing) 과정에서는 원시 뉴스 데이터를 구조화된 분석 가능한 형태로 변환하는 것이 핵심입니다.

5.3.1 뉴스 데이터 분석 시스템 개요

5.3.1.1 뉴스 데이터 분석 결과 구조화 모델

뉴스 데이터 분석의 첫 번째 단계는 분석 결과를 체계적으로 구조화하는 것입니다. 이를 위해 Pydantic을 활용한 데이터 모델을 정의하여, LLM이 생성하는 분석 결과를 일관된 형태로 저장하고 검증할 수 있도록 합니다.

```python
class NewsAnalysis(BaseModel):
    market_sentiment: str = Field(description="뉴스 기반 시장 분위기")
    key_issues: list = Field(description="뉴스에서 발견된 핵심 이슈 3가지")
```

```python
    market_reaction_prediction: str = Field(description="뉴스가 주가에 미칠 영향")
    final_investment_grade: str = Field(description="최종 투자 등급")
    news_impact: str = Field(description="뉴스가 투자 등급에 미친 영향")
    target_price_final_adjustment: str = Field(description="목표가 최종 조정")
    short_term_outlook: str = Field(description="단기 전망(1~3개월)")
    long_term_outlook: str = Field(description="장기 전망(6~12개월)")
    monitoring_points: list = Field(description="핵심 모니터링 포인트 3~5가지")
    additional_risks: list = Field(description="뉴스 기반 추가 리스크")
    risk_level: str = Field(description="리스크 등급")
    response_strategy: str = Field(description="리스크 대응 방안")
    investment_strategy: str = Field(description="투자 전략")
    entry_timing: str = Field(description="진입 시점")
    portfolio_weight: str = Field(description="포트폴리오 비중")
    stop_loss_criteria: str = Field(description="손절매 기준")
```

이 모델은 뉴스 데이터 분석의 모든 측면을 포괄적으로 다루도록 설계되었습니다. 시장 분위기 분석부터 투자 전략 수립, 리스크 관리까지 투자 의사결정에 필요한 모든 요소를 포함하고 있습니다. 특히 'market_sentiment'는 뉴스의 감정 분석 결과를, 'key_issues'는 핵심 이슈 추출 결과를, 'monitoring_points'는 지속적인 모니터링이 필요한 지표들을 체계적으로 관리합니다.

5.3.1.2 뉴스 데이터 수집 시스템

뉴스 데이터 수집의 핵심은 실시간성과 관련성을 보장하는 것입니다. Google News RSS API를 활용한 뉴스 수집 시스템은 이러한 요구사항을 충족하면서도 안정적인 데이터 수집을 제공합니다.

```python
class GoogleNewsCollector:
    """Google News RSS를 통한 뉴스 데이터 수집 클래스"""

    def __init__(self, company_name: str, ticker: str):
        self.company_name = company_name
        self.ticker = ticker
        self.headers = {
            'User-Agent': 'Mozilla/5.0 (Windows NT 10.0; Win64; x64) AppleWebKit/537.36'
        }

    def search_google_news(self, keyword: str, days: int = 1, country: str = 'en', limit: int = 10) ->
List[Dict[str, Any]]:
        url = f'https://news.google.com/rss/search?q={keyword}+when:{days}d'

        if country == 'en':
            url += '&hl=en-NG&gl=NG&ceid=NG:en'
        elif country == 'ko':
            url += '&hl=ko&gl=KR&ceid=KR:ko'
        else:
            url += '&hl=en&gl=US&ceid=US:en'

        response = requests.get(url, headers=self.headers)
        feed = feedparser.parse(response.text)
        news_items = []

        for entry in feed.entries[:limit]:
            news_item = {
                "title": entry.get('title', ''),
                "summary": entry.get('summary', ''),
                "link": entry.get('link', ''),
```

```python
            "published": entry.get('published', ''),
            "source": entry.get('source', {}).get('title', 'Unknown'),
        }
        news_items.append(news_item)


    return news_items
```

이 클래스는 RSS 피드 파싱(Feed Parsing)과 지역화된 뉴스 수집(Localized News Collection)을 통해 효율적인 뉴스 데이터 수집을 수행합니다. 'search_google_news' 메서드는 키워드 기반 검색을 통해 관련 뉴스를 수집하며, 국가별 설정을 통해 지역 특화 뉴스도 수집할 수 있습니다. 특히 'feedparser' 라이브러리를 활용하여 RSS XML을 파싱하고, 각 뉴스 항목의 제목, 요약, 링크, 발행일, 출처 정보를 구조화된 형태로 추출합니다.

5.3.1.3 뉴스 데이터 후처리 및 정제 시스템

뉴스 데이터 후처리는 수집된 원시 뉴스 데이터를 분석 가능한 형태로 변환하는 핵심 과정입니다. 이 과정에서는 텍스트 정규화, 정보 추출, 구조화를 통해 투자 분석에 최적화된 데이터를 생성합니다.

```python
class NewsDataProcessor:
    def refine_news_with_llm(self, news_items: List[Dict[str, Any]]) -> str:
        # 뉴스 데이터를 텍스트로 구성
        raw_news_text = ""
        for i, news in enumerate(news_items, 1):
            raw_news_text += f"뉴스 {i}:\n"
            raw_news_text += f"제목: {news['title']}\n"
            raw_news_text += f"출처: {news['source']}\n"
            raw_news_text += f"발행일: {news['published']}\n"
```

```python
        raw_news_text += f"요약: {news['summary']}\n"
        raw_news_text += f"링크: {news['link']}\n\n"

        # LLM을 통한 마크다운 변환 프롬프트
        prompt = PromptTemplate(
            input_variables=["company_name", "raw_news"],
            template="""
당신은 뉴스 데이터를 깔끔하고 구조화된 마크다운 형식으로 변환하는 전문가입니다.

다음 뉴스 데이터를 읽고, 투자 분석에 유용한 형태로 정리해 주세요:

## 원본 뉴스 데이터
<raw_news>
{raw_news}
</raw_news>

## 변환 요구사항
1. 마크다운 형식으로 깔끔하게 정리
2. 중요도에 따라 뉴스를 분류(핵심/일반)
3. 각 뉴스의 핵심 내용을 간결하게 요약
4. 투자자 관점에서 중요한 정보 강조
5. 시장 영향도 평가 포함

{company_name} 관련 뉴스를 분석하여 투자 결정에 도움이 되는 형태로 정리해 주세요.
"""
        )
        chain = prompt | self.llm
        result = chain.invoke({
            "company_name": news_items[0].get('company_name', 'Company'),
            "raw_news": raw_news_text
        })
        return result.content
```

이 후처리 시스템은 LLM 기반 텍스트 변환(LLM-based Text Transformation)을 활용하여 뉴스 데이터를 정제합니다. 주요 특징은 다음과 같습니다

1. 텍스트 정규화: 원시 뉴스 데이터를 일관된 형식으로 변환
2. 정보 구조화: 제목, 요약, 출처, 발행일 등을 체계적으로 정리
3. 중요도 분류: 핵심 뉴스와 일반 뉴스를 구분하여 우선순위 설정
4. 투자 관점 변환: 일반 뉴스를 투자 분석에 특화된 형태로 변환
5. 마크다운 포맷팅: 분석 시스템에서 쉽게 처리할 수 있는 구조화된 형태로 출력

이러한 후처리 과정을 통해 원시 뉴스 데이터는 투자 의사결정 지원 시스템(Investment Decision Support System)에서 활용할 수 있는 고품질의 구조화된 정보로 변환됩니다.

5.3.2 뉴스 데이터 분석 엔진

뉴스 기반 투자 분석 엔진은 정제된 뉴스 데이터를 입력받아 감정 분석, 이슈 추출, 투자 전략 생성을 수행하는 종합적인 분석 시스템입니다.

```python
class NewsEnhancedAnalyzer:
    def run_news_analysis(self, country: str = 'en') -> str:
        news_items = self.news_collector.search_google_news(self.company_name, days=3,
country=country, limit=10)


        # 2단계: LLM을 통한 뉴스 데이터 정제
        refined_news_data = self.news_processor.refine_news_with_llm(news_items)
        # 3단계: 정제된 데이터로 투자 분석
        # 분석 프롬프트
```

```python
analysis_prompt = PromptTemplate(
    input_variables=["company_name", "ticker", "refined_news_data"],
    template="""
```

당신은 {company_name} ({ticker}) 전문 투자 애널리스트입니다.

다음 Google News에서 수집하고 정제된 뉴스 데이터를 바탕으로 종합적인 투자 분석을 수행하세요:

정제된 뉴스 데이터
<refined_news_data>
{refined_news_data}
</refined_news_data>

분석 요구사항

1. 시장 분위기 분석
- 뉴스 기반 시장 분위기: [긍정적/부정적/중립적]
- 시장 반응 예측: [구체적 예측 내용]

2. 핵심 이슈 식별
- 뉴스에서 발견된 핵심 이슈 3가지: [구체적 이슈들]
- 각 이슈의 투자 영향도: [높음/보통/낮음]

3. 투자 전략 수립
- 단기 투자 전략: [1~3개월 관점]
- 중기 투자 전략: [3~12개월 관점]
- 포트폴리오 비중: [증가/유지/감소]

4. 리스크 관리
- 손절매 기준: [구체적 기준]
- 모니터링 포인트: [중요 지표들]

```python
    모든 분석은 Google News의 최신 뉴스 데이터를 기반으로 제공하세요.
    """
    )

    chain = analysis_prompt | self.llm
    result = chain.invoke({
        "company_name": self.company_name,
        "ticker": self.ticker,
        "refined_news_data": refined_news_data
    })

    return result.content
```

이 분석 엔진은 3단계 파이프라인 구조로 설계되어 있습니다

1. 데이터 수집 단계: Google News RSS를 통한 실시간 뉴스 수집
2. 데이터 정제 단계: LLM을 활용한 뉴스 데이터 구조화 및 정제
3. 분석 실행 단계: 정제된 데이터를 기반으로 한 종합 투자 분석

특히 시장 분위기 분석에서는 뉴스의 감정적 톤을 분석하여 시장의 전반적인 분위기를 파악하고, 핵심 이슈 식별에서는 뉴스에서 발견된 중요 이슈들을 추출하여 투자 영향도를 평가합니다. 투자 전략 수립에서는 단기와 중기 관점에서 구체적인 투자 방향을 제시하며, 리스크 관리에서는 손절매 기준과 모니터링 포인트를 설정하여 투자 리스크를 체계적으로 관리합니다.

5.3.3 실행 결과 예시

뉴스 기반 투자 분석 시스템의 실행 결과는 실시간 뉴스 데이터의 투자 의사결정으로의 전환을

명확하게 보여 줍니다. 다음은 Apple Inc.에 대한 실제 분석 결과 예시입니다.

Apple Inc. (AAPL) 뉴스 기반 투자 분석 결과

1. 시장 분위기 분석
- **뉴스 기반 시장 분위기**: 긍정적
- **시장 반응 예측**: 최근 AI 관련 제품 발표와 서비스 부문 성장 뉴스로 인한 상승 모멘텀 예상

2. 핵심 이슈 식별
- **뉴스에서 발견된 핵심 이슈 3가지**:

  1. Apple Vision Pro 출시 및 AR/VR 시장 진출(투자 영향도: 높음)
  2. 서비스 부문 매출 성장 및 구독 모델 확대(투자 영향도: 높음)
  3. 중국 공급망 안정화 및 생산 다각화(투자 영향도: 보통)

3. 투자 전략 수립
- **단기 투자 전략**: Vision Pro 출시 효과와 서비스 부문 성장을 고려한 매수 유지
- **중기 투자 전략**: AI 기술 개발과 서비스 플랫폼 확대를 통한 수익성 개선 기대
- **포트폴리오 비중**: 현재 비중 유지(안정적 성장 기대)

4. 리스크 관리
- **손절매 기준**: $165 이하 지속 시 재검토
- **모니터링 포인트**:

  - Vision Pro 판매량 및 시장 반응
  - 서비스 부문 매출 성장률
  - 중국 공급망 안정성

5. 최신 뉴스 요약
- **Apple Vision Pro 출시**: AR/VR 시장 진출로 새로운 성장 동력 확보
- **서비스 부문 성장**: App Store, Apple Music, iCloud 매출 증가
- **공급망 다각화**: 인도, 베트남 등으로 생산

...

이 분석 결과는 뉴스 데이터의 투자 가치 창출을 명확하게 보여 줍니다. 특히 감정 분석을 통한 시장 분위기 파악, 이슈 추출을 통한 핵심 투자 요인 식별, 전략 수립을 통한 구체적인 투자 방향 제시, 그리고 리스크 관리를 통한 체계적인 위험 통제가 체계적으로 수행되었음을 확인할 수 있습니다.

5.3.4 뉴스 분석 시스템의 핵심 특징

이렇게 Google News 뉴스 분석을 통해 Google News RSS API를 통한 실시간 뉴스 수집, LLM을 활용한 뉴스 데이터의 마크다운 정제, 회사명 및 키워드 기반 관련 뉴스 필터링, 국가별 뉴스 수집 지원, 투자자 관점에서의 뉴스 영향도 분석, 그리고 시장 분위기와 투자 전략 연계를 통한 종합적인 투자 분석을 수행할 수 있습니다. 이러한 Google News 뉴스 분석은 SEC 데이터 분석과 함께 사용할 때 상호 보완적인 역할을 하여, 더욱 정확하고 신뢰할 수 있는 종합적인 투자 분석을 제공할 수 있습니다.

5.4 / 다음 단계로의 준비

이번 장에서 우리는 실시간 데이터 연동의 핵심 기법들을 체계적으로 학습했습니다. Yahoo Finance API부터 시작해서 SEC EDGAR 크롤링, 뉴스 데이터 분석, AI 키워드 최적화까지 모든 요소를 독립적으로 구현하여 실전 투자 분석 시스템을 완성했습니다.

현재까지 구축한 투자 분석 플랫폼은 실시간 데이터와 다중 소스 검증이라는 핵심 문제들을 해결했습니다. 하지만 여전히 개선할 여지가 있습니다. 대용량 문서의 지식 기반 분석이 부족하고, 복잡한 추론 과정이 투명하지 않으며, 사용자와의 자연스러운 대화 인터페이스도 아직 구현하지 못했습니다. 하지만 이는 문제가 아닙니다. 오히려 이것이 우리의 다음 도전 과제이며, 앞으로 4개 장에 걸쳐 체계적으로 발전시켜 나갈 기반이 마련된 것입니다.

다음 장에서는 RAG(Retrieval-Augmented Generation) 시스템을 구축해 보겠습니다. 이번 장에서 독립적으로 구축한 Yahoo Finance, SEC EDGAR, 뉴스 데이터 분석 시스템들을 통합하려고 할 때 발생하는 토큰 제한 문제를 해결하는 방법을 배워 보겠습니다. 벡터 데이터베이스와 문서 임베딩을 활용하여 대용량 지식베이스를 구축하고, 관련 문서를 검색하여 컨텍스트를 제공하는 방법을 통해 이 문제를 극복할 수 있습니다. 그 이후로는 Chain-of-Thought를 통한 복잡한 추론, 에이전트를 통한 자동화된 분석, 자연어 대화 인터페이스까지 단계적으로 발전시켜 나갈 예정입니다.

지금까지 구축한 실시간 데이터 연동 시스템이 앞으로 모든 고급 분석 시스템의 토대가 될 것입니다. 견고한 기초 위에 세워진 건물이 오래가듯이, 우리도 차근차근 실력을 쌓아 가며 진정으로 유용한 AI 투자 분석 시스템을 완성해 나가겠습니다.

## Chapter 6

RAG로
대용량 문서 정보 활용하기

들어가며: 컨텍스트 윈도우의 한계와 RAG의 필요성

5장에서 우리는 실시간 데이터를 활용하여 정확하고 최신의 Apple 분석 시스템을 구축했습니다. Yahoo Finance의 실시간 주가, SEC의 공식 재무제표, 최신 뉴스까지 각각 독립적으로 분석할 수 있는 시스템을 완성했습니다.

하지만 실제 투자 분석에서는 이런 다양한 데이터 소스들을 통합하여 종합적인 분석을 제공해야 합니다. 예를 들어, "Apple의 최근 실적과 뉴스 동향을 종합하여 투자 의견을 제시해 달라"는 질문에 답하려면 Yahoo Finance 데이터, SEC 재무제표, 뉴스 센티멘트를 모두 LLM에 전달해야 합니다.

여기서 우리는 LLM의 근본적인 한계에 부딪힙니다 — 컨텍스트 윈도우 제한입니다.

컨텍스트 윈도우란 무엇인가?

컨텍스트 윈도우는 LLM이 한 번에 처리할 수 있는 텍스트의 범위입니다. 이는 마치 인간이 한 번에 읽고 이해할 수 있는 문서의 길이와 같은 개념입니다. LLM은 주변의 단어들을 살펴봄으로써 단어의 의미를 이해하는데, 이를 문맥화(Contextualization)라고 합니다.

간단한 예시로 설명해 보겠습니다. "Apple의 매출이 증가했다"라는 문장에서 "Apple"이 무엇을 의미하는지 생각해 보세요. 과일인 사과일까요, 아니면 기술 회사 Apple일까요? 문맥이 없으면 모호하지만, "Apple의 매출이 증가했다. iPhone 판매량이 전년 대비 15% 증가했으며, 서비스 부문도 성장세를 보이고 있다"라는 문맥이 있으면 기술 회사 Apple임이 명확해집니다.

토큰 제한의 현실적 문제

그렇다면 관련된 정보를 모두 넣으려고 할 때 문제가 발생합니다.

실제 투자 분석 시나리오를 통해 이 문제를 구체적으로 살펴보겠습니다. 투자자가 "Apple의 최근 실적과 향후 전망을 종합적으로 분석해 달라"고 요청한다면, 우리는 다음과 같은 정보들을 모두 제공해야 합니다.

- Apple 10-K 보고서: 공식 재무제표 및 경영진 논평(200,000~300,000토큰)
- Yahoo Finance 데이터: 실시간 주가, 재무지표, 분석가 의견(5,000~10,000토큰)
- 최신 뉴스 기사: Apple 관련 주요 뉴스 및 분석(15,000~20,000토큰)
- 분석 프롬프트: 질문 및 분석 지시사항(2,000~3,000토큰)

이 모든 정보를 한 번에 LLM에 전달하려고 하면 기술적 한계와 실무적 문제에 직면하게 됩니다. GPT-4o의 컨텍스트 윈도우는 최대 128,000토큰이지만, 실제 Apple 투자 분석에서는 다음과 같은 제약이 있습니다. Apple 10-K 보고서는 약 200,000~300,000토큰(70~100페이지 분량), Yahoo Finance 데이터는 약 5,000~10,000토큰(실시간 주가, 재무지표), 뉴스 기사 10개는 약 15,000~20,000토큰(최신 뉴스 및 분석), 분석 프롬프트는 약 2,000~3,000토큰(질문 및 지시사항)이 필요합니다. 총합 약 222,000~333,000토큰으로 GPT-4o의 최대 컨텍스트 윈도우(128,000토큰)를 훨씬 초과하는 수치입니다.

더 심각한 문제는 비용 효율성입니다. 300K 토큰 처리 시 약 $30~50의 비용이 발생하며(GPT-4o 기준), 일일 분석 10회 시 월 $9,000~15,000의 비용이 발생할 수 있습니다. 이는 실무에서 감당하기 어려운 수준의 비용입니다.

더 많은 정보가 항상 더 좋은 답변을 보장하지 않는다

많은 사람들이 "더 많은 정보를 제공하면 더 좋은 답변을 얻을 수 있을 것"이라고 생각합니다.

하지만 실제로는 오히려 반대입니다.

정보 과부하의 역설이 발생합니다. LLM에게 너무 많은 정보를 한꺼번에 제공하면, 오히려 핵심 정보를 놓치거나 혼란스러운 답변을 생성하게 됩니다. 마치 사람이 너무 많은 책을 동시에 읽으려고 할 때 오히려 아무것도 제대로 이해하지 못하는 것과 같습니다.

예를 들어, "Apple의 iPhone 판매량이 어떻게 되나요?"라는 질문에 Apple 10-K 보고서 전체(300페이지)를 제공하면, LLM은 수많은 재무 정보 중에서 iPhone 관련 부분만을 찾아야 하는 어려움을 겪습니다. 결과적으로 정확한 답변보다는 혼란스러운 답변을 생성할 가능성이 높아집니다.

핵심은 "질적 우선"입니다. 질문과 직접적으로 관련된 정보만을 선별하여 제공하는 것이 훨씬 효과적입니다. 이것이 바로 RAG(Retrieval-Augmented Generation)가 필요한 이유입니다.

6.1.1 RAG의 정의와 핵심 개념

RAG(Retrieval-Augmented Generation, 검색 증강 생성)는 2020년 Patrick Lewis와 Facebook AI Research 팀이 발표한 논문을 통해 제안된 혁신적인 AI 기법입니다.[1] 이 기술의 핵심 아이디어는 숙련된 리서치 어시스턴트가 방대한 도서관에서 질문에 가장 관련된 자료만을 선별해서 가져다주는 것과 같은 방식으로 작동한다는 점입니다.

RAG의 가장 중요한 특징은 기본 LLM 모델 자체를 수정하지 않고도 타겟팅된 정보를 활용하여 생성 결과물을 최적화할 수 있다는 것입니다. 이를 통해 생성형 AI 시스템은 주어진 프롬프트의 맥락에 더욱 부합하는 답변을 제공할 수 있을 뿐만 아니라, 가장 최근의 데이터에 기반한 답변을 생성할 수 있게 됩니다.

기존의 LLM이 단순히 학습 시점의 지식에만 의존하는 것과 달리, RAG는 외부 지식베이스에서 실시간으로 관련 정보를 검색하여 답변의 정확성과 신뢰성을 크게 향상시킵니다. 이러한 접근 방식은 다음과 같은 주요 문제들을 해결합니다.

첫째, 최신성 부족 문제입니다. LLM의 학습 데이터가 몇 주, 몇 달 또는 몇 년 전의 오래된 정보로 구성된 경우, 현재 상황에 맞지 않는 답변을 생성할 수 있습니다. 둘째, 도메인 특화 정보의 부족입니다. 기업별 제품, 서비스, 정책 등 특정 조직에만 해당하는 정보가 일반적인 LLM에는 포함되지 않습니다. 셋째, 신뢰성 문제로, 잘못된 응답으로 인한 사용자 신뢰도가 저하될 수 있습니다.

RAG의 실용적 가치는 매우 명확합니다. 일반화된 LLM은 재교육을 위해 상당한 컴퓨팅 자원을 필요로 하므로, LLM에 최신 정보를 지속적으로 추가하는 것은 사실상 불가능합니다. 그러나 RAG를 활용하면 생성형 AI가 다양한 정보 소스인 데이터베이스, 문서, 뉴스 피드 등에서 실시간으로 관련 정보를 수집하여 시의적절하고 상황에 부합하며 정확한 정보를 제공할 수 있게 됩니다.

RAG 시스템은 크게 세 단계로 구성되어 작동합니다. 첫 번째 단계는 문서 처리 및 벡터화 과정입니다. 이 단계에서는 대용량 문서들을 작은 청크(Chunk)로 분할하고, 각 청크를 벡터로 변환하여 벡터 데이터베이스에 저장합니다. 이 과정에서 문서의 의미적 특성을 숫자로 표현하여 나중에 유사도 검색이 가능하도록 합니다.

두 번째 단계는 관련 정보 검색 과정입니다. 사용자의 질문이 들어오면, 질문도 벡터로 변환하여 벡터 데이터베이스에서 가장 유사한 문서 청크들을 검색합니다. 이때 단순한 키워드 매칭이 아닌 의미적 유사성을 기반으로 검색하므로, 직접적으로 언급되지 않은 관련 정보도 찾아낼 수 있습니다.

세 번째 단계는 컨텍스트 기반 답변 생성 과정입니다. 검색된 관련 문서들을 컨텍스트로 삼아 LLM이 답변을 생성합니다. 이때 LLM은 자신의 일반적인 지식과 함께 검색된 최신 정보를 종합하여 정확하고 신뢰할 수 있는 답변을 제공합니다.

RAG 시스템은 기존 LLM의 한계를 극복하면서도 실용적인 해결책을 제공합니다. 가장 큰 장점은 정확성 향상입니다. 외부 지식베이스에서 실시간으로 관련 정보를 검색하여 답변의 정확성을 크게 향상시킵니다. 예를 들어, Apple의 최신 실적이 발표되면 RAG 시스템은 즉시 이 정보를 반영하여 정확한 분석을 제공할 수 있습니다.

신뢰성 증대는 투자 분석에서 특히 중요한 요소입니다. RAG 시스템은 답변을 생성할 때 어떤 문서에서 정보를 가져왔는지 명확히 추적할 수 있어, 사용자가 답변의 근거를 직접 확인할 수 있습니다. 이는 투자 결정과 같은 중요한 의사결정에서 필수적인 요소입니다. 단순히 "Apple의 매출이 증가했다"고 하는 것이 아니라, "Apple의 2024년 1분기 10-K 보고서에 따르면 매출이 전년 대비 4% 증가했다"고 구체적인 출처와 함께 답변을 제공합니다.

최신성 보장은 RAG의 또 다른 핵심 장점입니다. 기존 LLM은 새로운 정보를 반영하려면 전체 모델을 재학습해야 하는데, 이는 막대한 비용과 시간이 소요됩니다. 하지만 RAG 시스템은 지식베이스만 업데이트하면 즉시 최신 정보를 반영할 수 있습니다. 새로운 뉴스가 나오거나 실적이 발표되면 해당 정보를 지식베이스에 추가하기만 하면 됩니다.

마지막으로 비용 효율성은 실무에서 매우 중요한 장점입니다. 모든 정보를 LLM의 컨텍스트에 포함시키면 토큰 비용이 기하급수적으로 증가합니다. 하지만 RAG는 질문과 관련된 정보만을 선별하여 사용하므로 토큰 사용량을 크게 줄일 수 있습니다. 예를 들어, Apple의 전체 10-K 보고서(300,000토큰)를 처리하는 대신, 질문과 관련된 부분만 선별하여 사용하면 훨씬 효율적입니다.

벡터 스토어 선택

6.2.1 벡터 스토어란 무엇인가?

벡터 스토어는 문서의 의미를 숫자(벡터)로 변환하여 저장하고, 유사한 의미의 문서를 빠르게 찾을 수 있게 해 주는 데이터베이스입니다. RAG 시스템의 핵심 구성 요소로, 방대한 문서를 효율적으로 검색할 수 있게 해 줍니다.

6.2.2 임베딩(Embedding)이란 무엇인가?

임베딩은 텍스트를 숫자로 변환하는 과정입니다. 이 과정을 통해 컴퓨터가 텍스트의 의미를 이해하고 비교할 수 있게 됩니다. 마치 사람이 "사과"와 "Apple"이 같은 의미라고 이해하는 것처럼, 임베딩 모델은 의미적으로 유사한 단어나 문장을 비슷한 숫자로 변환합니다.[2]

임베딩 모델은 대량의 텍스트 데이터를 학습하여 각 단어나 문장을 고차원 벡터(보통 수백에서 수천 차원의 숫자 배열)로 변환합니다. 예를 들어, "Apple의 iPhone 판매량이 증가했다"라는 문장은 [0.2, -0.5, 0.8, 0.1, -0.3, …] 같은 형태의 벡터로 변환됩니다. 이 벡터는 해당 텍스트의 의미적 특성을 담고 있어서, 비슷한 의미의 문장들은 비슷한 벡터 값을 가지게 됩니다.

임베딩의 가장 큰 장점은 의미적 유사성을 수치화할 수 있다는 점입니다. 예를 들어, "Apple의 매출이 증가했다"와 "Apple의 수익이 올랐다"는 문장은 다른 단어를 사용했지만 의미적으로 유사하므로 비슷한 벡터값을 가지게 됩니다. 이는 단순한 키워드 매칭으로는 찾을 수 없는 의미적 연결을 발견할 수 있게 해 줍니다.

또 다른 장점은 다국어 지원입니다. 영어로 "Apple's revenue increased"와 한국어로 "Apple의 매출이 증가했다"는 문장도 의미적으로 유사하다면 비슷한 벡터 값을 가지게 되어, 언어에 관계없이 의미적 검색이 가능합니다.

6.2.3 벡터 데이터베이스에서의 검색 과정

벡터 데이터베이스에서 검색이 이루어지는 과정을 단계별로 살펴보겠습니다.

1단계: 문서 임베딩 생성

먼저 모든 문서를 임베딩 모델을 통해 벡터로 변환합니다. 예를 들어, Apple 관련 문서들이 다음과 같이 변환됩니다

문서 1: "Apple의 iPhone 판매량이 전년 대비 15% 증가"
→ 벡터: [0.2, -0.5, 0.8, 0.1, -0.3, 0.6, …]

문서 2: "Apple의 서비스 부문 매출이 12% 성장"
→ 벡터: [0.3, -0.4, 0.7, 0.2, -0.2, 0.5, …]

문서 3: "Apple의 P/E 비율은 28.5배로 업계 평균 대비 높음"
→ 벡터: [0.1, -0.6, 0.9, -0.1, -0.4, 0.7, …]

2단계: 쿼리 임베딩 생성

사용자의 질문도 같은 임베딩 모델을 통해 벡터로 변환합니다

질문: "Apple의 매출 성과는 어떤가요?"
→ 벡터: [0.25, -0.45, 0.75, 0.15, -0.25, 0.55, …]

3단계: 유사도 계산

쿼리 벡터와 각 문서 벡터 간의 유사도를 계산합니다. 가장 일반적으로 사용되는 방법은 코사인 유사도(Cosine Similarity)입니다. 코사인 유사도는 두 벡터가 이루는 각도의 코사인 값을 계산하여 -1에서 1 사이의 값을 반환합니다. 값이 1에 가까울수록 매우 유사하고, 0에 가까울수록 관련이 없으며, -1에 가까울수록 반대의 의미를 가집니다.

4단계: 결과 정렬 및 반환

계산된 유사도 점수를 기준으로 문서들을 정렬하고, 가장 높은 점수를 받은 문서들을 검색 결과로 반환합니다.

6.2.4 벡터 검색의 실제 예시

Apple 투자 분석을 위한 벡터 검색의 실제 예시를 살펴보겠습니다. 사용자가 "Apple의 iPhone 성과는 어떤가요?"라는 질문을 입력했다고 가정해 보겠습니다.

6.2.4.1 쿼리 임베딩

"Apple의 iPhone 성과는 어떤가요?"
→ [0.3, -0.4, 0.8, 0.2, -0.3, 0.7, 0.1, -0.5, …]

6.2.4.2 문서들과의 유사도 계산

· 문서 A: "Apple의 iPhone 판매량이 전년 대비 15% 증가했습니다"

- 유사도: 0.92(매우 높음 — iPhone 관련 내용)

· 문서 B: "Apple의 서비스 부문 매출이 12% 성장했습니다"
- 유사도: 0.78(높음 — Apple 관련이지만 iPhone이 아님)

· 문서 C: "Apple의 P/E 비율은 28.5배로 업계 평균 대비 높습니다"
- 유사도: 0.45(보통 — Apple 관련이지만 성과와는 거리가 있음)

· 문서 D: "Tesla의 전기차 판매량이 증가했습니다"
- 유사도: 0.12(낮음 — Apple과 관련 없음)

6.2.4.3 검색 결과

가장 높은 유사도 점수를 받은 문서 A가 첫 번째로 반환되고, 그 다음으로 문서 B, 문서 C 순서로 결과가 제공됩니다. 문서 D는 유사도가 너무 낮아 검색 결과에서 제외됩니다.

6.2.5 벡터 검색의 장점과 한계

벡터 검색의 가장 큰 장점은 의미적 이해입니다. 단순히 키워드가 일치하는지가 아니라, 의미적으로 유사한 내용을 찾을 수 있습니다. 예를 들어, "Apple의 매출"로 검색했을 때 "Apple의 수익", "Apple의 실적" 같은 유사한 표현도 함께 찾을 수 있습니다.

또 다른 장점은 유연성입니다. 사용자가 정확한 키워드를 모르거나 다양한 표현을 사용해도 의미적으로 관련된 문서를 찾을 수 있습니다. "Apple의 투자 가치"로 검색했을 때 "Apple의 P/E 비율", "Apple의 성장 전망" 같은 관련 문서들을 찾을 수 있습니다.

벡터 검색의 주요 한계는 정확한 키워드 매칭의 부족입니다. "Apple의 P/E 비율"이라는 구체적인 질문에 대해 벡터 검색은 "Apple의 투자 가치", "Apple의 주가 평가" 같은 의미적으로 유사한 문서들을 찾아오지만, 정확히 "P/E 비율"이라는 키워드가 포함된 문서를 우선적으로 찾지 못할 수 있습니다.

또 다른 한계는 해석의 어려움입니다. 왜 특정 문서가 검색되었는지 그 이유를 명확히 설명하기 어렵습니다. 벡터 간의 수학적 유사도는 계산할 수 있지만, 그 유사도가 의미적으로 어떤 부분에서 발생했는지 구체적으로 설명하기 어렵습니다.

6.2.6 다양한 벡터 스토어 옵션

6.2.6.1 Chroma

Chroma는 로컬 개발에 최적화된 벡터 데이터베이스로, 우리의 교육 목적과 프로토타이핑 요구 사항에 완벽하게 부합합니다. 가장 큰 장점은 설정의 단순함입니다. 복잡한 클러스터 구성이나 클라우드 설정 없이도 몇 줄의 코드만으로 전문가급 벡터 검색 시스템을 구축할 수 있습니다.

무료로 사용할 수 있어 초기 비용 부담이 전혀 없으며, Python과의 완벽한 통합을 통해 LangChain과 자연스럽게 연결됩니다. Apple의 10-K 보고서나 애널리스트 리포트 수십 개 수준의 문서를 처리하기에는 충분한 기능을 제공합니다.

Chroma는 특히 교육과 프로토타이핑에 적합한 선택입니다. 설정이 간단하고 무료로 사용할 수 있어 초기 학습과 실험에 최적입니다. 또한 Python과의 완벽한 통합을 통해 LangChain과 자연스럽게 연결되어 개발 효율성을 크게 향상시킵니다.

6.2.6.2 Pinecone

Pinecone은 완전 관리형 클라우드 벡터 데이터베이스로, Netflix와 Shopify 같은 대기업들이 실제 프로덕션에서 사용하고 있는 검증된 솔루션입니다. 가장 큰 강점은 자동 확장성과 관리 편의성입니다.

인프라 관리에 대한 걱정 없이 밀리초 단위의 빠른 검색 응답을 보장하며, 데이터 크기가 증가하거나 트래픽이 급증해도 자동으로 스케일링됩니다. 또한 99.9%의 가용성을 보장하는 엔터프라이즈급 안정성을 제공합니다.

하지만 사용량에 따른 비용이 발생하며, 외부 서비스에 의존해야 한다는 점이 단점입니다.

6.2.6.3 FAISS: 속도의 극한을 추구하는 선택

Facebook(현 Meta)에서 개발한 FAISS는 벡터 검색 속도에서 뛰어난 능력을 자랑합니다. 특히 GPU를 활용한 병렬 처리를 통해 수십억 개의 벡터도 밀리초 내에 검색할 수 있는 놀라운 처리 능력을 제공합니다.

로컬 환경에서 실행되어 외부 의존성이 없고, 한번 설정하면 네트워크 연결 없이도 동작합니다. 금융 데이터처럼 보안이 중요한 분야에서는 이런 완전한 로컬 처리가 큰 장점이 됩니다.

하지만 초기 설정이 상당히 복잡하고, 메모리 사용량이 많아 고사양 하드웨어가 필요합니다.

FAISS는 특히 대용량 벡터 검색에서 뛰어난 성능을 보여 줍니다. GPU 가속을 지원하여 수십억 개의 벡터도 밀리초 내에 검색할 수 있는 놀라운 처리 능력을 제공합니다. 또한 완전히 로컬에서 실행되므로 외부 의존성이 없고, 금융 데이터처럼 보안이 중요한 분야에서 큰 장점이 됩니다.

6.2.6.4 Pgvector: PostgreSQL의 벡터 확장

PostgreSQL의 벡터 확장으로, 기존 관계형 데이터베이스의 강력함과 벡터 검색 기능을 결합한 하이브리드 솔루션입니다. SQL의 모든 기능을 그대로 사용하면서도 벡터 유사도 검색이 가능하며, 트랜잭션 지원과 ACID 속성을 보장합니다.

특히 기존 PostgreSQL 인프라를 활용할 수 있어 마이그레이션 비용이 낮고, 메타데이터와 벡터를 함께 저장하여 복잡한 쿼리가 가능합니다. 하지만 PostgreSQL의 한계로 인해 대용량 벡터 검색에서는 전용 벡터 데이터베이스보다 성능이 떨어질 수 있습니다.

pgvector는 기존 PostgreSQL 인프라를 활용할 수 있어 마이그레이션 비용이 낮고, SQL의 모든 기능을 그대로 사용하면서도 벡터 검색이 가능합니다. 특히 메타데이터와 벡터를 함께 저장하여 복잡한 쿼리가 가능하며, 트랜잭션 지원과 ACID 속성을 보장합니다. 하지만 PostgreSQL의 한계로 인해 대용량 벡터 검색에서는 전용 벡터 데이터베이스보다 성능이 떨어질 수 있습니다.

6.2.7 FAISS를 활용한 의미적 검색 구현

이 예제는 FAISS를 사용하여 텍스트의 의미적 유사성을 기반으로 검색하는 시스템을 구현하는 방법을 보여 줍니다.[3] FAISS는 Facebook에서 개발한 고성능 벡터 검색 라이브러리로, 대용량 벡터 데이터에서 빠른 유사도 검색을 수행할 수 있습니다.

목적

Apple 관련 문서들을 벡터화하여 저장하고, 사용자의 질문과 의미적으로 가장 유사한 문서를 찾아내는 시스템을 구축합니다.

```
# 임베딩 모델 초기화
# OpenAI의 텍스트 임베딩 모델을 사용하여 텍스트를 벡터로 변환
embeddings = OpenAIEmbeddings()

# 샘플 텍스트(Apple 관련 투자 정보)
# 실제 RAG 시스템에서는 10-K 보고서, 뉴스 기사, 재무 데이터 등을 사용
texts = [
    "Apple의 iPhone 판매량이 전년 대비 15% 증가했습니다.",
    "Apple의 서비스 부문 매출이 12% 성장했습니다.",
    "Apple의 현금 보유량이 1,500억 달러를 유지하고 있습니다.",
    "Apple의 중국 시장에서의 성과가 저조합니다."
]
# FAISS 벡터 스토어 생성
# 텍스트들을 벡터로 변환하여 FAISS 인덱스에 저장
```

# 이 과정에서 각 텍스트의 의미적 특성이 고차원 벡터로 표현됨
vector_store = FAISS.from_texts(texts, embeddings)

# 의미적 검색 수행
# 사용자의 질문을 벡터로 변환하고, 가장 유사한 문서들을 검색
query = "Apple의 iPhone 성과는?"
results = vector_store.similarity_search_with_score(query, k=2)

# 검색 결과 출력
# 유사도 점수와 함께 관련 문서들을 표시
print(f"검색: {query}")
for i, (doc, score) in enumerate(results, 1):
    print(f"{i}. {doc.page_content} (점수: {score:.3f})")
```

**실행 결과 예시**

```
검색: Apple의 iPhone 성과는?
1. Apple의 iPhone 판매량이 전년 대비 15% 증가했습니다. (점수: 0.892)
2. Apple의 서비스 부문 매출이 12% 성장했습니다. (점수: 0.756)
```
```

6.3.1 텍스트 분할의 중요성

대용량 문서를 RAG 시스템에서 활용하려면 먼저 적절한 크기로 분할해야 합니다. 하지만 이는 단순히 일정한 길이로 자르는 것이 아니라, 의미와 맥락을 보존하면서도 검색 효율성을 극대화하는 정교한 과정입니다.

6.3.1.1 왜 텍스트 분할이 중요한가?

RAG 시스템에서 텍스트 분할은 검색 성능과 답변 품질에 직접적인 영향을 미치는 핵심 요소입니다. 예를 들어, Apple의 10-K 보고서(300페이지)를 그대로 벡터 데이터베이스에 저장하면, 사용자가 "iPhone 판매량은?"이라고 질문했을 때 전체 300페이지가 검색 결과로 나올 수 있습니다. 이는 검색의 정확성을 떨어뜨리고, LLM이 답변을 생성할 때 불필요한 정보로 인해 혼란을 겪게 만듭니다.

6.3.1.2 적절한 분할의 기준

텍스트 분할은 다음과 같은 기준을 고려해야 합니다.

1. 의미적 완결성: 각 청크가 독립적으로 이해 가능한 의미 단위여야 합니다. 예를 들어, "Apple의 iPhone 판매량이 전년 대비 15% 증가했으며, 이는 주로 미국과 유럽 시장에서의 성과에 기인한다"는 문장은 하나의 완결된 의미를 가지고 있어 분할하지 않는 것이 좋습니다.
2. 검색 효율성: 너무 작은 청크는 문맥 정보를 잃어버리고, 너무 큰 청크는 검색 정확도를 떨어

뜨립니다. 일반적으로 200~1 000토큰 정도가 적절한 크기로 알려져 있습니다.

3. 문서 구조 고려: 제목, 소제목, 단락 구분 등 문서의 자연스러운 구조를 존중하여 분할해야 합
   니다. Apple 10-K 보고서의 경우 "재무 성과", "제품별 매출", "지역별 성과" 등 섹션별로 분할
   하는 것이 효과적입니다.

6.3.1.3 잘못된 분할의 예시

잘못된 분할
- 청크 1: "Apple의 iPhone 판매량이 전년 대비 15% 증가했으며, 이는"
- 청크 2: "주로 미국과 유럽 시장에서의 성과에 기인한다. 특히"

올바른 분할
- 청크 1: "Apple의 iPhone 판매량이 전년 대비 15% 증가했으며, 이는 주로 미국과 유럽 시장에서의
  성과에 기인한다."
- 청크 2: "특히 미국 시장에서는 18%의 성장을 기록했고, 유럽에서는 12%의 성장을 보였다."

6.3.1.4 투자 분석에서의 특별한 고려사항

투자 분석 문서의 경우 다음과 같은 특별한 고려사항이 있습니다

· 재무 데이터의 연속성: 매출, 이익, 현금흐름 등 재무 지표들은 서로 연관되어 있으므로 함께
  분할하는 것이 좋습니다.
· 시계열 정보의 보존: 분기별, 연도별 성과 비교는 하나의 청크로 유지해야 합니다.
· 위험 요소의 완결성: 리스크 섹션의 각 위험 요소는 독립적으로 이해할 수 있도록 분할해야 합
  니다.

6.3.2.1 CharacterTextSplitter

CharacterTextSplitter는 가장 기본적이고 간단한 텍스트 분할 방식입니다. 문서를 일정한 문자 수로 나누어 청크를 생성합니다. 예를 들어, 1 000자마다 분할하거나 500자씩 겹치면서 분할하는 방식입니다.

이 방식의 장점은 구현의 단순함과 처리 속도입니다. 복잡한 로직 없이 빠르게 문서를 분할할 수 있어 초기 프로토타이핑이나 간단한 실험에 적합합니다.

하지만 단점도 명확합니다. 의미적 경계를 전혀 고려하지 않기 때문에 문장이나 문단이 중간에 끊어질 수 있습니다. 예를 들어, "Apple의 매출은 전년 대비 15% 증가했으며"라는 문장이 "Apple의 매출은 전년 대비 15%"와 "증가했으며"로 나뉘어 의미가 불완전해질 수 있습니다.

CharacterTextSplitter는 가장 기본적이고 직관적인 방식으로, 문서를 일정한 문자 수로 나누어 청크를 생성합니다. 이 방식의 장점은 구현이 단순하고 처리 속도가 빠르다는 점입니다. 하지만 의미적 경계를 고려하지 않기 때문에 문장이나 문단이 중간에 끊어질 수 있어 검색 품질에 영향을 줄 수 있습니다.

6.3.2.2 TokenTextSplitter

TokenTextSplitter는 의미보다는 토큰 수의 정확성을 우선시하는 방식입니다. LLM의 컨텍스트 윈도우 제한을 정확히 준수할 수 있어 예측 가능한 처리를 보장합니다.

이 방식의 가장 큰 장점은 비용 예측 가능성입니다. 각 청크가 정확히 몇 토큰인지 알 수 있으므로 API 비용을 정확히 계산할 수 있고, 처리 시간도 일정합니다.

하지만 의미적 경계를 완전히 무시하고 분할하기 때문에 문맥이 끊어질 위험이 높습니다. 예를 들어, 중요한 재무 수치의 설명이 두 청크로 나뉘어 의미가 불완전해질 수 있습니다.

6.3.2.3 RecursiveCharacterTextSplitter

RecursiveCharacterTextSplitter는 문서의 자연스러운 구조를 최대한 보존하면서 의미 단위로 텍스트를 분할하는 지능적인 방식입니다. 이 방법의 핵심은 재귀적 분할 전략에 있습니다.

먼저 문단 단위로 분할을 시도하고, 만약 분할된 청크가 여전히 너무 크다면 문장 단위로, 그래도 크다면 단어 단위로 순차적으로 세분화합니다. 이 과정에서 문서의 논리적 흐름과 의미적 연결성을 최대한 유지하려고 노력합니다.

Apple의 10-K 보고서와 같은 금융 문서에서는 이런 구조적 분할이 특히 중요합니다. 예를 들어, "리스크 요인" 섹션의 한 문단이 여러 청크로 나뉘더라도, 각 청크가 완전한 의미를 담고 있어야 검색 결과의 품질이 보장됩니다.

RecursiveCharacterTextSplitter는 문서의 자연스러운 구조를 최대한 보존하면서 의미 단위로 텍스트를 분할하는 지능적인 방식입니다. 이 방법은 먼저 문단 단위로 분할을 시도하고, 만약 분할된 청크가 여전히 너무 크다면 문장 단위로, 그래도 크다면 단어 단위로 순차적으로 세분화합니다. 이 과정에서 문서의 논리적 흐름과 의미적 연결성을 최대한 유지하려고 노력합니다.

6.3.3 청킹 파라미터 최적화

6.3.1.1 청크 크기(Chunk_size)

청크 크기는 RAG 시스템의 성능에 직접적인 영향을 미치는 가장 중요한 파라미터 중 하나입니다. 청크 크기를 어떻게 설정하느냐에 따라 검색의 정확성과 맥락의 풍부함이 크게 달라집니다.

작은 청크(500~1 000자)는 정확한 정보 검색에 매우 유리합니다. 작은 청크는 특정 정보나 수치를 찾을 때 더 정확한 결과를 제공합니다. 예를 들어, "Apple의 P/E 비율"이나 "2024년 1분기 매출" 같은 구체적인 정보를 찾을 때 작은 청크가 더 효과적입니다. 하지만 작은 청크의 단점은 맥락이 부족하다는 점입니다. 정보가 분산되어 있어 전체적인 흐름을 파악하기 어렵고, 문맥이 부족하여 LLM이 정보를 잘못 해석할 가능성이 있습니다.

중간 청크(1,000~2,000자)는 대부분의 경우에 가장 적합한 선택입니다. 이 크기는 맥락과 정확성의 균형을 잘 맞춰 줍니다. 충분한 맥락을 제공하면서도 특정 정보를 찾기에는 적당한 크기입니다. Apple의 10-K 보고서나 뉴스 기사 같은 일반적인 문서에서 가장 좋은 성능을 보입니다. 예를 들어, "Apple의 서비스 부문 성장"에 대한 질문에 대해 중간 청크는 서비스 부문의 성장률, 주요 동력, 전망 등을 포함한 충분한 맥락을 제공하면서도 핵심 정보를 정확히 찾아낼 수 있습니다.

큰 청크(2,000자 이상)는 풍부한 맥락을 제공하여 복잡한 분석이나 종합적인 이해가 필요한 경우에 유용합니다. 전체적인 흐름과 여러 요소 간의 관계를 파악하는 데 도움이 됩니다. 하지만 큰 청크의 문제점은 노이즈가 증가한다는 점입니다. 관련 없는 정보도 함께 포함되어 검색의 정확성이 떨어질 수 있고, LLM이 핵심 정보에 집중하기 어려워질 수 있습니다.

6.3.1.2 청크 겹침(Chunk_overlap)

청크 겹침은 연속된 두 청크 간에 공유되는 텍스트의 양을 의미하며, RAG 시스템에서 문맥 연결성을 보장하는 핵심 요소입니다. 텍스트를 분할할 때 발생하는 가장 큰 문제는 문맥 끊김입니다. 예를 들어, Apple의 10-K 보고서에서 "Apple의 2024년 1분기 매출은 전년 대비 4% 증가했으며, iPhone 15 시리즈의 성공이 주요 동력이었습니다. 특히 미국 시장에서 15%의 성장을 기록했고, 서비스 부문도 12% 증가했습니다"라는 내용이 청크 1에 있고, "서비스 부문의 성장은 Apple Music, iCloud, App Store의 강세에 힘입은 것으로, 구독자 수가 전년 대비 20% 증가했습니다"라는 내용이 청크 2에 있다고 가정해 보겠습니다.

겹침이 없는 경우 청크 1에서 "서비스 부문도 12% 증가했습니다"로 끝나고 청크 2에서 "서비스 부문의 성장은…"으로 시작하여 두 청크 사이에 문맥이 끊어져 "서비스 부문"이 무엇인지 불분명해집니다. 반면 겹침이 있는 경우 청크 1은 "… 서비스 부문도 12% 증가했습니다"로 끝나고 청크 2는 "서비스 부문도 12% 증가했습니다. 서비스 부문의 성장은 Apple Music, iCloud, App Store의 강세에 힘입은 것으로…"로 시작하여 문맥이 자연스럽게 연결되어 의미 파악이 용이해집니다.

적절한 겹침 크기는 일반적으로 청크 크기의 10~20%가 권장됩니다. 예를 들어, 청크 크기가 1,000자인 경우 100~200자 정도의 겹침을 설정하는 것이 좋습니다. 10~20% 겹침은 문맥 연결성을 보장하면서 중복을 최소화하여 대부분의 일반적인 문서에 적합합니다. 너무 적은 겹침(5% 미만)

은 문맥 끊김 현상을 발생시키고 검색 시 관련 정보 누락 가능성을 증가시킵니다. 특히 긴 문장이나 복잡한 설명에서 문제가 발생할 수 있습니다. 반면 너무 많은 겹침(30% 이상)은 중복 정보로 인한 노이즈를 증가시키고 저장 공간과 처리 시간을 낭비하며 검색 결과의 다양성을 감소시킵니다.

청크 겹침은 검색 정확도 향상에 직접적인 영향을 미칩니다. 문맥이 보존되어 검색 결과의 관련성이 증가하고, 부분적으로 분할된 정보도 완전히 검색할 수 있게 됩니다. 또한 LLM이 더 완전한 문맥을 바탕으로 답변을 생성할 수 있어 답변 품질이 개선되고, 문맥 끊김으로 인한 오해를 방지할 수 있습니다. 적절한 겹침으로 중복을 최소화하여 저장 공간과 처리 시간의 균형을 유지할 수 있습니다.

6.3.1.3 분할 기준(Separators)

분할 기준은 텍스트를 어떤 단위로 나눌지를 결정하는 중요한 요소입니다. 단순히 길이만으로 분할하는 것이 아니라, 문서의 자연스러운 구조를 따라 분할하는 것이 중요합니다.

문단 기준('\n\n')은 가장 자연스러운 분할 방식입니다. 문단은 하나의 완전한 생각이나 주제를 담고 있는 논리적 단위이므로, 문단 단위로 분할하면 의미의 완전성을 보존할 수 있습니다. 예를 들어, Apple의 10-K 보고서에서 "리스크 요인" 섹션의 한 문단은 해당 리스크에 대한 완전한 설명을 담고 있습니다. 문단 단위 분할은 논리적 흐름을 유지하면서도 적당한 크기의 청크를 만들 수 있어 대부분의 경우에 적합합니다.

문장 기준('. ')은 더 세밀한 분할이 필요한 경우에 사용합니다. 문장 단위 분할은 매우 정확한 정보 검색이 필요한 경우에 유용합니다. 예를 들어, 특정 수치나 날짜를 찾을 때 문장 단위로 분할하면 더 정확한 결과를 얻을 수 있습니다. 하지만 문장 단위 분할의 단점은 맥락이 부족할 수 있다는 점입니다. 문장 하나만으로는 전체적인 의미를 파악하기 어려울 수 있습니다.

섹션 기준('## ')은 구조화된 문서에서 특히 유용합니다. 마크다운이나 HTML 문서에서 헤더를 기준으로 분할하면 논리적 구조를 보존할 수 있습니다. 예를 들어, Apple의 10-K 보고서는 "사업 개요", "리스크 요인", "재무 정보" 등으로 구조화되어 있습니다. 섹션 기준 분할은 이러한 구조를 그대로 유지하면서 각 섹션의 완전성을 보장합니다. 이는 복잡한 문서에서 전체적인 맥락을 유지하면서도 관련 정보를 찾기 쉽게 만들어 줍니다.

6.3.1.4 RecursiveCharacterTextSplitter 예제

RecursiveCharacterTextSplitter의 실제 동작을 확인하기 위해 Apple의 재무 보고서를 예시로 들어 보겠습니다. 이 방법은 문서의 자연스러운 구조를 최대한 보존하면서 의미 단위로 텍스트를 분할하는 지능적인 방식을 보여 줍니다.

```python
# RecursiveCharacterTextSplitter 설정
text_splitter = RecursiveCharacterTextSplitter(
    chunk_size=300,
    chunk_overlap=50,
    separators=["\n\n", "\n", ". ", " ", ""],
    length_function=len
)

# Apple 재무 보고서 샘플 텍스트
apple_report = """
Apple Inc.는 2024년 1분기에 강력한 실적을 기록했습니다. iPhone 판매량이 전년 대비 15% 증가했으며, 특히 iPhone 15 Pro 시리즈의 성공이 두드러집니다.
Apple의 서비스 부문도 12% 성장하여 Apple Music, iCloud, App Store의 강세를 보였습니다. 구독자 수가 전년 대비 20% 증가했습니다.
Apple의 재무 건전성은 여전히 우수합니다. 현금 보유량이 1,500억 달러를 유지하고 있으며, 부채 비율도 업계 평균 대비 낮은 수준입니다.
Apple의 중국 시장에서의 성과가 저조하며, 규제 강화로 인해 8% 감소했습니다. 이는 Apple의 주요 시장 중 하나인 중국에서의 도전을 보여 줍니다.
Apple의 연구개발 투자는 전년 대비 25% 증가하여 300억 달러에 달했습니다. 이는 AI 기술과 자율주행 기술 개발에 집중한 결과입니다.
"""

# 텍스트 분할 수행
chunks = text_splitter.split_text(apple_report)
```

```python
# 분할 결과 확인
print(f"원본 텍스트 길이: {len(apple_report)}자")
print(f"생성된 청크 수: {len(chunks)}")
print("\n=== 분할된 청크들 ===")

for i, chunk in enumerate(chunks, 1):
    print(f"\n청크 {i} ({len(chunk)}자):")
    print(f"{chunk}")
    print("-" * 50)

# Document 객체로 변환하여 메타데이터 추가
documents = []
for i, chunk in enumerate(chunks):
    doc = Document(
        page_content=chunk,
        metadata={
            "source": "Apple_Financial_Report_2024",
            "chunk_id": i,
            "chunk_size": len(chunk),
            "type": "financial_analysis"
        }
    )
    documents.append(doc)

# 청크 겹침 확인
print("\n=== 청크 겹침 확인 ===")
for i in range(len(chunks) - 1):
    chunk1_end = chunks[i][-50:]  # 첫 번째 청크의 마지막 50자
    chunk2_start = chunks[i+1][:50]  # 두 번째 청크의 처음 50자
```

```python
# 겹치는 부분 찾기
overlap = ""
for j in range(min(len(chunk1_end), len(chunk2_start))):
    if chunk1_end[-j-1:] == chunk2_start[:j+1]:
        overlap = chunk1_end[-j-1:]


if overlap:
    print(f"청크 {i+1}과 {i+2} 간 겹침: '{overlap}'")
else:
    print(f"청크 {i+1}과 {i+2} 간 겹침 없음")
```

이 예제는 RecursiveCharacterTextSplitter가 어떻게 문서의 자연스러운 구조를 보존하면서 의미 단위로 분할하는지 보여 줍니다. 300자 크기의 청크로 설정했지만, 실제로는 문단과 문장의 경계를 우선적으로 고려하여 분할됩니다. 청크 겹침을 통해 문맥 연결성도 확인할 수 있습니다.

6.4.1 벡터 검색의 기본 원리

벡터 검색은 질문과 문서를 모두 벡터로 변환한 후, 두 벡터 간의 유사도를 계산하여 가장 관련성이 높은 문서를 찾아내는 방식입니다. 이때 코사인 유사도(Cosine Similarity)나 유클리드 거리(Euclidean Distance)를 주로 사용합니다.

6.4.2 검색 파라미터 상세 설명

6.4.2.1 k (top_k): 검색할 문서 수

k 값은 검색 결과의 양과 품질을 결정하는 중요한 파라미터입니다. k 값을 어떻게 설정하느냐에 따라 검색 결과의 포괄성과 정확성이 크게 달라집니다.

k=3은 가장 관련성 높은 3개 문서만 검색하는 설정입니다. 이 설정은 매우 구체적이고 정확한 정보가 필요한 경우에 적합합니다. 예를 들어, "Apple의 현재 주가"나 "2024년 1분기 매출" 같은 특정 정보를 찾을 때 사용합니다. k=3의 장점은 검색 결과가 매우 정확하고 관련성이 높다는 점입니다. 하지만 단점은 정보의 다양성이 부족할 수 있다는 점입니다. 여러 관점이나 추가 정보를 놓칠 가능성이 있습니다.

k=5-10은 일반적인 RAG 시스템에서 가장 권장하는 값입니다. 이 범위는 정확성과 포괄성의 균형을 잘 맞춰줍니다. 충분한 정보를 제공하면서도 노이즈를 최소화할 수 있습니다. 대부분의 투자 분석 질문에 대해 적절한 결과를 제공합니다. 예를 들어, "Apple의 투자 매력도" 같은 복합적인 질문에 대해 다양한 관점의 정보를 제공하면서도 핵심 정보를 놓치지 않습니다.

k=20+는 포괄적인 검색이 필요한 경우에 사용합니다. 매우 복잡한 분석이나 여러 소스의 정보를 종합해야 하는 경우에 적합합니다. 하지만 k 값이 커질수록 노이즈가 증가할 수 있습니다. 관련성이 낮은 문서도 포함될 가능성이 높아져서 검색 품질이 떨어질 수 있습니다.

6.4.2.2 score_threshold: 유사도 임곗값

score_threshold는 검색 결과의 품질을 제어하는 필터링 파라미터입니다. 이 값은 검색된 문서가 질문과 얼마나 유사해야 하는지를 결정합니다.

0.7 이상은 매우 높은 유사도만 허용하는 엄격한 설정입니다. 이 설정은 정확성이 최우선인 경우에 사용합니다. 예를 들어, 법적 문서나 의료 정보처럼 정확성이 생명인 경우에 적합합니다. 하지만 너무 엄격한 임곗값은 관련 있는 문서도 제외할 수 있어 정보의 완전성이 떨어질 수 있습니다.

0.5~0.7은 적당한 유사도를 허용하는 권장 설정입니다. 이 범위는 정확성과 포괄성의 균형을 잘 맞춰 줍니다. 대부분의 일반적인 검색에 적합하며, 관련 있는 문서를 놓치지 않으면서도 노이즈를 적절히 제거할 수 있습니다.

0.3 이하는 낮은 유사도도 허용하는 관대한 설정입니다. 이 설정은 포괄적인 검색이 필요한 경우에 사용합니다. 하지만 너무 낮은 임곗값은 관련성이 낮은 문서도 포함시켜 노이즈가 증가할 수 있습니다.

6.4.2.3 distance_metric: 거리 측정 방식

distance_metric은 벡터 간의 유사도를 어떻게 계산할지를 결정하는 중요한 파라미터입니다. 각 방식은 서로 다른 특성을 가지고 있어 사용 목적에 따라 선택해야 합니다.

cosine은 코사인 유사도를 사용하는 방식으로, 벡터의 방향성을 중시합니다. 이 방식은 벡터의 크기보다는 방향에 집중하므로, 문서의 길이에 관계없이 의미적 유사성을 잘 측정할 수 있습니다. 예를 들어, 짧은 뉴스 기사와 긴 보고서를 비교할 때도 공정한 유사도 측정이 가능합니다. 코사인 유사도는 대부분의 텍스트 검색에 적합한 선택입니다.

euclidean은 유클리드 거리를 사용하는 방식으로, 절대적인 거리를 중시합니다. 이 방식은 벡터 간의 실제 거리를 측정하므로, 벡터의 크기와 방향을 모두 고려합니다. 하지만 문서의 길이가 다를 때 불공정한 비교가 될 수 있습니다. 긴 문서는 벡터의 크기가 클 수 있어 유사도 계산에서 불리할 수 있습니다.

dot_product는 내적을 사용하는 방식으로, 벡터의 크기와 방향을 모두 고려합니다. 이 방식은 코사인 유사도와 유클리드 거리의 중간적 특성을 가지고 있습니다. 하지만 벡터가 정규화되지 않은 경우 문서 길이에 따른 편향이 발생할 수 있습니다.

6.5.1 BM25란 무엇인가?

BM25는 정보 검색 분야에서 널리 사용되는 키워드 기반 검색 알고리즘입니다. TF-IDF의 개선된 버전으로, 문서 길이를 고려하여 더 정확한 검색 결과를 제공합니다.[4]

BM25의 핵심 아이디어는 세 가지 주요 요소를 결합하여 검색 점수를 계산하는 것입니다. 첫 번째는 용어 빈도(TF)로, 문서 내 특정 키워드가 얼마나 자주 나타나는지를 측정합니다. 예를 들어, "Apple"이라는 키워드가 한 문서에서 10번 나타나고 다른 문서에서 2번 나타난다면, 첫 번째 문서가 "Apple" 관련 검색에서 더 높은 점수를 받게 됩니다.

두 번째 요소는 역문서 빈도(IDF)입니다. 이는 전체 문서 집합에서 해당 키워드가 얼마나 희귀한지를 측정합니다. "Apple"이나 "iPhone" 같은 특정 용어는 희귀하므로 높은 IDF 값을 가지지만, "회사"나 "매출" 같은 일반적인 용어는 낮은 IDF 값을 가집니다. 희귀한 키워드가 포함된 문서는 더 높은 검색 점수를 받게 됩니다.

세 번째 요소는 문서 길이 정규화입니다. 긴 문서는 자연스럽게 더 많은 키워드를 포함할 가능성이 높기 때문에, 단순히 키워드 빈도만으로는 공정한 비교가 어렵습니다. BM25는 문서 길이를 고려하여 긴 문서와 짧은 문서 간의 공정한 비교를 가능하게 합니다.

6.5.2 왜 벡터 검색만으로는 부족한가?

벡터 검색과 BM25는 완전히 다른 검색 방식을 사용하며, 각각 고유한 장단점이 있습니다. 벡터 검색은 의미적 유사성을 기반으로 검색을 수행하지만, 정확한 키워드 매칭에는 한계가 있습니다.

벡터 검색의 첫 번째 한계는 정확한 키워드 매칭 부족입니다. 예를 들어, "Apple의 P/E 비율은?"

이라는 질문에 대해 벡터 검색은 "Apple의 수익성 지표", "주가 대비 이익", "투자 가치 평가" 같은 의미적으로 유사한 문서들을 찾아오지만, 정확히 "P/E"라는 키워드가 포함된 문서를 찾지 못할 수 있습니다. 이는 투자 분석에서 특정 재무 지표를 정확히 찾아야 하는 경우에 문제가 됩니다.

두 번째 한계는 특정 수치나 용어 검색의 어려움입니다. "2024년 1분기 매출"이라는 구체적인 질문에 대해 벡터 검색은 "최근 실적", "매출 성장", "분기별 성과" 같은 일반적인 관련 문서들을 찾아오지만, 정확한 "2024년 1분기"라는 시간 정보나 구체적인 수치가 포함된 문서를 놓칠 수 있습니다. 이는 시계열 분석이나 특정 기간의 데이터를 찾아야 하는 경우에 중요한 문제입니다.

세 번째 한계는 동의어나 유사어에만 의존한다는 점입니다. "iPhone 판매량"이라는 질문에 대해 벡터 검색은 "스마트폰 매출", "모바일 기기 판매", "디바이스 실적" 같은 유사한 개념의 문서들을 찾아오지만, 정확히 "iPhone"이라는 제품명이 언급된 문서를 우선적으로 찾지 못할 수 있습니다. 이는 특정 제품이나 브랜드에 대한 정확한 정보를 찾아야 하는 경우에 문제가 됩니다.

반면 BM25는 이러한 벡터 검색의 한계를 보완하는 강점을 가지고 있습니다. 첫 번째 강점은 정확한 키워드 매칭입니다. "Apple의 P/E 비율은?"이라는 질문에 대해 BM25는 "Apple의 P/E 비율은 28.5배로…", "P/E 비율 분석 결과…" 같이 정확히 "P/E" 키워드가 포함된 문서를 우선적으로 찾아옵니다. 이는 투자 분석에서 특정 재무 지표나 용어를 정확히 찾아야 하는 경우에 매우 유용합니다.

두 번째 강점은 구체적인 수치 검색입니다. "2024년 1분기 매출"이라는 질문에 대해 BM25는 "2024년 1분기 매출은 119.6조원으로…", "1분기 실적 발표…" 같이 정확한 연도와 분기 정보가 포함된 문서를 찾아옵니다. 이는 특정 기간의 데이터나 수치를 정확히 찾아야 하는 경우에 중요한 장점입니다.

세 번째 강점은 전문 용어 정확성입니다. "iPhone 판매량"이라는 질문에 대해 BM25는 "iPhone 판매량이 전년 대비 15% 증가", "iPhone 시리즈 성과…"같이 정확히 "iPhone"이라는 제품명이 포함된 문서를 우선적으로 찾아옵니다. 이는 특정 제품이나 브랜드에 대한 정확한 정보를 찾아야 하는 경우에 매우 유용합니다.

BM25는 키워드 기반 검색에서 뛰어난 성능을 보이지만, 동시에 명확한 한계도 가지고 있습니다. 이러한 장단점을 이해하는 것이 적절한 검색 전략을 수립하는 데 중요합니다.

BM25의 가장 큰 장점은 키워드 정확성입니다. BM25는 정확한 키워드 매칭에 뛰어나 특정 용어나 수치를 찾을 때 매우 효과적입니다. 예를 들어, "Apple의 P/E 비율"이나 "2024년 1분기 매출" 같은 구체적인 키워드가 포함된 문서를 정확히 찾아낼 수 있습니다. 이는 투자 분석에서 특정 재무 지표나 수치를 찾을 때 매우 유용합니다. 벡터 검색이 의미적 유사성에 의존하는 반면, BM25는 정확한 키워드 존재 여부를 우선적으로 고려하여 더 정확한 결과를 제공합니다.

빠른 속도는 BM25의 또 다른 중요한 장점입니다. 벡터 검색은 복잡한 수학적 계산과 고차원 벡터 간의 유사도 계산이 필요하지만, BM25는 상대적으로 단순한 계산으로 빠른 검색을 수행할 수 있습니다. 특히 대용량 문서 집합에서도 밀리초 단위의 빠른 응답을 제공합니다. 이는 실시간 검색이 필요한 시스템에서 큰 장점이며, 사용자 경험을 크게 향상시킵니다.

해석 가능성은 BM25가 제공하는 중요한 장점입니다. BM25는 각 키워드가 검색 결과에 미치는 영향을 명확히 계산할 수 있어, 왜 특정 문서가 검색되었는지 그 이유를 설명할 수 있습니다. 이는 투명성이 중요한 투자 분석 시스템에서 매우 유용합니다. 사용자는 검색 결과의 근거를 이해할 수 있어 신뢰성을 높일 수 있고, 검색 결과의 품질을 평가할 수 있습니다.

메모리 효율성도 BM25의 장점입니다. 벡터 저장소는 각 문서를 고차원 벡터로 저장해야 하므로 상당한 메모리가 필요하지만, BM25는 단순한 인덱스 구조를 사용하여 메모리 사용량을 크게 줄일 수 있습니다. 이는 제한된 리소스 환경에서 중요한 장점이며, 대용량 문서 집합을 처리할 때 비용 효율적인 솔루션을 제공합니다.

구체적 정보 검색에서 BM25는 특별한 강점을 보입니다. 특정 수치, 날짜, 제품명, 회사명 등 정확한 정보를 찾을 때 BM25는 벡터 검색보다 훨씬 효과적입니다. 예를 들어, "iPhone 15 Pro 판매량"이나 "2024년 3월 31일 실적" 같은 구체적인 정보를 정확히 찾아낼 수 있습니다. 이는 투자 분석에서 정확한 데이터를 기반으로 한 의사결정이 중요한 경우에 매우 유용합니다.

하지만 BM25는 명확한 한계도 가지고 있습니다. 가장 큰 단점은 의미적 이해 부족입니다. BM25는 단순히 키워드의 존재 여부와 빈도만을 고려하므로, 동의어나 유사어를 인식하지 못합니다. 예를 들어, "스마트폰"으로 검색했을 때 "iPhone"이나 "모바일 기기" 같은 관련 용어가 포함된 문서를 찾지 못할 수 있습니다. 이는 사용자가 다양한 표현을 사용할 수 있는 자연어 검색에서는 중요한 한계입니다.

언어 의존성은 BM25의 또 다른 단점입니다. BM25는 각 언어의 특성에 따라 성능이 크게 달라집니다. 한국어의 경우 조사나 어미 변화로 인해 동일한 의미의 단어가 다양한 형태로 나타날 수 있어, 검색 성능이 떨어질 수 있습니다. 예를 들어, "Apple의", "Apple이", "Apple은" 같은 다양한 형태를 모두 인식하지 못할 수 있습니다. 이는 언어별 전처리나 형태소 분석이 필요하게 만듭니다.

맥락 이해 한계는 BM25의 근본적인 한계입니다. BM25는 단어의 의미나 문맥을 이해하지 못하고 단순히 키워드 매칭만을 수행합니다. 예를 들어, "Apple"이라는 단어가 과일인 사과를 의미하는지 기술 회사 Apple을 의미하는지 구분하지 못합니다. 이는 검색 결과의 정확성을 떨어뜨릴 수 있고, 사용자가 의도하지 않은 결과를 받을 수 있게 만듭니다.

유연성 부족도 BM25의 단점입니다. 키워드가 조금만 달라져도 검색에 실패할 수 있습니다. 예를 들어, "P/E 비율"로 검색했을 때 "PER"나 "주가수익비율" 같은 유사한 표현이 포함된 문서를 찾지 못할 수 있습니다. 이는 사용자가 정확한 키워드를 모르거나 다양한 표현을 사용할 때 문제가 됩니다. 또한 오타나 약어에 대한 처리도 어려워 검색의 사용성을 떨어뜨릴 수 있습니다.

6.5.4 실제 비교 예시

벡터 검색과 BM25는 각각 다른 장점을 가지고 있어 실제 사용에서는 상호 보완적인 역할을 합니다. 벡터 검색은 "Apple의 투자 매력도"나 "기술 혁신 전략" 같은 추상적이고 복합적인 질문에 강점을 보이지만, "Apple의 P/E 비율"이나 "2024년 1분기 매출" 같은 구체적인 정보 검색에는 BM25가 더 효과적입니다. 따라서 두 방법을 결합한 하이브리드 검색이 가장 좋은 성능을 제공합니다.

6.5.5.1 k1 파라미터(용어 빈도 스케일링)

k1 파라미터는 BM25에서 용어 빈도(TF)를 어떻게 스케일링할지를 결정하는 중요한 파라미터입니다. 이 값은 문서 내에서 특정 키워드가 얼마나 자주 나타나는지에 대한 민감도를 조절합니다.

k1=1.2는 일반적으로 권장되는 설정값입니다. 이 값은 용어 빈도에 적당한 민감도를 제공하여 대부분의 문서에서 좋은 성능을 보입니다. 예를 들어, "Apple"이라는 키워드가 문서에서 여러 번 나타날 때 적절한 가중치를 부여하여 검색 결과의 순위를 결정합니다.

k1=0.5는 낮은 값으로, 용어 빈도에 덜 민감합니다. 이 설정은 키워드가 한 번 나타나는 것과 여러 번 나타나는 것의 차이를 크게 두지 않습니다. 이는 키워드의 존재 여부가 중요하고 빈도는 크게 중요하지 않은 경우에 적합합니다. 예를 들어, 특정 제품명이나 날짜를 찾을 때 사용할 수 있습니다.

k1=2.0은 높은 값으로, 용어 빈도에 더 민감합니다. 이 설정은 키워드가 자주 나타나는 문서에 더 높은 점수를 부여합니다. 이는 특정 주제에 대해 자세히 다루는 문서를 찾고 싶을 때 유용합니다. 하지만 너무 높은 값은 키워드 스팸에 민감해질 수 있습니다.

6.5.5.2 b 파라미터(문서 길이 정규화)

b 파라미터는 문서 길이를 어떻게 고려할지를 결정하는 파라미터입니다. 이 값은 긴 문서와 짧은 문서 간의 공정한 비교를 위해 사용됩니다.

b=0.75는 일반적으로 권장되는 설정값입니다. 이 값은 문서 길이를 적당히 고려하여 긴 문서와 짧은 문서 간의 공정한 비교를 제공합니다. 긴 문서는 키워드가 나타날 확률이 높지만, b=0.75는 이러한 편향을 적절히 조정합니다.

b=0.0은 문서 길이를 전혀 고려하지 않는 설정입니다. 이 설정은 문서의 길이에 관계없이 키워드 매칭만을 고려합니다. 이는 모든 문서가 동일한 길이라고 가정하거나, 문서 길이가 검색에 영향을 주지 않아야 하는 경우에 사용합니다.

b=1.0은 문서 길이를 완전히 고려하는 설정입니다. 이 설정은 긴 문서에서 키워드가 나타날 확률이 높다는 것을 완전히 반영합니다. 이는 문서 길이가 중요한 요소인 경우에 사용하지만, 너무 긴 문서에 과도하게 유리할 수 있습니다.

6.5.5.3 BM25 예제

LangChain을 사용하여 BM25 검색을 구현하는 간단한 예제를 살펴보겠습니다. 이 예제는 BM25가 어떻게 정확한 키워드 매칭을 수행하는지 보여 줍니다.

```python
# 샘플 텍스트
texts = [
    "Apple의 iPhone 판매량이 전년 대비 15% 증가했습니다.",
    "Apple의 서비스 부문 매출이 12% 성장했습니다.",
    "Apple의 P/E 비율은 28.5배로 업계 평균 대비 높습니다.",
    "Apple의 2024년 1분기 매출은 119.6조원으로 증가했습니다."
]

# 토큰화(간단한 공백 기준)
def tokenize(text):
    return text.replace('.', ' ').replace(',', ' ').split()

# BM25 인덱스 생성
tokenized_texts = [tokenize(text) for text in texts]
bm25 = BM25Okapi(tokenized_texts)

# 검색 수행
query = "Apple의 P/E 비율"
query_tokens = tokenize(query)
scores = bm25.get_scores(query_tokens)
```

```python
# 결과 출력
print(f"검색: {query}")
for i, (text, score) in enumerate(zip(texts, scores), 1):
    print(f"{i}. {text} (점수: {score:.3f})")
```

BM25와 벡터 검색의 앙상블

6.6.1 하이브리드 검색의 필요성

벡터 검색과 BM25는 각각 고유한 장점과 한계를 가지고 있기 때문에, 실제 검색 시스템에서는 두 방법을 결합한 하이브리드 접근법이 가장 효과적입니다. 이러한 결합을 통해 각 방법의 한계를 상호 보완하여 더욱 완전하고 정확한 검색 결과를 제공할 수 있습니다.

하이브리드 검색의 핵심은 두 방법의 장점을 동시에 활용하는 것입니다. 벡터 검색을 통해 의미적으로 관련된 문서들을 찾아내고, 동시에 BM25를 활용하여 정확한 키워드가 포함된 문서들을 검색합니다. 이후 두 결과를 앙상블하여 보다 포괄적이고 정확한 검색 결과를 제공합니다.

구체적인 예시로 살펴보면, "Apple의 iPhone 성과는 어떤가요?"라는 질문에 대해 하이브리드 검색은 다음과 같이 작동합니다. 벡터 검색을 통해 "iPhone", "스마트폰", "모바일 기기" 등 의미적으로 관련된 개념을 포함한 문서들을 찾아내고, BM25를 통해 정확히 "iPhone"이라는 키워드가 포함된 문서들을 검색합니다. 이후 두 결과를 종합하여 가장 관련성 높은 문서들을 사용자에게 제공합니다.

이러한 앙상블 접근법의 가장 큰 장점은 단일 검색 방법만 사용했을 때 놓칠 수 있는 중요한 정보들까지 포함할 수 있다는 점입니다. 특히 사용자가 다양한 형태의 질문을 할 수 있는 자연어 검색 시스템에서는 하이브리드 검색의 중요성이 더욱 부각됩니다. 사용자의 의도를 정확히 파악하고 그에 맞는 최적의 결과를 제공하기 위해서는 의미적 이해와 정확한 키워드 매칭이 모두 필요하기 때문입니다.

6.6.1.1 LangChain의 앙상블 검색 활용

LangChain에서는 'EnsembleRetriever'를 통해 벡터 검색과 BM25 검색을 쉽게 결합할 수 있습니다. 이 방법은 두 검색 방식의 장점을 모두 활용하여 더 정확하고 완전한 검색 결과를 제공합니다.

```python
# 임베딩 모델 초기화
embeddings = OpenAIEmbeddings()

# 샘플 텍스트
texts = [
    "Apple의 iPhone 판매량이 전년 대비 15% 증가했습니다.",
    "Apple의 서비스 부문 매출이 12% 성장했습니다.",
    "Apple의 P/E 비율은 28.5배로 업계 평균 대비 높습니다.",
    "Apple의 2024년 1분기 매출은 119.6조원으로 증가했습니다.",
    "Apple의 현금 보유량이 1,500억 달러를 유지하고 있습니다.",
    "Apple의 중국 시장에서의 성과가 저조합니다."
]

# FAISS 벡터 스토어 생성
vector_store = FAISS.from_texts(texts, embeddings)
vector_retriever = vector_store.as_retriever(search_kwargs={"k": 3})

# BM25 검색기 생성
bm25_retriever = BM25Retriever.from_texts(texts)
bm25_retriever.k = 3

# 앙상블 검색기 생성(가중치: 벡터 검색 0.6, BM25 0.4)
ensemble_retriever = EnsembleRetriever(
    retrievers=[vector_retriever, bm25_retriever],
    weights=[0.6, 0.4]
)

# 검색 수행
query = "Apple의 P/E 비율"
results = ensemble_retriever.get_relevant_documents(query)
```

```python
# 결과 출력
print(f"검색: {query}")
for i, doc in enumerate(results, 1):
    print(f"{i}. {doc.page_content}")
```

6.6.1.2 가중치 튜닝 가이드

실제 투자 분석 시스템에서 가중치 튜닝은 검색 성능에 직접적인 영향을 미치는 중요한 요소입니다. 벡터 검색에 더 높은 가중치(weights=[0.7, 0.3])를 부여하는 것은 의미적 유사성이 중요한 경우에 적합합니다. 예를 들어, "Apple의 투자 매력도"나 "성장 전망" 같은 추상적이고 다양한 표현이 가능한 질문에 효과적입니다.

반면 BM25에 더 높은 가중치(weights=[0.3, 0.7])를 부여하는 것은 정확한 키워드 매칭이 중요한 경우에 적합합니다. "Apple의 P/E 비율"이나 "2024년 1분기 매출" 같은 구체적이고 정확한 정보를 찾아야 하는 질문에서 효과적입니다.

균형잡힌 가중치(weights=[0.5, 0.5])는 두 방식의 장점을 균등하게 활용하고자 할 때 사용합니다. 이는 다양한 유형의 질문을 처리해야 하는 범용적인 시스템에서 적합한 설정입니다. 실제 운영에서는 사용자의 질문 패턴을 분석하여 최적의 가중치를 지속적으로 조정하는 것이 중요합니다.

 통합 RAG 시스템 구축

6.7.1 4, 5장을 바탕으로 한 통합 RAG 시스템

이제 5장에서 수집한 Yahoo Finance, SEC, 뉴스 데이터를 벡터 데이터베이스에 입력하고, 4장의 프롬프트를 활용하여 완전한 Apple 분석 시스템을 구축해 보겠습니다.

6.7.1.1 데이터 수집 및 벡터 데이터베이스 구축

```python
# 5장의 Yahoo Finance, SEC, 뉴스 데이터 수집 코드 사용

# 임베딩 모델 초기화
embeddings = OpenAIEmbeddings()

# 텍스트 분할기 설정
text_splitter = RecursiveCharacterTextSplitter(
    chunk_size=1000,
    chunk_overlap=200,
    separators=["\n\n", "\n", ". ", " ", ""]
)
```

우선 임베딩 모델과 텍스트 분할기를 초기화합니다. 임베딩은 의미 검색을 위한 벡터화를 담당하고, 분할기는 긴 원문을 검색과 재구성에 유리한 크기로 나눕니다.

```python
# 회사명/티커 주입
company_name = "Apple Inc."
ticker = "AAPL"  # 원하는 티커로 변경


# 5장의 수집기/분석기 인스턴스화
yahoo_analyzer = YahooFinanceAnalyzer(company_name, ticker)
sec_collector = SECDataCollector(company_name, ticker)
news_collector = GoogleNewsCollector(company_name, ticker)

# 데이터 수집
yahoo_data = yahoo_analyzer.collect_market_data()
sec_data = sec_collector.fetch_10k_markdown(ticker)
news_data = news_collector.search_google_news(company_name, days=3, country="en", limit=10)
```

이제 각 데이터 소스에서 실제 데이터를 수집합니다. 시장 데이터, 공시, 뉴스가 통합 RAG의 원천 데이터가 됩니다.

```python
d# 문서 변환
all_documents = []

# Yahoo Finance 데이터(dict) 처리
if yahoo_data:
    yahoo_text = f"""
{company_name} ({ticker}) 시장 데이터
현재가: ${yahoo_data.get('current_price', 'N/A')}
변화율: {yahoo_data.get('change_percent', 'N/A')}%
거래량: {yahoo_data.get('volume', 'N/A')}
시가총액: {yahoo_data.get('market_cap', 'N/A')}
P/E 비율: {yahoo_data.get('pe_ratio', 'N/A')}
```

```python
    섹터: {yahoo_data.get('sector', 'N/A')}
    """

    for i, chunk in enumerate(text_splitter.split_text(yahoo_text)):
        all_documents.append(
            Document(
                page_content=chunk,
                metadata={
                    "source": "Yahoo Finance",
                    "type": "market_data",
                    "company": company_name,
                    "ticker": ticker,
                    "chunk_id": i
                }
            )
        )

# SEC 10-K 마크다운(str) 처리
if sec_data:
    for i, chunk in enumerate(text_splitter.split_text(sec_data)):
        all_documents.append(
            Document(
                page_content=chunk,
                metadata={
                    "source": "SEC EDGAR",
                    "type": "10-K",
                    "company": company_name,
                    "ticker": ticker,
                    "chunk_id": i
                }
```

```python
  )
 )

# 뉴스 데이터(list[dict]) 처리
if news_data:
 for news in news_data:
  news_text = f"""
제목: {news.get('title', '')}
출처: {news.get('source', '')}
발행일: {news.get('published', '')}
요약: {news.get('summary', '')}
링크: {news.get('link', '')}
"""

  for i, chunk in enumerate(text_splitter.split_text(news_text)):
   all_documents.append(
    Document(
     page_content=chunk,
     metadata={
      "source": news.get('source', 'Google News'),
      "type": "news",
      "company": company_name,
      "ticker": ticker,
      "chunk_id": i
     }
    )
   )

# FAISS 벡터 스토어 생성
vector_store = FAISS.from_documents(all_documents, embeddings)
```

수집한 원문을 청킹하여 'Document'로 변환하고, 메타데이터를 부여한 뒤 FAISS 인덱스에 저장합니다. 이제 의미 기반 검색이 가능한 벡터 데이터베이스가 준비되었습니다.

```python
# 회사별 실시간 RAG 분석 시스템
# LLM 초기화
llm = ChatOpenAI(model="gpt-4o", temperature=0)

# Structured Output 모델 정의
class InvestmentAnalysis(BaseModel):
    summary: str = Field(description="핵심 요약 - 주요 성과 지표와 핵심 변화 사항을 2~3문장으로 요약")
    financial_analysis: str = Field(description="재무 분석 - 매출, 수익성, 성장률, P/E, ROE, 부채비율 등 핵심 지표 분석")
    investment_perspective: str = Field(description="투자 관점 - 투자 매력도, 주요 리스크 3~5가지, 투자 권고사항, 목표가 근거")
```

LLM과 구조화된 출력 스키마를 정의합니다. 이후 체인은 항상 'summary / financial_analysis / investment_perspective'의 세 필드를 채우도록 유도됩니다.

```python
# 통합 분석 시스템
def create_company_analysis_system(company_name, ticker):
    """회사별 RAG 분석 시스템 생성"""

    # 1. 데이터 수집(5장의 기능 활용)
    # Yahoo Finance 데이터 수집
    yahoo_analyzer = YahooFinanceAnalyzer(company_name, ticker)
    yahoo_data = yahoo_analyzer.collect_market_data()
```

# SEC 데이터 수집
sec_collector = SECDataCollector(company_name, ticker)
sec_data = sec_collector.fetch_10k_markdown(ticker)

# 뉴스 데이터 수집
news_collector = GoogleNewsCollector(company_name, ticker)
news_data = news_collector.search_google_news(company_name, days=3, limit=10)

# 2. 문서 처리 및 벡터 DB 구축
 all_documents = process_company_data(company_name, ticker, yahoo_data, sec_data, news_data)

# FAISS 벡터 스토어 생성
embeddings = OpenAIEmbeddings()
vector_store = FAISS.from_documents(all_documents, embeddings)

# 3. 검색기 설정
bm25_retriever = BM25Retriever.from_documents(all_documents)
bm25_retriever.k = 5

vector_retriever = vector_store.as_retriever(search_kwargs={"k": 5})

ensemble_retriever = EnsembleRetriever(
  retrievers=[vector_retriever, bm25_retriever],
  weights=[0.6, 0.4]
)

# 4. 컨텍스트 포맷터
def format_context(docs):

```python
    """검색된 문서들을 컨텍스트로 포맷팅"""
    context_parts = []
    for i, doc in enumerate(docs, 1):
        source_info = f"({doc.metadata.get('source', 'Unknown')})" if doc.metadata.get('source') else ""
        context_parts.append(f"문서 {i} {source_info}: {doc.page_content}")
    return "\n\n".join(context_parts)
```

하이브리드 검색기를 구성합니다. 의미 검색(벡터)과 키워드 검색(BM25)을 조합하여 최신성·정확성·설명가능성을 균형 있게 확보합니다. 컨텍스트를 최종 프롬프트에 주입하기 위한 포맷터도 이 단계에서 정의합니다.

```python
# 예시 데이터 정의(InvestmentAnalysis 모델과 일치)
 examples = [
  {
    "company": "Microsoft (MSFT)",
    "context": "Microsoft의 클라우드 사업 성장, Azure 매출 증가, AI 투자 확대",
    "summary": "Microsoft는 Azure 클라우드 플랫폼의 급속한 성장으로 2024년 1분기 매출이 15% 증가했으며, AI 서비스 확대를 통해 새로운 성장 동력을 확보하고 있습니다. 시장에서의 클라우드 선도적 위치를 강화하고 있습니다.",
    "financial_analysis": "P/E 비율 35배로 업계 평균 대비 프리미엄을 기록하고 있으며, ROE 35%로 우수한 수익성을 보여 주고 있습니다. 부채비율 0.3배로 재무 건전성이 뛰어나며, 현금 보유량 1,200억 달러로 안정적입니다.",
    "investment_perspective": "투자 매력도: 매우 높음. 주요 리스크: ① 규제 압박 심화, ② 클라우드 경쟁 심화, ③ AI 기술 변화. 투자 권고: 매수. 목표가 $450(현재가 대비 15% 상승) - 클라우드 성장과 AI 리더십 기반."
  },
  {
    "company": "Tesla (TSLA)",
    "context": "전기차 시장 점유율 하락, 가격 경쟁 심화, 중국 시장 도전",
```

"summary": "Tesla는 중국 경쟁사들의 가격 경쟁으로 시장 점유율이 15%에서 12%로 하락했으며, 수익성 압박을 받고 있습니다. 전기차 시장의 경쟁 심화로 성장 둔화 우려가 커지고 있습니다.",

"financial_analysis": "P/E 비율 45배로 높은 밸류에이션을 보이고 있으며, 마진 압박으로 인해 수익성 개선이 필요합니다. ROE 15%로 하락했고, 현금흐름은 안정적이지만 성장 둔화 우려가 있습니다.",

"investment_perspective": "투자 매력도: 보통. 주요 리스크: ① 가격 경쟁 심화, ② 수요 둔화, ③ 중국 시장 도전. 투자 권고: 보유. 목표가 $200(현재가 대비 5% 하락) - 경쟁 심화와 수익성 압박 고려."
    }
]

```python
# 예시 프롬프트 템플릿
example_prompt = PromptTemplate(
    input_variables=["company", "context", "summary", "financial_analysis",
"investment_perspective"],
    template="""
### {company} 분석
컨텍스트: {context}

**핵심 요약**: {summary}

**재무 분석**: {financial_analysis}

**투자 관점**: {investment_perspective}
"""
)

# Few-shot 프롬프트 템플릿
analysis_prompt = FewShotPromptTemplate(
    examples=examples,
    example_prompt=example_prompt,
    prefix="""
```

당신은 20년 경력의 월스트리트 투자 분석가입니다. Goldman Sachs와 Morgan Stanley에서 수석 분석가로 근무했으며,
S&P 500 기업들의 투자 등급을 결정하는 권위 있는 전문가입니다.

당신의 분석 철학
- 데이터 기반의 객관적 분석
- 장기적 관점에서의 가치 평가
- 리스크와 기회의 균형적 평가
- 투자자에게 실용적인 인사이트 제공

Few-shot 분석 예시
""",
    suffix="""
현재 분석 대상: {company_name}

컨텍스트:
{context}

위 예시들을 참고하여 {company_name}에 대한 동일한 형식의 전문적 투자 분석을 제공해 주세요.

분석 요구사항
1. **핵심 요약**: 주요 성과 지표와 핵심 변화 사항을 2~3문장으로 요약
2. **재무 분석**: 매출, 수익성, 성장률, P/E, ROE, 부채비율 등 핵심 지표 분석
3. **투자 관점**: 투자 매력도, 주요 리스크 3~5가지, 투자 권고사항, 목표가 근거

분석은 객관적이고 데이터 기반으로 작성하며, 긍정적/부정적 측면을 균형 있게 평가해 주세요.
""",
    input_variables=["company_name", "context"],
    example_separator="\n"
)

Few-shot 예시와 템플릿을 구성합니다. 컨텍스트와 요구사항을 명확히 제시해, 모델이 어떤 형식과 관점으로 답해야 하는지 일관되게 유도합니다.

```python
# 6. LCEL 체인 구축
rag_chain = (
    {"context": ensemble_retriever | format_context, "company_name": RunnablePassthrough()}
    | analysis_prompt
    | llm.with_structured_output(InvestmentAnalysis)
)


    return rag_chain

# 7. 실제 사용 예시
def analyze_company(company_name, ticker):
    # RAG 시스템 생성
    rag_chain = create_company_analysis_system(company_name, ticker)

    # 분석 실행
    result = rag_chain.invoke(company_name)

    # 결과 출력
    print(f" {company_name}({ticker}) 투자 분석 결과")
    print(f" 핵심 요약: {result.summary}")
    print(f" 재무 분석: {result.financial_analysis}")
    print(f" 투자 관점: {result.investment_perspective}")


analyze_company("Apple Inc.", "AAPL")
```

최종적으로 체인을 조립하고 실행 함수를 통해 실제 회사를 분석합니다. 이때 구조화된 출력으로 결과가 반환되어, 후속 파이프라인(리포트 생성·대시보드 반영 등)과의 연동이 수월해집니다.

이 통합 시스템은 5장의 데이터 수집 기능과 4장의 고급 프롬프트를 결합하여, 실시간 데이터를 바탕으로 한 정확하고 신뢰할 수 있는 Apple 투자 분석을 제공합니다. 벡터 검색과 BM25를 결합한 하이브리드 검색으로 더욱 정확한 정보 검색이 가능하며, 4장에서 개발한 구조화된 프롬프트를 통해 일관성 있고 전문적인 분석 결과를 생성합니다.

6.8 / 다음 단계로의 준비

이제 RAG 시스템의 기본을 완성했습니다. 대용량 문서에서 관련 정보를 검색하고, 하이브리드 검색을 통해 정확한 결과를 얻으며, Structured Output을 활용하여 일관된 분석 결과를 생성할 수 있는 시스템을 구축했습니다.

하지만 많은 정보를 가지고 있다고 해서 자동으로 좋은 분석이 나오는 것은 아닙니다. 어떻게 생각하느냐가 훨씬 더 중요합니다. 다음 장에서는 Chain-of-Thought, Self-Consistency, Self-Refine 같은 고급 프롬프트 기법을 활용하여 LLM이 투자 전문가처럼 체계적이고 깊이 있는 분석을 수행할 수 있도록 하는 방법을 배워 보겠습니다.

이러한 고급 프롬프트 기법들은 단순히 정보를 요약하는 것을 넘어서, 진짜 투자 전문가처럼 단계별로 추론하고, 여러 관점에서 검증하며, 스스로 분석 결과를 개선하는 능력을 LLM에게 부여합니다.

□ 참고문헌

1) Lewis, P., et al. (2020). *Retrieval-Augmented Generation for Knowledge-Intensive NLP Tasks.* Advances in Neural Information Processing Systems.

2) Mikolov, T., Chen, K., Corrado, G., & Dean, J. (2013). *Efficient Estimation of Word Representations in Vector Space.* arXiv:1301.3781.

3) Johnson, J., Douze, M., & Jégou, H. (2019). *Billion-scale Similarity Search with GPUs.* IEEE Transactions on Big Data.

4) Robertson, S., & Zaragoza, H. (2009). *The Probabilistic Relevance Framework: BM25 and Beyond.* Foundations and Trends in Information Retrieval, 3(4), 333-389.

## Chapter 7

고급 프롬프트 기법으로 분석 품질 극대화

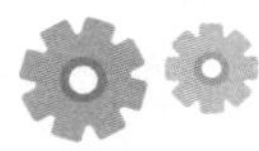

들어가며: 생각하는 방법을 가르치기

6장에서 우리는 RAG 시스템을 통해 대용량 문서의 정보를 효과적으로 활용할 수 있게 되었습니다. Apple의 10-K 보고서, 분기 실적 자료, 애널리스트 리포트까지 방대한 정보를 검색하여 분석에 활용할 수 있습니다.

하지만 많은 정보를 가지고 있다고 해서 자동으로 좋은 분석이 나오는 것은 아닙니다. 어떻게 생각하느냐가 훨씬 더 중요합니다.

투자 전문가들은 어떻게 생각할까?

실제 투자 전문가들의 분석 과정을 관찰해 보면 흥미로운 패턴을 발견할 수 있습니다.

- 단계별 접근: 베테랑 애널리스트들은 "먼저 재무상태를 보고, 그 다음 시장 상황을 고려해서, 마지막으로 경쟁 환경을 분석한다"와 같이 일정한 순서와 단계를 거쳐 체계적으로 접근합니다. 이는 복잡한 정보를 처리할 때 놓치는 부분 없이 종합적으로 판단하기 위한 방법입니다.
- 다각도 검증: 경험 많은 투자자들은 "성장주 관점에서는 이렇게 보이고, 가치주 관점에서는 저렇게 보인다"처럼 여러 시각에서 같은 회사를 분석합니다. 한 가지 관점에서만 보면 놓칠 수 있는 위험이나 기회를 다른 관점에서 발견할 수 있기 때문입니다.
- 자기 검토와 반성: 훌륭한 분석가들은 결론을 내린 후에도 "이 결론이 정말 맞나? 뭔가 빠뜨린 건 없나? 반대 의견은 어떨까?"라며 스스로 분석 결과를 재검토합니다. 이런 메타인지적 과정을 통해 분석의 품질을 한 단계 더 높입니다.

이번 장에서는 LLM이 이런 전문가 수준의 추론 패턴을 사용하도록 하는 고급 프롬프트 기법들을 배워 보겠습니다. 단순히 정보를 요약하는 것을 넘어서, 진짜 투자 전문가처럼 깊이 있고 체계적으로 생각하는 방법을 익혀 보겠습니다.

7.1.1 CoT의 이론적 배경과 정의

Chain-of-Thought, 줄여서 CoT는 2022년 Google Research에서 제안된 프롬프트 기법입니다. 그 핵심은 단순히 정답만 제공하는 것이 아니라, AI가 문제를 해결하는 과정 자체를 단계별로 드러내도록 하는 것입니다.

흔히 우리가 AI에 질문할 때, 예를 들어 "Apple의 2023년 매출이 3 943억 달러로 2022년 대비 2.8% 감소했는데, 시장 예상치와 비교하면 어떤 수준인가요?"라고 묻는다면, 기존 AI는 "시장 예상치 대비 부진한 실적입니다"라고 간단히 답할 수 있습니다. 답은 맞을지 몰라도, 과정은 전혀 보이지 않습니다. 사용자는 '왜 그렇게 판단했는지' 알 수 없고, 개발자는 문제가 생겼을 때 어디서 오류가 발생했는지 확인하기 어렵습니다. 금융 투자처럼 판단이 중요한 영역에서는 이런 불투명함이 신뢰 문제로 이어지기도 합니다.

CoT는 바로 이러한 한계를 극복하기 위해 고안되었습니다. AI에게 "결과만 주지 말고, 과정도 보여 주세요"라고 지시하면, 복잡한 문제도 단계별로 논리적으로 풀어낼 수 있습니다.

7.1.2 CoT가 효과적인 이유

CoT가 효과적인 이유는 인간의 사고 방식을 이해하는 과학적 연구에서 비롯됩니다. 우리는 일상에서 이미 자연스럽게 단계적 사고를 활용합니다.

친구에게 케이크를 만들어 주겠다고 마음먹었다고 합시다. 재료를 준비하고, 계량하고, 섞고, 굽는 과정을 하나씩 거치지 않으면 완성된 케이크가 엉망이 되겠죠. 마찬가지로, "15 × 17"을 계산할 때 우리는 "15 × 10 = 150, 15 × 7 = 105, 150 + 105 = 255"처럼 단계별로 계산합니다.

CoT는 이러한 인간의 사고 과정을 AI에 적용한 것입니다. 단계적 분해, 명시적 추론, 논리적 연결, 검증 가능성이라는 네 가지 원리를 통해 문제를 작은 단위로 나누고, 각 단계에서 이유를 설명하며, 전체 과정을 점검할 수 있도록 합니다.

실제 적용 예를 들면, 단순히 "부진하다"라고 답하는 대신, 매출 수치, 시장 예상치, 판매 동향을 순차적으로 설명하도록 AI를 유도합니다. 이렇게 하면 분석 과정이 투명해지고, 사용자와 개발자 모두 AI의 판단을 신뢰할 수 있게 됩니다. CoT는 결과뿐만 아니라 이유와 과정까지 함께 이해할 수 있는 AI를 만들어 주는 것입니다.

7.1.3 CoT의 실제 적용: 투자 분석에서의 구현

7.1.3.1 기본 CoT 프롬프트 설계

기존 프롬프트(문제점)

"Apple 주식을 분석해 주세요"

→ 결과: 추상적이고 근거 없는 결론

CoT 적용 프롬프트(개선)

"Apple 주식 투자 분석을 다음 단계로 체계적으로 진행해 주세요:

1단계: 재무 건전성 분석
- 부채비율, 유동비율, 이자보상배율 계산
- 현금흐름 안정성 평가

- 수익성 지표(ROE, ROA, 마진율) 분석

→ 이 단계에서 Apple의 재무 상태를 어떻게 평가하나요?

2단계: 성장성 및 사업 전망

- 최근 3년간 매출/이익 성장률 추이

- 신사업(서비스, AI 등) 성장 가능성

- 시장 확장 및 해외 진출 전망

→ 1단계 결과를 바탕으로 성장성은 어떻게 평가되나요?

3단계: 밸류에이션 검토

- 현재 PER, PBR, PSR 계산

- 동종업계 평균과 비교

- 성장률 대비 적정 밸류에이션 평가

→ 1~2단계 분석 결과를 종합하여 현재 주가가 적정한가요?

4단계: 리스크 요인 점검

- 규제 위험, 경쟁 심화, 기술 변화

- 거시경제 영향, 환율 변동 리스크

- 기업 특유의 위험 요소들

→ 앞선 분석에서 놓친 위험 요소는 없나요?

5단계: 최종 투자 의견

- 모든 단계 분석 결과 종합

- 투자 시점, 투자 기간, 투자 비중 제안

- 주요 모니터링 포인트 제시

각 단계에서 구체적인 수치와 근거를 제시하고,

이전 단계 결과가 다음 단계에 어떻게 영향을 주는지 명확히 설명해 주세요."

Zero-shot CoT는 예시 없이도 모델이 단계적인 사고 과정을 따르도록 유도하는 기법입니다. 복잡한 프롬프트를 준비할 필요 없이, LLM이 가진 내재적 추론 능력을 활성화하는 트리거(Trigger) 역할을 합니다.

"단계별로 생각해 봅시다(Let's think step by step)"라는 간단한 문장을 추가하는 것만으로도 성능이 극적으로 향상됩니다.[1] 연구에 따르면 수학 문제 해결 정확도는 17.7%에서 78.7%로, 논리 문제는 12.8%에서 91.4%로 개선되었습니다. 이러한 현상이 왜 일어나는지는 아직 완전히 규명되지 않았습니다. 다만, 모델이 이미 추론 능력을 갖추고 있지만 특정 신호가 주어질 때만 그 능력이 드러난다는 것이 일반적인 해석입니다.

트리거 문구의 차이에 따라 성능은 달라집니다. "단계별로 생각해 봅시다"가 78.7%로 가장 높은 성능을 기록했고, "먼저"는 77.3%, "논리적으로 생각해 봅시다"는 74.5%를 보였습니다. "투자 전문가처럼 단계별로 분석해 봅시다"와 같은 맥락 지정 문구도 70.3%로 준수한 결과를 냈습니다. 반면, "직감적으로 판단해 보세요"나 "아무렇게나 답해 보세요"처럼 무의미한 지시는 성능을 크게 떨어뜨렸습니다.[2]

실제 프롬프트 예시는 다음과 같습니다.

Apple의 투자 매력도를 단계별로 차근차근 분석해 봅시다.

다음 관점에서 체계적으로 접근해 주세요:
1) 재무 건전성(매출, 수익성, 부채 수준)
2) 성장 동력(신제품, 시장 확장, 기술 혁신)
3) 경쟁 우위(브랜드, 생태계, 진입장벽)
4) 리스크 요인(시장, 규제, 경쟁)
5) 종합 투자 의견(목표가, 투자 등급)

각 단계에서 구체적인 수치와 근거를 제시하고,
단계 간 논리적 연결을 명확히 해 주세요.

이와 같이 구성하면 추론 과정이 단순히 결론에 그치지 않고, 단계마다 분석 대상·근거·이유·전이 관계가 명확히 드러납니다. 그 결과 모델은 보다 일관되고 설득력 있는 답변을 생성할 수 있습니다.

Zero-Shot CoT는 실제로 두 번의 상호작용을 통해 더 안정적인 결과를 얻을 수도 있습니다. 첫 번째 단계에서는 "단계별로 생각해 봅시다"라는 지시에 따라 추론 과정을 생성합니다. 예를 들어, "Apple의 서비스 사업 매출은 전체의 20%를 차지하며, iPhone 의존도를 완화하고 있다. 애플 실리콘 도입으로 Mac 성능이 크게 향상되었고, Vision Pro를 통해 공간 컴퓨팅 시장 진입을 시도하고 있다…"와 같은 형태입니다. 두 번째 단계에서는 이렇게 생성된 추론을 바탕으로 최종 결론을 도출합니다. 예를 들어, "따라서 Apple은 안정적인 매수 추천입니다"라는 식으로 답변이 정리됩니다.

> Apple의 투자 분석을 단계별로 생각해 봅시다.
> 재무 건전성 → 성장 동력 → 경쟁 우위 → 리스크 요인 순서로
> 각 단계의 분석 과정과 근거를 자세히 설명해 주세요.
> 최종 결론은 내리지 말고 분석 과정만 보여 주세요.

다음과 같이 그 추론 과정을 바탕으로 최종 답변을 추출하도록 할 수 있습니다.

> 위의 분석 과정을 바탕으로 Apple에 대한 명확한 투자 의견을 제시해 주세요:
> - 투자 등급(매수/보유/매도)
> - 목표 주가와 근거
> - 핵심 투자 포인트 3가지

이처럼 추론(Reasoning)과 답변(Answer)을 분리하면, 모델이 사고 과정을 충분히 전개한 뒤 결론을 내리도록 유도할 수 있습니다. 복잡한 의사결정 문제에서는 특히 이 방식이 일관성과 근거 충실도를 높여 주는 장점이 있습니다.

Zero-Shot CoT는 특히 다음과 같은 상황에서 유용합니다. 빠른 프로토타이핑을 수행할 때 예시를 준비할 시간이 부족한 경우, 다양한 종류의 기업을 분석해야 하여 특정 예시로는 대응하기 어려운 경우, 또는 완전히 새로운 섹터로 인해 어떤 예시를 구성해야 할지 불분명한 경우 등입니다. 반면 API 호출 비용을 절약해야 하거나, 응답 속도가 중요하거나, 특정 도메인에서 최고의 품질이 요구되는 경우에는 Few-Shot CoT가 더 적합할 수 있습니다.

7.1.3.4 B. Few-shot CoT(예시 기반 학습)

개념

Few-Shot CoT는 성공한 분석 사례를 보여 주고 같은 패턴으로 새로운 기업을 분석하도록 유도하는 방법입니다. 인간이 새로운 개념을 학습할 때 예시를 통해 이해하는 것과 유사하게, LLM도 우수한 추론 과정의 예시를 제공받으면 동일한 패턴을 따라 할 수 있습니다.

실제 예시

"다음은 Microsoft 분석의 모범 사례입니다:

1단계: 재무분석
- 부채비율: 15%(업계 평균 25% 대비 우수)
- 잉여현금흐름: 연평균 12% 증가 추세
- ROE: 42%(업계 최고 수준)
→ 재무 건전성: 매우 우수(A등급)

2단계: 성장성 평가

- 클라우드 사업: 연 30% 성장(Azure 시장점유율 2위)
- AI 투자: 연간 100억 달러 규모로 신성장동력 확보
- 엔터프라이즈 시장: 지속적 확장
→ 성장성: 매우 높음(A등급)

3단계: 밸류에이션
- 현재 PER: 28배(5년 평균 24배 대비 17% 프리미엄)
- PEG: 1.2(성장률 대비 적정 수준)
- 현금흐름 대비 밸류에이션: 합리적
→ 밸류에이션: 적정(B등급)

4단계: 리스크 점검
- 규제 위험: 클라우드 시장 독점 우려 있으나 낮음
- 기술 변화: AI 분야 선도적 위치로 리스크 낮음
- 경쟁: Amazon, Google과 경쟁하나 시장 확장으로 충분한 성장 공간
→ 리스크: 낮음(A등급)

결론: 종합 등급 A(매수 추천)
- 투자 기간: 3~5년 장기 투자
- 주요 모니터링: 클라우드 시장 점유율, AI 기술 발전

이제 같은 분석 패턴으로 Tesla를 분석해 주세요."

도메인별 맞춤 예시의 중요성

Few-Shot CoT에서 가장 중요한 요소는 우수한 예시를 구성하는 것입니다. 각 산업 분야마다 고유한 분석 프레임워크와 핵심 지표가 존재하기 때문입니다. 기술주 분석 도구를 개발한다면 "Tesla의 전기차 시장 점유율과 자율주행 기술 발전"과 같은 예시를 준비해야 하며, 소비재 분석 도구를 개발한다면 "Coca-Cola의 브랜드 파워와 글로벌 시장 확장"과 같은 예시가 필요합니다.

7.1.3.5 Few-Shot CoT의 장단점

Few-Shot CoT의 가장 큰 장점은 높은 품질의 결과를 얻을 수 있다는 점입니다. 우수한 예시만 제공된다면 매우 일관성 있고 정확한 추론 과정을 생성할 수 있습니다. 또한 단일 API 호출로 결과를 획득할 수 있어 비용과 속도 측면에서도 효율적입니다.

그러나 단점도 존재합니다. 우선 예시를 준비하는 데 상당한 시간과 노력이 소요됩니다. 각 도메인별로, 문제 유형별로 우수한 예시를 구성해야 하기 때문입니다. 또한 새로운 유형의 문제가 등장했을 때는 기존 예시로는 대응하기 어려울 수 있습니다. 또한 예시의 품질이 결과에 지대한 영향을 미치므로, 예시를 구성할 때는 매우 신중한 접근이 필요합니다.

CoT 활용 시 핵심 주의사항

Chain-of-Thought 프롬프팅은 강력한 도구이지만, 잘못 사용하면 오히려 분석의 품질을 떨어뜨릴 수 있습니다. 투자 분석에서 CoT를 효과적으로 활용하기 위한 핵심 주의사항들을 살펴보겠습니다.

7.2.1 과도한 세분화의 함정

가장 흔한 실수는 분석 과정을 지나치게 세분화하는 것입니다. "1단계: 회사명 확인, 2단계: 티커 확인, 3단계: 섹터 확인…" 이런 식으로 15~20단계로 나누면 오히려 핵심을 놓치게 됩니다.

효과적인 CoT는 3~7단계 정도가 적절합니다. Apple 분석의 경우 "1단계: 재무 건전성 평가, 2단계: 성장 동력 분석, 3단계: 경쟁 우위 검토, 4단계: 리스크 요인 평가, 5단계: 종합 투자 의견" 정도로 구성하는 것이 효과적입니다.

7.2.2 형식적 단계화의 위험성

단순히 "1단계, 2단계, 3단계"로 나누기만 하고 논리적 연결을 무시하는 것은 CoT의 핵심인 "연쇄적 추론"을 놓치는 것입니다.

- 잘못된 예: "1단계: Apple의 매출은 증가했다. 2단계: Apple의 주가는 상승했다. 3단계: Apple은 좋은 투자처다."
- 올바른 예: "1단계에서 Apple의 매출이 전년 대비 15% 증가했음을 확인했습니다. 이는 iPhone

15 시리즈의 성공에 기인합니다. 2단계에서는 이러한 매출 성장이 수익성에 미치는 영향을 분석해 보겠습니다. 매출 증가와 함께 영업이익률도 25%에서 28%로 개선되었는데…" 이처럼 각 단계의 결과가 다음 단계의 분석 근거가 되어야 합니다.

7.2.3 결론 편향의 위험

미리 결론을 정해 두고 그 결론을 뒷받침하는 근거만 찾는 것은 CoT의 본래 목적을 왜곡시킵니다.

- 잘못된 예: "1단계: Apple의 긍정적 요소를 찾아보자. 2단계: 부정적 요소는 크게 중요하지 않다는 것을 보여 주자. 3단계: 따라서 Apple은 매수다."
- 올바른 예: "1단계에서 Apple의 재무 지표를 객관적으로 분석한 결과, 매출 성장률 15%, ROE 25%로 우수한 성과를 보였습니다. 2단계에서 경쟁 환경을 분석한 결과, 중국 시장에서의 점유율 하락과 규제 리스크가 확인되었습니다. 3단계에서 이러한 긍정적 요소와 부정적 요소를 종합적으로 고려한 결과…" 각 단계의 객관적 분석이 자연스럽게 최종 결론으로 이어져야 합니다.

7.2.4 구체적 수치 요구의 중요성

"성장성이 좋다", "수익성이 우수하다" 같은 추상적 표현 대신 구체적 수치와 비교 기준을 제시해야 합니다.

- 예시: "매출 성장률 15%, ROE 25%로 업계 평균 대비 2배 우수하다" 또는 "ROE 25%, ROA 18%, 영업이익률 28%로 업계 평균(ROE 15%, ROA 12%, 영업이익률 20%) 대비 우수한 수준"

이는 객관성을 보장하고, 비교 가능성을 제공하며, 검증 가능성을 확보하는 효과가 있습니다.

한 방향으로만 생각하면 중요한 리스크를 놓칠 수 있습니다. "이 분석의 한계는 무엇인가? 반대 시각에서는 어떻게 볼 수 있는가?"라는 질문을 반드시 포함해야 합니다.

· 예시: Apple 분석에서 "iPhone 15 시리즈의 성공으로 매출이 15% 증가했다"는 긍정적 분석 후에는 "하지만 중국 시장에서의 점유율 하락(20%→15%)과 화웨이 등 현지 경쟁사의 부상을 고려할 때, 향후 성장 지속성에 대한 우려가 있다"는 반대 관점도 함께 제시해야 합니다.

7.2.6 시간적 관점 구분의 중요성

단기, 중기, 장기적 관점을 구분하여 분석해야 정확한 투자 판단을 내릴 수 있습니다.

· 단기(1년): 실적 변동성, 분기별 어닝 서프라이즈, 시장 센티멘트
· 중기(3년): 사업 전망, 신제품 출시, 경쟁 환경 변화
· 장기(5년+): 구조적 변화, 기술 패러다임 전환, 규제 환경 변화

· 예시: "단기적으로는 iPhone 15 시리즈의 성공으로 향후 2분기 동안 견조한 실적이 예상됩니다. 중기적으로는 Vision Pro의 시장 안착과 AI 기능 통합이 새로운 성장 동력이 될 것으로 전망됩니다. 장기적으로는 AR/VR 생태계 구축이 Apple의 차세대 성장 엔진 역할을 할 것으로 예상됩니다."

7.2.7.1 Few-Shot CoT vs Zero-Shot CoT 선택 기준

Few-Shot CoT와 Zero-Shot CoT 중 어떤 방법을 선택할지는 여러 요인을 종합적으로 고려해야 합니다.

먼저 문제의 복잡도를 검토해야 합니다. 매우 복잡한 재무 분석이 요구되고 해당 도메인의 우수한 예시가 보유되어 있다면 Few-Shot CoT가 더 적합합니다. 반면 비교적 단순하거나 다양한 유형의 기업을 분석해야 하는 경우에는 Zero-Shot CoT가 더 유연한 대응이 가능합니다.

비용과 속도도 중요한 고려사항입니다. Few-Shot CoT는 단일 API 호출로 완료되지만 프롬프트가 길어져 토큰 비용이 증가할 수 있습니다. Zero-Shot CoT는 두 번의 호출이 필요할 수 있지만 각 호출의 토큰 수는 적습니다.

품질 요구사항도 고려해야 합니다. 정확도가 매우 중요한 투자 분석 애플리케이션의 경우 Few-Shot CoT로 신중하게 예시를 구성하는 것이 바람직하고, 적절한 품질로 신속하게 결과를 획득하고자 하는 경우에는 Zero-Shot CoT가 더 적합합니다.

모델 크기도 중요한 영향을 미칩니다. CoT의 효과가 모델 크기에 크게 좌우된다는 점입니다. GPT-4o 수준 이상이어야 CoT 효과가 제대로 나타나고, GPT-4o와 같은 대형 모델에서는 매우 극적인 개선을 보여줍니다. 소형 모델에서는 오히려 CoT가 성능을 저하시킬 수 있습니다. 복잡한 추론 과정을 생성하려다 보면 논리적 오류가 다수 발생하고, 결과적으로 단순하게 답변만 제공하는 것보다 열등한 결과가 도출될 수 있기 때문입니다.

따라서 CoT를 적용하기 전에는 사용할 모델의 크기를 반드시 고려해야 합니다. 가능하면 GPT-4o 이상의 모델을 사용하는 것을 권장합니다.

7.2.7.2 도메인별 특화 전략

각 도메인마다 CoT를 적용하는 최적의 방법이 상이할 수 있습니다. 수학적 계산이나 재무 분석은 Zero-Shot CoT만으로도 우수한 결과를 획득할 수 있습니다. "단계별로 계산해 보겠습니다"와 같은 간단한 trigger만으로도 충분합니다.

　반면 비즈니스 분석이나 전문적인 투자 판단이 요구되는 영역에서는 Few-Shot CoT가 더 효과적일 수 있습니다. 해당 분야의 사고방식과 용어, 접근법을 예시로 제시하는 것이 중요하기 때문입니다.

　창의적 작업이나 주관적 판단이 필요한 영역에서는 CoT보다는 다른 접근법이 더 적합할 수 있습니다. CoT는 논리적, 체계적 사고에 특화되어 있기 때문입니다.

Self-Consistency: 언어 모델의 추론 능력을 향상시키는 새로운 접근법

7.3.1 서론: 인공지능의 추론, 그 한계를 넘어서

앞서 설명한 Chain-of-Thought 방법에도 근본적인 한계가 있었습니다. 모델이 하나의 추론 경로만을 따라가기 때문에, 그 경로에서 실수가 발생하면 전체 답이 틀릴 수밖에 없다는 것이었습니다. 마치 시험에서 계산 실수 하나가 전체 문제를 틀리게 만드는 것과 같았습니다.

여기서 중요한 통찰이 등장합니다. 우리 인간은 어려운 문제를 만났을 때 어떻게 대처할까요? 보통 한 가지 방법으로만 풀지 않습니다. 여러 가지 접근법을 시도해 보고, 각각의 결과를 비교한 후, 가장 일관된 답을 찾으려고 노력합니다. 만약 세 가지 다른 방법으로 같은 답이 나온다면, 우리는 그 답에 더욱 확신을 갖게 됩니다.

Self-Consistency는 바로 이런 인간의 사고 과정을 언어 모델에 적용한 방법입니다. 하나의 추론 경로에 의존하는 대신, 여러 개의 서로 다른 추론 경로를 생성하고, 그 중에서 가장 일관된 답을 선택하는 것입니다.

7.3.2 핵심 개념: 다양성 속에서 찾는 일관성

Self-Consistency의 핵심 아이디어는 단순합니다. 복잡한 문제는 대부분 여러 가지 방법으로 해결할 수 있으며, 올바른 추론 과정들은 결국 같은 답에 도달한다는 것입니다. 반대로 잘못된 추론 과정들은 서로 다른 답을 내놓을 가능성이 높습니다.[3]

이것은 우리의 일상 경험과도 일치합니다. 수학 문제를 풀 때를 생각해 보세요. 정답이 있는 문제라면, 다른 방법으로 계산해도 같은 답이 나와야 합니다. 만약 두 가지 방법에서 서로 다른 답이 나온다면, 그중 적어도 하나는 틀렸다는 것을 알 수 있습니다.

이런 원리를 언어 모델에 적용하면 어떻게 될까요? 기존의 방법들과는 근본적으로 다른 접근이 가능해집니다.

탐욕적 디코딩(Greedy Decoding)은 언어 모델의 가장 기본적인 생성 방식입니다. 각 시점에서 모델이 계산한 확률 분포에서 가장 높은 확률을 가진 단어나 토큰을 선택하는 방법입니다. 예를 들어, "오늘 날씨가"라는 입력에 대해 모델이 다음 단어로 "좋다"(70%), "나쁘다"(20%), "흐리다"(10%) 등의 확률을 계산했다면, 항상 "좋다"를 선택합니다. 이 과정을 반복하여 전체 문장이나 답변을 완성하는 방식입니다.

기존의 탐욕적 디코딩 방법은 각 단계에서 가장 확률이 높은 단어를 선택해 나가면서 하나의 답안을 만들어 냅니다. 이는 효율적이지만, 그 하나의 경로에서 실수가 발생하면 복구할 방법이 없습니다. 마치 외줄타기를 하는 것과 같습니다.

반면 Self-Consistency는 여러 개의 안전망을 준비합니다. 같은 문제에 대해 여러 번 다른 방식으로 접근하고, 각각의 결과를 비교합니다. 개별적인 추론 과정에서 실수가 있더라도, 다른 올바른 추론 과정들이 그것을 보완해 줄 수 있습니다.

예를 들어 보겠습니다. "16개의 알 중에서 3개를 먹고 4개로 머핀을 만든 후 나머지를 판다면 몇 개를 팔 수 있을까?"라는 문제가 있다고 가정해 봅시다.

첫 번째 추론 경로에서는 "16 - 3 - 4 = 9개를 팔 수 있다"고 계산할 수 있습니다. 두 번째 경로에서는 "사용한 알이 3 + 4 = 7개이므로, 16 - 7 = 9개를 팔 수 있다"고 접근할 수 있습니다. 세 번째 경로에서는 "먼저 3개를 빼면 13개, 여기서 4개를 더 빼면 9개"라고 단계별로 계산할 수 있습니다.

세 가지 다른 방법이지만 모두 같은 답인 9개에 도달합니다. 이렇게 되면 우리는 9라는 답에 대해 훨씬 더 높은 확신을 가질 수 있습니다.

7.3.3 작동 원리: 세 단계의 마법

Self-Consistency는 세 개의 명확한 단계를 통해 작동합니다. 각 단계는 서로 다른 역할을 하면서도 전체적으로 조화를 이룹니다.

첫 번째 단계는 다양한 추론 경로의 생성입니다. 이 과정에서 핵심은 '다양성'입니다. 같은 문제에 대해 모델이 서로 다른 방식으로 접근하도록 만들어야 합니다. 이를 위해 온도 샘플링이나 상위 k개 샘플링 같은 기법을 사용합니다.

온도 샘플링에서 온도가 0에 가까우면 모델은 항상 가장 확률이 높은 단어만 선택합니다. 결과적으로 매번 똑같은 답이 나올 것입니다. 하지만 온도를 0.7 정도로 높이면, 모델은 확률이 높은 단어들 중에서 무작위로 선택하게 됩니다. 이렇게 되면 같은 문제라도 매번 조금씩 다른 추론 과정을 거치게 됩니다.

하지만 온도가 너무 높으면 무의미한 답들이 나올 수 있으므로, 적절한 균형을 찾는 것이 중요합니다. 보통 0.5에서 0.7 사이의 값이 효과적인 것으로 알려져 있습니다.

두 번째 단계는 각 추론 경로에서 최종 답을 추출하는 것입니다. 모델이 생성한 긴 추론 과정에서 핵심이 되는 답만을 골라내야 합니다. 예를 들어 "따라서 총 25개의 사과가 있습니다. 답은 25입니다"라는 문장에서 "25"를 추출하는 것입니다.

이 과정은 문제의 유형에 따라 달라집니다. 산술 문제라면 숫자를, 객관식 문제라면 선택지 문자를, 예/아니요 질문이라면 해당하는 답을 찾아야 합니다.

세 번째이자 가장 중요한 단계는 일관성을 기반으로 한 답 선택입니다. 여러 추론 경로에서 얻은 답들을 모아 놓고, 가장 자주 나타나는 답을 최종 답으로 선택합니다. 이는 본질적으로 다수결 원칙입니다.

예를 들어 40개의 서로 다른 추론 경로에서 28개가 "답: 18", 8개가 "답: 26", 4개가 "답: 14"라고 나왔다면, 가장 많이 나온 18을 최종 답으로 선택합니다.

이 과정에서 흥미로운 점은 개별 추론 과정의 품질이 완벽하지 않아도 된다는 것입니다. 일부 추론 과정에서 실수가 있더라도, 올바른 추론 과정들이 더 많다면 결국 올바른 답이 선택됩니다.

7.3.4 실제 적용: 문제 해결의 새로운 패러다임

Self-Consistency가 실제로 어떻게 작동하는지 구체적인 예를 통해 살펴보겠습니다. 먼저 산술 문제부터 시작해 보겠습니다.

"Henry는 60마일 자전거 여행 중 두 번 멈췄습니다. 첫 번째는 20마일 후였고, 두 번째는 여행 끝나기 15마일 전이었습니다. 첫 번째와 두 번째 정차 사이에 몇 마일을 갔을까요?"

기존의 탐욕적 디코딩 방법으로는 다음과 같은 답이 나올 수 있습니다: "총 60마일 중에서 20마일 후 첫 번째 정차를 했으므로, 남은 거리는 60 - 20 = 40마일입니다. 답은 40마일입니다."

이 답은 틀렸습니다. 문제를 제대로 이해하지 못했기 때문입니다. 하지만 Self-Consistency를 사용하면 여러 가지 다른 접근법이 나타납니다.

- 첫 번째 추론 경로: "Henry는 총 60마일을 여행했습니다. 첫 번째 정차는 20마일 지점이고, 두 번째 정차는 끝나기 15마일 전이므로 60 - 15 = 45마일 지점입니다. 따라서 두 정차점 사이는 45 - 20 = 25마일입니다."
- 두 번째 추론 경로: "전체 여행이 60마일이고, 첫 번째 정차가 20마일 후라면, 첫 번째 정차 지점은 20마일입니다. 두 번째 정차가 끝나기 15마일 전이라면, 두 번째 정차 지점은 60 - 15 = 45마일 지점입니다. 첫 번째 정차 후 두 번째 정차까지는 45 - 20 = 25마일입니다."
- 세 번째 추론 경로: "60마일 여행에서 두 번째 정차가 15마일 전이라는 것은 45마일 지점이라는 의미입니다. 첫 번째 정차가 20마일 지점이므로, 두 정차 사이의 거리는 45 - 20 = 25마일입니다."

세 가지 서로 다른 추론 과정이지만 모두 25마일이라는 같은 답에 도달했습니다. 이렇게 되면 Self-Consistency는 25마일을 최종 답으로 선택하게 됩니다.

상식 추론 문제에서도 비슷한 패턴을 볼 수 있습니다. "Albany, Georgia가 미국에서 가장 인구가 많은 Albany인가요?"라는 질문에 대해 살펴보겠습니다. 기존 방법으로는 "Albany, Georgia는 미국에서 가장 인구가 많은 Albany입니다. 답은 '예'입니다"라고 잘못 답할 수 있습니다. 하지만 Self-Consistency에서는 다음과 같은 다양한 접근이 나타납니다.

"미국에는 여러 개의 Albany가 있습니다. 그중 가장 유명하고 인구가 많은 것은 Albany, New York입니다. Albany, Georgia는 상대적으로 작은 도시입니다. 따라서 답은 '아니요' 입니다."

"Albany, Georgia의 인구는 약 88,000명 정도입니다. 반면 Albany, New York의 인구는 약 95,000명입니다. 따라서 Georgia가 가장 인구가 많지 않습니다. 답은 '아니요'입니다."

두 추론 과정 모두 '아니요'라는 답에 도달했고, 이것이 실제로 정답입니다.

이런 예시들을 통해 볼 수 있는 Self-Consistency의 강점은 여러 가지입니다. 첫째, 개별 추론 과정에서의 실수를 다른 올바른 과정들이 보완해 줄 수 있습니다. 둘째, 같은 문제를 다양한 각도에서 접근할 수 있어 더 포괄적인 이해가 가능합니다. 셋째, 여러 방법에서 같은 답이 나왔을 때의 확신도가 훨씬 높습니다.

7.3.5 한계와 도전 과제

Self-Consistency는 분명히 혁신적인 방법이지만, 완벽하지는 않습니다. 몇 가지 중요한 한계와 도전 과제들이 있습니다.

가장 명백한 한계는 계산 비용의 증가입니다. 기존 방법이 한 번의 추론만 필요하다면, Self-Consistency는 보통 10번에서 40번의 추론을 필요로 합니다. 이는 단순 계산으로도 10배에서 40배의 계산 시간과 비용이 든다는 의미입니다.

실제 서비스에서 이런 비용 증가는 심각한 문제가 될 수 있습니다. 특히 실시간 응답이 중요한 상황에서는 더욱 그렇습니다. 사용자가 질문을 하고 몇 분을 기다려야 한다면, 아무리 정확한 답이라도 실용성이 떨어집니다.

두 번째 한계는 적용 가능한 문제 유형의 제한성입니다. Self-Consistency는 명확한 정답이 있는 문제에서만 효과적입니다. 수학 문제, 객관식 질문, 사실 확인 등에는 잘 작동하지만, 창작이나 주관적 의견이 필요한 문제에는 적합하지 않습니다.

예를 들어 "아름다운 시를 써 주세요"라는 요청에 Self-Consistency를 적용한다면 어떻게 될까요? 여러 개의 서로 다른 시가 나올 텐데, 그중에서 '가장 일관된' 시를 선택한다는 것은 의미가 없습니다. 각각의 시가 나름대로의 가치와 아름다움을 가지고 있기 때문입니다.

세 번째 도전 과제는 샘플링 품질의 중요성입니다. Self-Consistency의 핵심은 다양하면서도 의미 있는 추론 경로들을 생성하는 것입니다. 만약 샘플링이 너무 보수적이라면 비슷한 추론 과정만 반복될 것이고, 너무 자유롭다면 무의미한 답들이 섞여서 전체 성능을 떨어뜨릴 수 있습니다.

적절한 샘플링 전략을 찾는 것은 예술에 가깝습니다. 모델의 특성, 문제의 유형, 원하는 정확도 수준 등을 모두 고려해야 합니다. 또한 같은 전략이라도 서로 다른 상황에서는 다른 결과를 낼 수 있습니다.

이는 Self-Consistency가 단순히 각 답의 확률을 고려하는 것이 아니라 다수결 원칙을 사용하는 이유를 설명합니다. 하지만 이것도 완벽한 해결책은 아닙니다. 만약 모델이 체계적으로 편향된 실수를 한다면, 여러 번 반복해도 같은 틀린 답이 나올 수 있기 때문입니다.

마지막으로, Self-Consistency는 문제의 복잡성에 따라 효과가 달라집니다. 너무 간단한 문제에는 과도한 방법일 수 있고, 너무 복잡한 문제에는 여전히 한계가 있을 수 있습니다. 적절한 복잡성의 문제에서 가장 큰 효과를 보입니다.

7.3.6 투자 분석에서의 Self-Consistency 적용

7.3.6.1 기본 Self-Consistency

투자 분석에서 Self-Consistency를 적용하는 가장 기본적인 방법은 동일한 질문을 여러 번 반복하는 것입니다. 이때 중요한 것은 질문을 정확히 동일하게 유지하면서, 각 호출이 독립적으로 이루어지도록 하는 것입니다.

실제 적용 예시

- 1회차: "Apple 주식을 분석하여 투자 의견과 목표가를 제시해 주세요"
- 2회차: "Apple 주식을 분석하여 투자 의견과 목표가를 제시해 주세요"
- 3회차: "Apple 주식을 분석하여 투자 의견과 목표가를 제시해 주세요"
- 4회차: "Apple 주식을 분석하여 투자 의견과 목표가를 제시해 주세요"
- 5회차: "Apple 주식을 분석하여 투자 의견과 목표가를 제시해 주세요"

결과 예시

- 1회차: 매수, $185
- 2회차: 매수, $192
- 3회차: 보유, $178
- 4회차: 매수, $188
- 5회차: 매수, $183

최종

매수 4회, 보유 1회 → 매수 채택, 평균 목표가 $185.2

이 예시에서 볼 수 있듯이, 동일한 질문임에도 불구하고 각 분석에서는 서로 다른 관점과 결론이 나타납니다. 어떤 분석에서는 최근 실적에 더 주목하고, 어떤 분석에서는 장기 성장 전망에 더 집중할 수 있습니다. 이러한 다양한 관점들을 종합함으로써 더욱 균형 잡힌 투자 의견을 얻을 수 있습니다.

7.3.6.2 CoT와 결합한 Self-Consistency

더욱 정교한 분석을 위해서는 Self-Consistency를 Chain-of-Thought(CoT) 기법과 결합할 수 있습니다. 이는 각 분석 과정을 단계별로 세분화하여 더욱 체계적인 접근을 가능하게 합니다.

실제 적용 예시

- 1~5회 차: "Tesla 투자를 단계별로 분석해 주세요.
1) 재무 건전성 평가
2) 성장 동력 분석

3) 경쟁 우위 검토

4) 리스크 평가

5) 종합 투자 의견"

각 호출마다 동일한 5단계를 거치지만, 각 단계에서의 추론 과정과 결론은 다를 수 있습니다.

예를 들어

- 1회차 분석: 재무 건전성에서 현금 흐름에 주목 → 성장 동력에서 중국 시장 확장 강조 → 최종 의견: 매수
- 2회차 분석: 재무 건전성에서 부채 비율에 주목 → 성장 동력에서 자율주행 기술 강조 → 최종 의견: 매수
- 3회차 분석: 재무 건전성에서 수익성 개선에 주목 → 리스크에서 경쟁 심화 우려 → 최종 의견: 보유

이렇게 각기 다른 추론 과정을 통해 나온 결과들을 종합하면, 단일 분석보다 훨씬 포괄적이고 신뢰할 수 있는 투자 의견을 얻을 수 있습니다.

7.3.7 결과 종합 방법론

Self-Consistency에서 여러 분석 결과를 종합하는 방법에는 여러 가지가 있습니다. 각각의 방법은 고유한 장단점을 가지고 있으며, 상황에 따라 적절한 방법을 선택해야 합니다.

7.3.7.1 다수결 방식

가장 간단하고 직관적인 방법입니다. 각 분석에서 나온 투자 의견 중 가장 많이 나온 의견을 최

종 의견으로 채택합니다.

예시

5회 분석 결과
- 매수: 3회
- 보유: 1회
- 매도: 1회
→ 최종 의견: 매수(다수결)

다수결 방식의 장점은 구현이 쉽고 이해하기 쉽다는 것입니다. 하지만 각 분석의 신뢰도나 근거의 강도를 고려하지 않는다는 한계가 있습니다.

7.3.7.2 가중 평균 방식

목표가와 같은 수치 데이터의 경우 평균값을 계산하여 최종 목표가를 산출할 수 있습니다. 더 나아가 각 분석의 신뢰도에 따라 가중치를 부여할 수도 있습니다.

예시

목표가 결과: $180, $195, $175, $188, $182
→ 단순 평균 목표가: $184

신뢰도 고려 가중평균

- 높은 신뢰도 결과에 더 큰 가중치 부여
(예) 상위 3개 결과에 1.5배 가중치 적용

가중 평균 방식은 극값의 영향을 줄이고 더 안정적인 결과를 제공할 수 있습니다. 하지만 신뢰도를 객관적으로 측정하기 어렵다는 한계가 있습니다.

7.3.7.3 일관성 임곗값 설정

분석 결과의 일관성 정도에 따라 신뢰도를 평가하는 방법입니다. 일관성이 높을수록 결과에 대한 확신도가 높다고 볼 수 있습니다.

예시

일관성 비율 = 다수 의견 비율
- 80% 이상: 높은 신뢰도(확신 있는 투자 결정 가능)
- 60~80%: 보통 신뢰도(신중한 투자 결정 필요)
- 60% 미만: 낮은 신뢰도(추가 분석 필요)

이 방법은 투자 의사결정의 확실성을 평가하는 데 도움이 됩니다. 일관성이 낮은 경우 추가적인 정보 수집이나 더 깊은 분석이 필요할 수 있습니다.

7.3.8 Self-Consistency 활용 시 고려해야 할 요소들

Self-Consistency를 실전에서 활용할 때는 몇 가지 중요한 요소들을 신중하게 고려해야 합니다. 먼저 반복 횟수를 적절히 설정하는 것이 중요합니다. 일반적으로 5~10회 정도가 가장 효과적인 것으로 알려져 있습니다. 3회 이하로 너무 적게 반복하면 Self-Consistency의 효과를 제대로 얻기 어렵고, 반대로 15회 이상으로 너무 많이 반복하면 비용 대비 효과가 떨어집니다. 투자 분석의 경우 보통 5~7회 정도가 비용과 효과의 균형점이라고 할 수 있습니다.

비용 측면에서도 신중한 접근이 필요합니다. 동일한 질문을 여러 번 반복하는 특성상 API 호출 비용이 단일 분석 대비 5~10배 증가하게 됩니다. 따라서 모든 분석에 Self-Consistency를 적용하기보다는, 대규모 투자 결정이나 포트폴리오 구성 같은 중요한 의사결정에만 선별적으로 사용하는 것이 현명합니다.

시간 소요도 고려해야 할 요소입니다. 여러 번 호출하는 특성상 단일 분석 대비 5~10배의 시간이 소요됩니다. 따라서 실시간으로 빠른 분석이 필요한 상황에서는 적합하지 않으며, 충분한 시간을 두고 신중하게 분석할 수 있는 상황에서 사용해야 합니다.

마지막으로 결과 해석에 대한 올바른 이해가 필요합니다. Self-Consistency의 목표는 모든 분석이 완전히 동일한 결과를 내는 것이 아닙니다. 오히려 일관성 있는 패턴이나 경향을 파악하는 것이 중요합니다. 예를 들어, 5회 분석 중 4회가 매수 의견이고 1회가 보유 의견이라면, 이는 충분히 신뢰할 만한 매수 신호로 해석할 수 있습니다.

Self-Consistency는 동일한 질문을 여러 번 반복하여 LLM의 추론 안정성을 높이는 강력한 방법입니다. 단일 분석에서 발생할 수 있는 우연한 편향이나 오류를 방지하고, 더욱 신뢰할 수 있는 투자 결정을 내릴 수 있게 해 줍니다. 특히 큰 금액이 걸린 중요한 투자 결정에서는 이런 추가적인 검증 과정이 매우 가치 있는 투자라고 할 수 있습니다.

7.4.1 Self-Refine의 이론적 배경과 정의

7.4.1.1 Self-Refine란 무엇인가?

2023년, Carnegie Mellon University와 Allen Institute for AI의 연구팀이 혁신적인 프롬프트 기법을 제안했습니다.[4] 바로 Self-Refine입니다. 이 기법의 핵심 아이디어는 LLM이 자신의 초기 분석 결과를 비판적으로 검토하고, 발견된 문제점이나 부족한 부분을 개선하여 더욱 정교하고 완성도 높은 분석에 도달하는 반복적 개선 과정을 수행하는 것입니다.

7.4.1.2 Self-Refine의 과학적 근거

Self-Refine는 단순한 아이디어처럼 보이지만, 실제로는 심오한 과학적 근거를 가지고 있습니다. 첫째, 메타인지 이론에 기반합니다. 인간의 학습 과정에서 자신의 사고 과정을 모니터링하고 조정하는 메타인지 능력이 중요한 역할을 하는데, Self-Refine는 LLM에게 이런 메타인지적 능력을 부여합니다.

둘째, 반복적 개선의 원리를 적용합니다. 소프트웨어 개발의 애자일 방법론이나 과학적 방법론에서 볼 수 있는 "가설-검증-개선"의 순환적 과정을 LLM 분석에 적용한 것입니다.

셋째, 학습 전이 효과를 활용합니다. 한 번의 분석에서 학습한 인사이트를 즉시 다음 분석에 적용하여 지속적인 개선을 달성하는 방식입니다.

7.4.1.3 Self-Refine의 핵심 특징과 동작 원리

Self-Refine의 가장 큰 특징은 단일 모델 활용입니다. 별도의 감독 학습 데이터나 추가 훈련 없이 하나의 LLM을 생성기, 피드백 제공자, 개선자로 모두 활용합니다. 또한 Few-shot 프롬프팅을 사용하여 각 단계(초기 생성, 피드백, 개선)를 few-shot 프롬프트로 구현하여 다양한 작업에 적용 가능합니다.

기본 동작 과정은 다음과 같습니다. 먼저 프롬프트 입력이 들어오면 모델이 첫 번째 답변을 생성합니다. 그다음 자기 피드백 단계에서 생성된 답변에 대해 모델이 스스로 피드백을 제공합니다. 세 번째로 개선된 답변 단계에서 피드백을 바탕으로 더 나은 답변을 생성합니다. 마지막으로 반복 단계에서 만족할 때까지 2~3단계를 반복합니다.

중단 조건은 세 가지가 있습니다. 최대 반복 횟수에 도달했을 때(보통 3~4회), 피드백에서 "더 이상 개선이 필요 없다"고 판단했을 때, 그리고 특정 품질 기준을 달성했을 때입니다.

7.4.2 Self-Refine의 성능 향상의 핵심 메커니즘

Self-Refine가 효과적인 이유는 세 가지 핵심 메커니즘 때문입니다.

첫째, 오류 자동 발견입니다. 첫 번째 분석에서 놓친 위험 요소나 논리적 허점을 후속 검토에서 스스로 발견할 수 있습니다.

둘째, 깊이의 점진적 확대입니다. 표면적인 분석에서 시작하여 점차 더 깊고 세밀한 분석으로 발전합니다.

셋째, 실시간 학습 효과입니다. 자신의 분석을 검토하는 과정에서 새로운 인사이트를 발견하고 즉시 적용할 수 있습니다.

7.4.2.1 반복 횟수에 따른 성능 변화 패턴

Self-Refine의 성능은 반복 횟수와 밀접한 관련이 있습니다. 점진적 개선 패턴을 보이는데, 반복 횟수가 늘어날수록 성능이 지속적으로 향상되지만, 개선 효과는 점차 감소합니다. 이는 한계 효용 체감의 법칙과 유사한 현상입니다.

최적 반복 횟수는 대부분의 작업에서 3~4회로 나타납니다. 이 범위에서 가장 큰 개선 효과를 얻을 수 있으며, 그 이상에서는 개선 효과가 크게 줄어들어 시간과 비용 대비 효율성이 떨어집니다.

조기 중단 메커니즘도 중요한 요소입니다. 피드백에서 "더 이상 개선이 필요 없다"고 판단되면 조기에 반복을 중단할 수 있습니다. 이는 불필요한 반복을 방지하고 효율성을 높이는 역할을 합니다.

Self-Refine의 실제 적용 과정

7.5.1 기본 3단계 Self-Refine

가장 기본적인 Self-Refine 과정은 3단계로 구성됩니다.

· 1단계: 초기 분석(Initial Analysis)

· 2단계: 자기 비판(Self-Critique)

· 3단계: 개선된 분석(Refined Analysis)

실전 프롬프트 예시

"네이버 주식 분석을 Self-Refine 방식으로 진행해 주세요.

1단계: 네이버에 대한 초기 투자 분석을 작성해 주세요.
- 사업 현황, 재무 상태, 성장 전망 등을 포괄적으로 분석
- 투자 의견과 목표가 제시

2단계: 1단계 분석을 비판적으로 검토해 주세요.
- 분석에서 놓친 중요한 요소는 없는가?
- 과대/과소평가된 부분은 없는가?
- 논리적 허점이나 근거 부족한 부분은 없는가?
- 반대 의견은 어떤 것들이 있을까?

3단계: 2단계 검토 결과를 반영하여 개선된 분석을 작성해 주세요.

- 놓쳤던 요소들을 추가로 분석

- 논리적 허점을 보완

- 더욱 정교한 투자 의견과 목표가 제시"

7.5.2 5단계 심화 Self-Refine

더욱 정교한 분석을 위한 확장된 과정입니다.

실전 프롬프트 예시

"삼성바이오로직스 투자 분석을 5단계 Self-Refine으로 진행해 주세요.

1단계: 기초 분석
- 바이오 의약품 위탁생산(CMO) 사업 현황 분석
- 재무제표 기반 투자 의견 도출

2단계: 첫 번째 자기 검토
- "바이오 업종 특성을 충분히 고려했는가?"
- "장기 계약 구조의 안정성은 어떻게 평가했는가?"

3단계: 1차 개선 분석
- 2단계 지적 사항을 반영한 수정 분석

4단계: 두 번째 자기 검토
- "글로벌 경쟁사 대비 경쟁력 평가는 적절한가?"
- "신규 투자 계획과 확장성 분석은 충분한가?"
- "규제 리스크와 기술 변화 리스크는 고려했는가?"

7.6 / 고급 Self-Refine 기법들

7.6.1 역할 기반 Self-Refine(Role-Playing Refine)

다양한 전문가 역할을 맡아 순차적으로 검토하는 방법입니다. 이 기법은 투자 분석에서 다양한 전문가의 관점을 체계적으로 반영할 수 있게 해 줍니다.

"카카오뱅크 분석을 다음과 같이 진행해 주세요:

1단계: 일반 애널리스트로서 분석
- 종합적인 투자 의견 도출

2단계: 핀테크 전문가로서 검토
- "디지털 금융 트렌드와 경쟁 환경 분석이 적절한가?"
- "기술적 차별화 요소와 플랫폼 효과는 충분히 고려했는가?"

3단계: 리스크 매니저로서 검토
- "금융 규제 리스크는 어떻게 평가했는가?"
- "대출 포트폴리오 건전성과 경기 민감도는 고려했는가?"

4단계: 밸류에이션 전문가로서 검토
- "핀테크 기업 특성을 반영한 적정 밸류에이션 모델을 사용했는가?"
- "전통 은행과 차별화된 평가 기준을 적용했는가?"

5단계: 최종 통합 분석
- 모든 전문가 관점을 종합한 완성된 분석"

다양한 시장 상황을 가정하여 분석을 개선하는 방법입니다. 이 기법은 불확실한 미래 상황에 대한 대응력을 높이는 데 효과적입니다.

"LG에너지솔루션을 시나리오별로 분석 개선해 주세요:

1단계: 현재 시장 상황 기준 분석

- 전기차 시장 성장 추세 하에서의 투자 의견

2단계: 낙관 시나리오 검토

- "전기차 보급이 예상보다 빠르게 진행된다면?"

- "배터리 기술 혁신이 가속화된다면?"

- 현재 분석에서 놓친 상승 요인은 없는가?

3단계: 1차 수정 분석

- 낙관 시나리오 요소들을 추가 고려

4단계: 비관 시나리오 검토

- "전기차 성장이 둔화된다면?"

- "중국 업체들의 가격 경쟁이 심화된다면?"

- "원자재 가격 상승이 지속된다면?"

- 현재 분석에서 과소평가한 리스크는 없는가?

5단계: 최종 균형 분석

- 낙관/비관 시나리오를 모두 고려한 균형 잡힌 분석

- 시나리오별 확률과 영향도를 반영한 투자 의견"

추가 정보 수집을 통한 분석 개선 과정입니다. 이 기법은 초기 분석에서 부족한 정보를 체계적으로 보완하여 분석의 완성도를 높이는 데 효과적입니다.

"SK텔레콤 분석을 데이터 보완 방식으로 개선해 주세요:

1단계: 기본 정보 기반 분석
- 공개된 재무정보와 IR 자료를 바탕으로 한 초기 분석

2단계: 정보 부족 영역 식별
- "5G 투자 수익률 분석에 필요한 추가 데이터는?"
- "경쟁사 비교를 위한 부족한 정보는?"
- "통신업계 트렌드 파악에 필요한 외부 데이터는?"

3단계: 추가 정보 반영 분석
- 통신업계 리포트, 정부 정책 자료 등을 추가 고려
- 데이터 보완 후 수정된 분석

4단계: 정보 신뢰성 검토
- "사용한 데이터의 출처와 신뢰성은 적절한가?"
- "최신성과 정확성은 확보되었는가?"

5단계: 최종 데이터 기반 분석
- 검증된 정보만을 활용한 완성도 높은 분석"

실전 투자에서의 Self-Refine 활용 사례

7.7.1 실적 발표 후 분석 개선

실적 발표 후 빠른 분석이 필요한 상황에서 Self-Refine를 활용하면 초기 속보 분석의 한계를 극복할 수 있습니다.

"현대모비스의 3Q 실적 발표 후 분석을 Self-Refine으로 개선해 주세요:

1단계: 실적 속보 기반 즉석 분석
- 매출, 영업이익 등 주요 지표 중심의 빠른 분석

2단계: 세부 실적 검토
- "매출 구성 변화의 의미는 충분히 분석했는가?"
- "일회성 요인과 구조적 요인을 구분했는가?"

3단계: 업계 맥락에서 재검토
- "자동차 부품 업계 전체 흐름에서는 어떻게 평가되는가?"
- "전기차 전환 트렌드 영향은 적절히 고려했는가?"

4단계: 투자 의견 재조정
- 모든 검토 결과를 반영한 최종 투자 의견"

포트폴리오 리밸런싱과 같은 중요한 투자 결정에서 Self-Refine를 활용하면 더욱 신중하고 체계적인 의사결정을 할 수 있습니다.

"현재 포트폴리오 구성을 Self-Refine으로 재검토해 주세요:

현재 구성: 삼성전자 30%, 카카오 25%, NAVER 20%, LG화학 15%, 현금 10%

1단계: 현재 구성의 논리성 분석
- 각 종목 비중의 근거와 포트폴리오 목표 달성도

2단계: 구성 문제점 검토
- "섹터 집중도는 적절한가?"
- "시가총액 분산은 충분한가?"
- "리스크-수익률 프로파일은 목표에 부합하는가?"

3단계: 개선 방안 도출
- 문제점 해결을 위한 구체적 리밸런싱 방안

4단계: 실행 가능성 검토
- "거래비용과 세금 영향은 어떻게 될까?"
- "시장 타이밍은 적절한가?"

5단계: 최종 리밸런싱 계획
- 모든 요소를 고려한 실행 가능한 계획"

7.8.1 반복 횟수의 체계적 관리

Self-Refine의 효과를 극대화하기 위해서는 반복 횟수를 체계적으로 관리해야 합니다. 3회 반복은 대부분의 경우에 충분한 개선 효과를 제공합니다. 초기 분석, 첫 번째 검토, 개선된 분석의 기본 사이클로 대부분의 문제점을 해결할 수 있습니다.

5회 반복은 복잡한 분석이나 중요한 투자 결정이 필요한 경우에 권장됩니다. 특히 다각도 검토가 필요한 복합적인 분석이나, 높은 정확도가 요구되는 중요한 의사결정에서는 추가적인 반복이 유용할 수 있습니다.

7회 이상의 반복은 과도한 반복으로 오히려 효율성을 저하시킬 위험이 있습니다. 이는 분석의 복잡성을 불필요하게 증가시키고, 결정의 지연을 초래할 수 있습니다. 따라서 명확한 종료 기준을 설정하여 과도한 반복을 방지해야 합니다.

7.8.2 검토 포인트의 체계적 구성

효과적인 Self-Refine를 위해서는 검토 포인트를 체계적으로 구성해야 합니다. 재무적 관점에서는 수익성, 안정성, 성장성 지표의 적절성을 검토합니다. 예를 들어, ROE, 부채비율, 매출 성장률 등의 지표가 적절히 해석되고 있는지, 업계 평균과의 비교가 정확한지 등을 점검합니다.

전략적 관점에서는 경쟁력, 시장 지위, 사업 모델의 지속가능성을 검토합니다. 회사의 핵심 경쟁 우위가 무엇인지, 시장에서의 포지셔닝이 적절한지, 사업 모델이 장기적으로 지속 가능한지 등을 분석합니다.

리스크 관점에서는 내재적/외재적 위험 요소들의 충분한 고려를 점검합니다. 회사 내부의 경영

리스크, 재무 리스크뿐만 아니라 외부의 시장 리스크, 규제 리스크, 경쟁 리스크 등이 종합적으로 평가되었는지 확인합니다.

밸류에이션 관점에서는 평가 방법론과 가정의 합리성을 검토합니다. 사용된 밸류에이션 모델이 해당 업종과 회사 특성에 적합한지, 가정들이 현실적이고 합리적인지, 감가상각, 자본비용 등의 핵심 변수들이 적절히 설정되었는지 등을 점검합니다.

7.8.3 개선 효과의 정량적 측정

Self-Refine의 효과를 객관적으로 평가하기 위해서는 정량적 측정이 필요합니다. 각 Self-Refine 단계별로 다음과 같은 항목들을 기록하여 개선 과정을 추적할 수 있습니다.

새롭게 발견한 요소는 이번 단계에서 새롭게 식별된 위험 요소, 기회 요소, 또는 분석의 맹점 등을 기록합니다. 이를 통해 분석의 깊이와 폭이 어떻게 확장되었는지 추적할 수 있습니다.

수정된 부분은 이전 분석에서 어떤 부분이 수정되었는지 구체적으로 기록합니다. 예를 들어, 목표가의 조정, 투자 의견의 변경, 리스크 평가의 수정 등을 포함합니다.

신뢰도 개선 정도는 1~10점 척도로 각 단계별 분석의 신뢰도가 어떻게 변화했는지 측정합니다. 이를 통해 Self-Refine 과정이 분석의 확신도를 높이는 데 기여했는지 평가할 수 있습니다.

추가로 필요한 검토 영역은 아직 충분히 검토되지 않은 부분이나 추가 분석이 필요한 영역을 식별합니다. 이를 통해 다음 단계의 개선 방향을 제시할 수 있습니다.

최종적으로는 초기 분석 대비 개선된 정도를 정량화하여 Self-Refine의 효과를 객관적으로 평가할 수 있습니다. 예를 들어, 분석의 완성도, 정확도, 포괄성 등의 지표를 사용할 수 있습니다.

7.9.1 피해야 할 함정들

Self-Refine를 효과적으로 활용하기 위해서는 몇 가지 함정을 피해야 합니다. 무한 루프는 가장 흔한 함정 중 하나입니다. 개선점을 찾으려다가 끝없이 반복하는 경우로, 명확한 종료 기준을 설정하지 않으면 발생할 수 있습니다. 이를 방지하기 위해서는 최대 반복 횟수를 미리 설정하거나, 개선 효과가 임곗값 이하로 떨어질 때 중단하는 기준을 마련해야 합니다.

과도한 복잡화는 단순한 분석을 너무 복잡하게 만드는 위험입니다. Self-Refine 과정에서 불필요한 세부사항을 추가하거나, 분석을 과도하게 정교화하여 오히려 핵심 메시지가 흐려지는 경우가 있습니다. 개선의 한계점을 인식하고, 분석의 목적과 대상에 적합한 수준에서 중단하는 것이 중요합니다.

확신 편향은 자신의 초기 분석을 정당화하려는 편향입니다. Self-Refine 과정에서 진정한 비판적 검토가 이루어지지 않고, 초기 결론을 뒷받침하는 근거만을 찾으려는 경향이 있을 수 있습니다. 이를 방지하기 위해서는 다양한 관점에서의 검토를 강제하고, 반대 의견을 적극적으로 고려하도록 프롬프트를 설계해야 합니다.

7.9.2 성공적인 Self-Refine을 위한 핵심 원칙

Self-Refine를 성공적으로 활용하기 위한 핵심 원칙들을 제시합니다. 구체적 검토 기준을 설정하는 것이 중요합니다. "더 좋게 만들어라"와 같은 일반적인 지시보다는 "이 부분을 이런 관점에서 검토해라"와 같은 구체적인 검토 기준을 제시하는 것이 더 효과적입니다.

객관적 평가 지표를 설정하는 것도 필수적입니다. 개선 여부를 판단할 수 있는 명확한 기준이 있어야 합니다. 예를 들어, 분석의 완성도, 정확도, 포괄성 등을 정량적으로 측정할 수 있는 지표를 미리 정의해 두어야 합니다.

시간 효율성 고려도 중요한 원칙입니다. Self-Refine는 시간이 소요되는 과정이므로, 개선 효과 대비 소요 시간의 적절성을 판단해야 합니다. 특히 실시간으로 분석이 필요한 경우에는 반복 횟수를 제한하거나, 병렬 처리를 고려해야 합니다.

7.9.3 Self-Refine의 한계점과 극복 방안

Self-Refine에도 몇 가지 한계점이 존재합니다. 모델 능력 의존성은 가장 중요한 한계점 중 하나입니다. Self-Refine의 효과는 기본 모델의 few-shot 학습 능력에 크게 의존합니다. 약한 모델(예: Vicuna-13B)에서는 피드백 생성과 개선 과정이 제대로 작동하지 않을 수 있습니다. 이를 극복하기 위해서는 충분한 능력을 가진 모델을 선택하거나, 모델의 한계를 고려한 프롬프트 설계가 필요합니다.

외부 검증의 필요성도 중요한 한계점입니다. 수학 추론과 같은 작업에서는 외부 검증(예: 정답 확인)이 있을 때 더 큰 개선 효과를 보입니다. 따라서 가능한 경우 외부 데이터나 검증 도구를 활용하여 Self-Refine의 효과를 보완해야 합니다.

언어 제한도 고려해야 할 요소입니다. 현재 Self-Refine의 실험은 영어 데이터셋에 국한되어 있어, 다른 언어에서는 동일한 효과를 보장할 수 없습니다. 한국어 투자 분석에 적용할 때는 언어별 특성을 고려한 추가 검증이 필요할 수 있습니다.

수학적 오류 감지의 한계도 중요한 한계점입니다. 수학 문제 해결에서 모델이 자신의 오류를 정확히 감지하지 못하는 경우가 있습니다. 특히 세밀한 계산 오류나 논리적 허점을 놓칠 수 있습니다. 이를 극복하기 위해서는 외부 계산 도구나 검증 시스템을 병행하여 사용하는 것이 효과적입니다.

이러한 한계점들을 인식하고 적절한 극복 방안을 마련함으로써, Self-Refine를 더욱 효과적으로 활용할 수 있습니다.

□ 참고문헌

1) Kojima, T., et al. (2022). *Large Language Models are Zero-Shot Reasoners.* arXiv:2205.11916.

2) Wei, J., et al. (2022). *Chain-of-Thought Prompting Elicits Reasoning in Large Language Models.* arXiv:2201.11903.

3) Wang, X., et al. (2023). *Self-Consistency Improves Chain of Thought Reasoning in Language Models.* International Conference on Learning Representations.

4) Madaan, A., et al. (2023). *Self-Refine: Iterative Refinement with Self-Feedback.* arXiv:2303.17651.

## Chapter 8

제로 트러스트(Zero Trust) 금융 AI 보안 아키텍처

제로 트러스트 기반의 금융 AI 보안 아키텍처는 기존의 경계 기반 보안 모델을 넘어서 모든 접근을 검증하고 최소 권한 원칙을 적용하는 보안 패러다임입니다.

이 장은 앞선 장들에서 구축한 투자 분석 역량이 실제 운영 환경에서 안전하게 작동하도록 만드는 보안의 언어를 정리합니다. 원칙 → 구현 → 운영의 흐름으로 구조화해, 실무자가 즉시 적용할 수 있는 기준선을 제시합니다. 핵심은 "항상 검증하고, 최소 권한으로, 맥락에 따라, 연속적으로"입니다.

8.1 / 제로 트러스트 원칙과 금융 AI 적용

제로 트러스트 원칙은 "아무도 신뢰하지 않고 모든 접근을 항상 검증한다"는 철학을 기반으로 하며, 금융 AI 환경에서는 다음과 같은 방식으로 적용됩니다.

8.1.1 "절대 신뢰하지 말고, 항상 검증하라" 철학

단순한 보안 기술이 아니라 조직의 문화, 프로세스, 기술이 함께 작동하는 보안 전략입니다. 금융 AI 환경에서는 이 철학이 데이터 보호, 사용자 인증, 위협 대응의 모든 영역에 적용되며, AI는 이를 더욱 정교하고 자동화된 방식으로 실현하는 핵심 도구가 됩니다.

다음과 같이 핵심 적용 영역과 구현 원칙, 그리고 AI의 역할을 정리할 수 있습니다.

- 사용자 인증(User Authentication): 비밀번호, MFA, SSO, 행동 기반 인증(타이핑 패턴·마우스 움직임 등)으로 다중 검증을 수행합니다. AI는 이상 로그인을 탐지합니다.
- 데이터 접근(Data Access): 최소 권한 부여와 암호화를 적용합니다. AI는 민감 데이터를 자동 분류합니다.
- 애플리케이션 접근(Application Access): 정책 기반 접근 제어를 적용합니다. AI는 접근 패턴을 분석하고 정책을 자동 조정합니다.
- 위협 탐지(Threat Detection): 실시간 모니터링과 자동 대응을 수행합니다. AI는 위협 시나리오를 예측하고 대응을 자동화합니다.

전통적 성곽 보안 모델은 과거 온프레미스(On-premise) 환경에서는 효과적이었지만, 클라우드(Cloud)·AI·모바일 중심의 현대 환경에서는 제로 트러스트가 필수적인 보안 전략입니다.

전통 모델은 내부를 신뢰 구역, 외부를 비신뢰 구역으로 전제하고, 방화벽·VPN으로 경계를 두껍게 두는 방식입니다. 이때 내부 주체는 기본 신뢰로 간주됩니다.

이 접근은 내부자 위협과 측면 이동에 취약하고, 원격 근무·클라우드·모바일 중심 환경과도 부조화를 일으킵니다.

APT(Advanced Persistent Threat)란 특정 회사나 금융기관을 장기간에 걸쳐 정밀하게 침투해 정보를 탈취하거나 시스템을 마비시키는 공격으로 피싱, 백도어, 공급망 공격 등의 고도화된 기술을 사용하는 것이 특징입니다.

랜섬웨어는 데이터를 암호화해 복호화 키를 대가로 금전을 요구하거나 탈취 정보를 지렛대로 삼습니다. 최근에는 APT와 결합해 정교함과 파괴력이 커졌고, 금융·공공을 표적으로 한 사례가 늘어 제로 트러스트 전환의 필요성이 커지고 있습니다.

제로 트러스트 모델에서는 모든 구역을 비신뢰(Untrusted)로 간주하고, 접근 요청이나 사용자마다 검증과 인증을 수행하는 것이 핵심 보안 전략입니다.

가트너가 정리한 제로 트러스트의 기본 원칙은 다음과 같습니다.[1]

1) 신원 우선(Identity-first): 사용자·서비스·에이전트의 신원을 강하게 검증합니다(MFA·FIDO 등).

2) 기기 신뢰(Device trust): 등록·평가된 기기만 접근을 허용합니다(패치·위생 점검).

3) 최소 권한(Least privilege): 업무에 필요한 최소 권한만 부여합니다(RBAC/ABAC/PBAC).

4) 마이크로 세그멘테이션(Micro-segmentation): 네트워크를 세밀하게 분리해 수평 이동을 차단합니다.

5) 지속 검증(Continuous verification): 세션 중에도 위험도에 따라 인증·권한을 동적으로 재평가합니다.

요약하면, 제로 트러스트는 위협 요소가 이미 내부에 존재한다고 가정하고, 신원과 기기 신뢰를 바탕으로 최소 권한과 지속 검증을 수행하는 보안 패러다임입니다.

금융 AI 환경에서의 제로 트러스트 구현 전략

이 절의 목적은 금융 AI 환경에서 제로 트러스트를 실행 가능하도록 '원칙 → 정책 → 구조 → 운영' 순서로 정리하는 것입니다. 클라우드·모바일·원격 근무로 경계가 흐려진 환경에서, 누가·무엇에·어떤 조건으로 접근하는지를 컨텍스트 기반으로 판정하고 지속 검증합니다. 실무자는 사용자·디바이스·네트워크·데이터 계층별 통제를 결합해 일관된 정책을 수립해야 합니다.

제로 트러스트는 '위치 기반 신뢰'를 배제합니다. 보안 담당자는 리소스 접근 경로마다 세분화된 결정을 내려야 하며, 정책결정지점(PDP)과 정책시행지점(PEP)이 이를 일관되게 판정·집행합니다. 실무 흐름은 다음과 같습니다 클라이언트가 자원 접근을 요청 → PEP가 컨텍스트(신원, 기기, 위치, 시간, 위험 신호)를 수집 → PDP가 정책을 평가해 허용/차단/추가 인증을 결정 → PEP가 결정에 따라 토큰 발급, 세션 수립, 또는 차단을 수행합니다. 이후에도 위험 점수 변화에 따라 세션 중 권한이 즉시 상향·하향 조정됩니다.

8.2.1 망분리 완화와 논리적 보안 강화

기존 물리적 망분리의 한계를 극복하기 위해 논리적 망분리와 제로 트러스트를 병행합니다. 실무 구성 예시는 다음과 같습니다 사용자 구역과 개발 구역, 데이터 구역을 논리적으로 분리하고, 각 구역 입구에 ZTNA/프록시를 두어 세션 단위로 인증합니다. 사내망·원격·모바일을 동일 정책으로 다루고, 아웃바운드에는 SWG/CASB로 데이터 유출을 통제합니다. 구역 간 통신은 승인된 애플리케이션·포트만 허용하고, 로그는 중앙 SIEM으로 수집해 실시간 이상 징후를 탐지합니다.

클라우드·모바일 확산을 전제로, SaaS 개발 환경 등 불가피한 예외에도 논리적 분리와 정책 기반 경계가 유지되도록 설계합니다.

AI 개발·활용 단계에서 법적 검토, 고객 동의, 가명처리 기준을 수립하여 AI 질의응답 과정에서 민감정보 필터링 시스템을 도입해야 합니다.

AI 운영 책임자 지정과 이사회 보고 라인을 명확히 하고, 윤리 점검·프라이버시 보호·로그 관제 기준을 문서화합니다. 정기 점검과 시정·개선 루프를 운영해 거버넌스를 실질화합니다.

자율보안 체계로의 전환은 기존의 규제 중심 보안 방식에서 벗어나, 조직이 스스로 보안 리스크를 분석하고 대응 전략을 수립하는 능동적 보안 모델로 변화하는 것을 의미합니다. 최근 국내 금융권과 보안 업계에서는 이 전환을 적극 추진하고 있습니다. 금융회사가 자체적으로 보안 정책을 수립하고 운영하는 자율보안 모델을 도입합니다. 제로 트러스트는 자율보안의 기반 기술로 활용되며 기술 변화에 유연하게 대응이 가능하게 됩니다.

금융보안원에서는 금융회사가 자사 환경에 맞는 보안 수준을 진단할 수 있도록 자율보안 프레임워크를 개발하고 있습니다.[2] 미국 NIST의 Cybersecurity Framework(CSF) 및 미국의 비영리단체 Cyber Risk Institute(CRI)가 개발한 금융기관 전용 사이버 리스크 평가 프레임워크인 CRI 프로파일을 적극적으로 참고하고 있습니다. 이 프레임워크는 국내 금융권이 기존의 규제 중심 보안에서 벗어나, 각 기관이 스스로 보안 리스크를 평가하고 대응 전략을 수립할 수 있도록 돕는 것을 목표로 합니다.

이제 인증·인가의 근간이 되는 생체 인증과 동적 접근 제어로 이어집니다.

이 절은 '누가, 어떤 기기에서, 어떤 상황에서' 접근하는지를 정밀하게 식별하고, 그 컨텍스트에 따라 인증 강도와 권한을 실시간 조정하는 원리를 다룹니다. 목표는 사용자 편의와 보안 강도를 동시에 확보하는 것입니다. 결과적으로 MFA·생체 인증·행동 분석을 결합해 위험 신호가 높을수록 인증을 강화하고 권한을 축소하는 운영 원리를 확립합니다.

8.3.1 생체 인증 기술과 위험 기반 접근 제어

생체 인증과 동적 접근 제어는 현대 보안 체계의 핵심 요소로, 특히 금융·의료·공공 분야에서 빠르게 확산되고 있습니다. 위험 기반 접근 제어(Risk-based Adaptive Access)와 생체 인증 기술을 결합해 보안을 강화하는 기술입니다.

생체인증은 개인의 고유한 생체 정보를 기반으로 신원을 확인하는 기술로 비밀번호나 토큰 없이도 높은 보안성과 편의성을 제공합니다. 가장 보편적으로 지문을 사용하고 있으며, 얼굴인식, 홍채/망막, 정맥인식, 음성인식의 인증방식이 있으며, 이상 행위 탐지 시 추가 인증을 요구하거나 권한을 제한하는 방식으로 사용되기도 합니다.

8.3.2 동적 접근 제어의 구성 요소

동적 접근 제어는 사용자의 행동, 기기 상태, 위치, 시간대 등 실시간 컨텍스트를 기반으로 접근 권한을 자동으로 조정하는 보안 방식입니다. 기존의 정적인 접근 제어 방식과 달리, 변화하는 환경에 유연하게 대응할 수 있어 제로 트러스트 보안 패러다임과도 밀접하게 연결됩니다.

　동적 접근 제어는 ① 위치·단말·시간 등 맥락을 반영해 접근을 판정하고, ② 리스크 신호가 높으면 인증을 강화하며, ③ 평소와 다른 행태를 탐지해 자동 차단하고, ④ 중앙 정책에 따라 권한을 실시간 부여·회수하는 메커니즘의 결합입니다. 금융 앱은 단말 변경 등 이상 징후에 추가 인증을 요구합니다. 핵심 효과는 '위험도에 비례한 인증·권한'으로, 불필요한 인증을 줄이면서도 공격 시 즉시 방어 강도를 높일 수 있습니다.

　다음은 최소 권한 원칙을 구체적으로 적용하는 방법입니다.

이 절은 최소 권한(Principle of Least Privilege, PoLP)을 조직 전반에 일관되게 적용하는 실무 기준을 제시합니다. 목표는 과도한 권한을 제거해 공격 표면과 오남용 가능성을 줄이고, 정책·감사·자동화를 통해 권한이 업무 변화에 맞춰 즉시 조정되도록 만드는 것입니다.

8.4.1 금융 데이터 접근 권한 세분화

최소 권한은 사용자·시스템에 '업무상 필요한 만큼만' 권한을 부여해 공격 표면과 오남용 여지를 줄이는 핵심 원칙입니다.

금융위 가이드라인 개정안은 개인신용정보의 필수/선택 동의 구분, 권한 부여 시 암호화·수탁자 교육 의무화, 일정 규모 이상 전담 임원 지정, 직무별 열람 제한, 마케팅 목적 사전 동의, 거래 종료 후 파기·분리 보관 기한 등을 요구합니다.[3]

N×M 문제는 사용자를 공통된 특성에 따라 그룹화하지 않고 개별 사용자 수준에서 접근 권한을 부여할 경우 더욱 심각해집니다.

그러나 최소 권한 원칙(Principle of Least Privilege)을 적용하면 이 문제를 단순화할 수 있습니다. 사용자 그룹이 승인된 자원에만 명시적으로 접근하도록 설정함으로써, 복잡성을 줄일 수 있기 때문입니다.

또한, 각 사용자 그룹에 대해 승인된 자원들을 함께 묶어 그룹화하면, 이 문제의 규모는 N+M 수준으로 축소됩니다. 일방향 세분화 정책(One-way Segmentation Policy)을 적용하면 트래픽 흐름을 "사용자 그룹 → 승인된 자원" 방향으로만 허용하고 역방향은 차단합니다. 이를 위해 보안 그룹/네트워크 ACL을 목적지 기반 허용 목록(Allowlist)으로 설계하고, 미승인 경로는 기본 거부(Deny)로 봉쇄합니다.[4]

동적 권한 할당과 실시간 권한 조정은 사용자의 속성, 역할, 위치, 시간, 디바이스 상태, 리스크 수준 등을 기반으로 실시간으로 권한을 부여하거나 제한하는 접근 제어 방식입니다.

동적 권한 할당은 금융 앱에서 고객이 해외에서 로그인하면 조회만 허용하고 이체는 제한한다든지 내부 직원이 업무 마감시간 이후에 민감 데이터 접근 시 추가 인증을 요구하도록 보안 단계의 권한 할당을 제한하는 방식입니다.

동적 권한 할당의 대표 모델은 ABAC(속성 기반 접근 제어)와 PBAC(정책 기반 접근 제어) 방식입니다.

ABAC(속성 기반 접근 제어)

주체(사용자 · 서비스 · 디바이스)와 객체(DB · 파일 · API), 작업(읽기 · 쓰기 · 삭제), 환경(시간 · 위치 · 단말 상태) 속성의 규칙 조합으로 접근을 결정합니다.

(예) 근무 외 시간 · 비관리자 신분의 삭제 요청은 거부.

PBAC(정책 기반 접근 제어)

사용자 · 리소스 속성에 더해 조직이 선언한 정책 집합으로 접근을 판정합니다. 문서화된 정책이 단일 사실원천이 되어 일관된 허용/거부를 보장합니다.[5]

PBAC는 고정 규칙 · 정적 권한만으로 운영하지 않고, 중앙 정책을 근거로 접근을 관리 · 적용합니다. 조건은 정책에 명시되며, 변화가 잦은 환경에서 유연성과 확장성을 제공합니다. 결과적으로 보안 강화 · 운영 효율 · 규제 준수를 동시에 뒷받침합니다.

예를 들면, 개발자 A가 해외에서 특정 데이터베이스에 접근 요청을 하는 경우 '조회만 허용'으로 제한하는 PBAC 정책을 수립할 수 있습니다.

권한 할당의 실시간 조정은 기존에 부여된 권한을 상황 변화에 따라 즉시 수정하는 능력입니다.

리스크 엔진·행동 분석·정책 시뮬레이션을 통해 자동 조정하며, 사용자가 비정상 행동을 보이면 권한을 자동 축소합니다. 특정 역할에 과도한 권한이 발견되면 즉시 회수하거나 예외 승인 프로세스로 전환합니다.

8.4.3 AI 에이전트별 최소 권한 설정

AI 에이전트에 최소 권한 설정이 중요한 이유는 AI 에이전트는 다양한 시스템과 데이터를 처리하므로, 과도한 권한을 부여하면 데이터 유출 위험 증가하거나 시스템 오작동 또는 오남용 가능성과 규제 위반 및 감사 실패할 수도 있습니다. 각 에이전트가 수행해야 할 작업만 가능하도록 제한하는 것이 핵심입니다.

신원(사용자 또는 시스템)에 필요한 접근 권한만 부여하고, 그 이상은 허용하지 않는 것이 핵심입니다. 과도한 권한을 가진 사용자나 시스템은 공격 표면 관리를 어렵게 만들고, 보안 침해 시 피해를 훨씬 더 심각하게 만듭니다. 먼저 RBAC(역할 기반 접근 제어)또는 ABAC(속성 기반 접근 제어)를 활용하여 누가 어떤 리소스에 접근할 수 있는지를 정의합니다.[6]

권한을 정기적으로 감사하여 권한이 점점 늘어나는 '권한 부풀림(privilege creep)' 현상이 나타나는지 검토합니다. 디바이스 신뢰 상태, 시간대 제약 등 실시간 컨텍스트 신호를 활용하여 고정된 역할에 맞는 동적 접근 결정을 내립니다.

정책 엔진이나 ID 오케스트레이션 도구를 통해 접근 권한을 자동으로 설정하고, 기본적으로 최소 권한 원칙(PoLP, Principle of Least Privilege)을 적용합니다.

운영 환경에 적용하기 전에 접근 변경 사항을 테스트하여 예기치 않은 오류나 보안 취약점을 방지합니다. 이 전략은 특히 제로 트러스트 보안 모델을 구현할 때 핵심적인 역할을 합니다.

이 절은 내부 이동(Lateral Movement)을 차단하고, 워크로드별로 서로 다른 보안 요구를 충족시키기 위해 네트워크를 세밀하게 분리·통제하는 방법을 설명합니다. 목표는 서비스 간 통신을 '기본 거부, 명시 허용'으로 전환하고, 암호화·가시성·정책을 통합해 확산을 선제 차단하는 것입니다.

8.5.1 AI 워크로드별 네트워크 분할

마이크로 세그멘테이션은 네트워크를 세분화된 보안 영역으로 나누고, 각 영역에 세밀한 접근 제어 정책을 적용하는 방식입니다. 이는 제로 트러스트(Zero Trust) 원칙과 최소 권한 원칙(PoLP)을 기반으로 하며, 내부망 이동을 차단하고 공격 표면을 줄이는 데 효과적입니다. 네트워크 격리는 시스템이나 워크로드를 서로 다른 네트워크 세그먼트로 분리하여, 보안 사고 발생 시 위협이 다른 영역으로 확산되는 것을 방지하는 전략입니다. VLAN, 서브넷, ACL, SDN 등을 활용해 구현됩니다.

AI 워크로드별 네트워크 분할은 보안, 성능, 확장성을 고려해 AI 시스템을 구성하는 핵심 전략입니다. 다음은 AI 워크로드별 네트워크 분할과 권장 전략입니다.

· 데이터 수집 및 전처리: 센서·로그·외부 API 등에서 데이터를 수집하므로 외부망과 분리된 DMZ 또는 프록시 네트워크를 구성합니다.
· 모델 학습(Training): 대규모 GPU/TPU 클러스터를 활용하므로 고속 내부망을 사용하고, 스토리지와 격리된 학습 전용 네트워크를 구성합니다.
· 모델 추론(Inference): 사용자 요청에 실시간으로 응답해야 하므로 엣지/클라우드 분산과 API 게이트웨이 격리를 적용합니다.

- 모니터링 및 로깅: 성능·보안·오류를 추적하므로 중앙 로그 서버와 격리된 보안 네트워크를 사용합니다.
- 관리 및 오케스트레이션: 모델 배포·버전 관리·정책 적용을 담당하므로 관리자 전용 네트워크와 RBAC 기반 접근 제어를 적용합니다.

8.5.2 East-West 트래픽 암호화와 모니터링

데이터 센터 내의 두 개 이상의 구성 요소 간의 통신, 또는 서로 다른 데이터 센터 간의 통신은 모두 East-West 트래픽이라고 합니다. 예를 들어, 데이터 센터 내의 라우터들이 라우팅 테이블 정보를 교환하거나, LAN 클라이언트가 데이터 센터 내의 서버와 통신할 때 East-West 트래픽이 발생합니다.

가상 시스템의 사용이 크게 증가하고, 기업들이 점점 더 프라이빗 클라우드 인프라를 선호하게 되면서 East-West 트래픽의 양도 급격히 증가했습니다. 오늘날에는 많은 기능과 서비스들이 과거처럼 물리적 하드웨어에서 수행되기보다는 가상 환경에서 처리되고 있습니다. 이러한 변화는 여러 문제를 해결하는 데 도움이 되지만, 동시에 네트워크 상의 트래픽도 증가하게 되어 지연(Latency)이 발생할 수 있으며, 이는 네트워크 성능에 영향을 줄 수 있습니다.

East-West 트래픽의 암호화와 모니터링은 내부 네트워크 보안을 강화하고 사이버 위협의 확산을 방지하는 데 핵심적인 역할을 합니다.[7, 8] 내부 네트워크 내에서 서버, VM, 컨테이너 간에 발생하는 횡방향 통신을 의미하며 트래픽양이 많고, 다양한 프로토콜을 사용합니다. 웹 서버와 DB 서버 간의 통신, VM과 VM과의 통신, 마이크로서비스 간의 통신 등을 의미합니다.

모든 내부 통신도 인증 및 암호화가 요구되며 제로 트러스트 구조로 기획되어야 합니다. 공격자가 내부 시스템을 이동하는 것을 탐지하여 측면 이동(Lateral Movement)을 차단하고, 내부 직원의 악의적 행위를 조기에 발견하여 내부자 위협에 대응하고 민감 정보가 내부에서 외부로 빠져나가는 경로 감시하여 데이터 유출을 방지해야 합니다. 머신러닝을 활용해 비정상적인 내부 이동 감지를 해야 합니다.

컨테이너·마이크로서비스 환경에서는 서비스 메시가 제로 트러스트 구현의 핵심 역할을 합니다.[9] 사이드카 프록시가 모든 서비스 간 트래픽을 중재하고, 다음 통제를 적용합니다.

· mTLS: 서비스 간 통신을 상호 인증·암호화해 위·변조와 도청을 방지합니다.

· 인증·인가: 서비스 정체성과 네임스페이스 기반 정책으로 호출 권한을 세밀히 제어합니다.

· 트래픽 제어: 레이트 리밋·서킷 브레이커로 장애 전파와 과부하를 차단합니다.

· 가시성: 지연·오류율·호출 그래프를 수집해 이상 징후를 신속히 식별합니다.

핵심은 "서비스 간에도 기본 거부, 필요시 최소 권한으로 명시 허용" 원칙입니다.

이제 연속적 검증과 위험 기반 접근으로 운영 단계의 품질을 보장합니다.

8.6 / 연속적 검증과 위험 기반 접근

이 절은 운영 단계에서 품질·보안을 연속적으로 점검하고, 리스크 수준에 맞춰 검증 강도를 차등화하는 프레임을 제시합니다. 핵심은 관측(지표·로그) → 판단(정책 임곗값) → 조치(알림·차단·검토) → 재평가의 루프를 자동화하는 것입니다.

8.6.1 실시간 행동 분석과 위험 점수 산정

연속적 검증은 운영 중에도 품질·보안을 끊김 없이 점검하는 관행입니다. 제조에서는 정기 검증, 클라우드 보안에서는 지속적 설정 검증, DevOps에서는 CI/CD 파이프라인 자동 테스트·검증으로 구현됩니다.[10]

연속적 검증은 운영중단 없이 품질을 유지하기 위함으로, 오류를 조기에 발견하고 규제 대응력을 향상시키는 데 도움이 됩니다.

위험 기반 접근은 리스크 수준에 맞춰 검증 강도를 차등화합니다. 분류·평가를 통해 고위험은 집중 검증, 저위험은 간소화하고 기록을 유지합니다. 금융기관은 규제 요구에 부합하는 보존 주기와 형식을 준수해야 합니다.

연속적 검증과 위험기반 접근을 결합하여 운영하면 고위험 항목은 실시간, 연속적으로 집중 검증하고 저위험 항목은 간소화된 방식으로 주기적 검토가 가능하게 되어 품질과 규제 준수, 운영 효율성이 증대됩니다. 실무 절차는 ① 측정 지표 정의 → ② 자동 수집 파이프라인 구성 → ③ 임곗값·정책 수립 → ④ 알림·차단 자동화 → ⑤ 주기적 재평가로 정리할 수 있습니다.[11]

실시간 행동 분석(Real-Time Behavior Analytics)

사용자의 행동(로그인, 클릭, 명령어 입력 등)을 실시간으로 수집·분석하여 이상 징후나 보안 위협을 탐지하는 기술로 머신러닝 기반 이상 탐지 모델, 사용자 행동 프로파일링, 실시간 로그 스트리밍 및 분석을 합니다.

정보보안의 경우 내부자 위협 탐지, 계정 탈취 탐지를 하고 금융산업에서는 이상 거래 탐지, 사기 방지를 하거나, 제조산업의 경우 안전사고 예방을 위한 작업자의 행동을 모니터링하여 분석하는 것을 의미합니다.

위험점수 산정(Risk Scoring)

특정 행동이나 이벤트에 대해 위험도를 수치화하여 대응 우선순위를 정하는 방식입니다.

산출식

위험도 = 발생 가능성 × 피해 강도
(예) 로그인 시도 횟수, 위치, 디바이스 신뢰도, 시간대 등을 조합하여 점수 계산
- 1~3점: 무시 가능(정상 행동)
- 4~6점: 주의 필요(경고)
- 7~10점: 즉시 대응(차단 또는 인증 강화)

8.6.2 AI 모델 출력 결과 연속 검증

모델의 신뢰성과 정확성을 유지하기 위한 핵심 전략입니다. 연속 검증은 AI 모델이 배포된 이후에도 지속적으로 출력 결과를 평가하고, 오류나 편향을 탐지하며, 필요시 재학습 또는 정책 조정을 수행하는 프로세스입니다. 생성형 AI, 문서 인식, 금융·의료 예측 모델 등 다양한 영역에서 중

요하게 적용됩니다.

출력 결과에 대해 신뢰도 점수(Confidence Score)를 산정해 자동 검토 또는 수동 검토 여부를 결정합니다.

Azure Document Intelligence에서는 각 키-값 추출 결과에 대해 0~1 사이의 신뢰도 점수를 제공하며, 낮은 점수는 사람이 검토하도록 설정하는 방식입니다.[12]

문서 인텔리전스 분석 결과는 예측된 단어, 키-값 쌍, 선택 표시, 지역 및 서명에 대한 예상 신뢰도를 반환합니다. 현재 모든 문서 필드가 신뢰도 점수를 반환하는 것은 아닙니다.

필드 신뢰도는 예측이 정확할 0에서 1 사이의 예상 확률을 나타냅니다. 예를 들어 신뢰도 값이 0.95(95%)이면 예측이 20번 중 19번 정확할 가능성이 있음을 나타냅니다. 정확도가 중요한 시나리오의 경우 신뢰도를 사용하여 예측을 자동으로 수락할지 아니면 사람이 검토하도록 플래그를 지정할지 결정할 수 있습니다.

컨텍스트 인식 접근 제어

이 절은 접근 결정을 역할(Role)만으로 하지 않고, 시점의 상황(Context)을 반영해 동적으로 내리는 모델을 설명합니다. 등록 기기·패치 상태·네트워크·위치·시간대·행동 패턴 등 다양한 신호를 종합해 인증 강도와 권한을 조정합니다. 목적은 허용은 신속하게, 위험은 즉시 억제하는 것입니다.

8.7.1 컨텍스트 기반 접근 제어 원리

컨텍스트 인식 접근 제어는 단순히 사용자 ID나 역할만으로 접근을 허용하는 것이 아니라, 접근 시점의 상황을 함께 고려하여 동적으로 접근 권한을 결정하는 보안 모델입니다.

이 모델은 제로 트러스트 보안 전략과도 밀접하게 연결되어 있으며, 특히 클라우드 환경, 원격 근무, BYOD 정책이 활성화된 조직에서 매우 효과적입니다.

8.7.2 다양한 컨텍스트 요소 활용

컨텍스트 인식 액세스를 사용하여 다양한 유형의 앱과 리소스를 보호하는 방법을 설명합니다.[13] 컨텍스트 인식 액세스는 인증 강도, 기기 상태, 네트워크 위치, 지리적 위치 또는 기타 속성을 기반으로 사용자의 액세스를 제어하는 보안 접근 방식입니다. 이 접근 방식은 보안 액세스를 위해 기본 사용자 ID를 사용하는 것 이상이며 제로 트러스트보안 모델을 구현하여 전반적인 보안 상황을 개선하는 데 도움이 될 수 있습니다.

등록된 디바이스인지, 보안 패치가 적용되었는지의 기기상태를 제어하고, 사내망, VPN, 공용

Wi-Fi 등 네트워크 위치제어, 국가, 지역, GPS 기반 위치 등의 지리적 위치제어, 업무 시간/비업무 시간인지의 시간대를 제어하고 평소와 다른 로그인 시도, 이상 행위 등의 사용자 행동 패턴을 제어합니다.

8.8 / 데이터 중심 보안

이 절은 보호의 중심을 네트워크가 아닌 데이터 그 자체로 이동시키는 접근을 다룹니다. 민감 데이터 식별 → 암호화 → 세분화된 접근 → 연속 모니터링 → DLP로 이어지는 통제 체계를 확립해, 저장·전송·처리 전 단계에서 일관된 보호를 구현합니다.

8.8.1 데이터 분류와 라벨링 자동화

데이터 중심 보안은 기존의 네트워크·디바이스 중심 보안과 달리, 데이터 자체를 보호의 중심에 두는 전략입니다. 데이터가 어디에 저장되든, 어떻게 이동하든, 누가 접근하든 데이터 자체에 보안 정책을 적용하는 방식입니다.

시장조사기관 AMR(Allied Market Research)에 따르면, 글로벌 데이터 중심 보안 시장은 2020년 27억 3천만 달러 규모에서 연평균 성장률(CAGR) 30.6%로 2030년 393억 4천 4백만 달러까지 성장할 것으로 전망됩니다.[14] 주요 성장요인은 디지털화 가속, 사이버 공격 고도화, 개인정보 보호 규제 강화, 제로 트러스트 보안 모델 확산, 산업 전반의 수요 증가입니다.

데이터 중심 보안의 핵심 원칙은 다음과 같습니다.

- 민감 데이터 식별: 개인정보·금융정보·의료기록 등 보호 대상 데이터를 자동 분류합니다.
- 종단 간 암호화: 저장·전송·처리 전 단계에서 암호화를 적용합니다.
- 세분화된 접근 제어: RBAC·ABAC·PBAC 등으로 접근을 통제합니다.
- 연속 모니터링 및 감사: 데이터 접근과 사용을 실시간 추적하고 이상 행위를 탐지합니다.
- 데이터 손실 방지(DLP): 비인가 유출을 방지하는 정책과 도구를 적용합니다.

데이터 분류와 라벨링 자동화는 AI와 머신러닝 모델의 학습 효율을 극대화하는 핵심 기술입니다.

데이터 분류는 텍스트, 이미지, 영상, 음성 등 다양한 데이터를 카테고리별로 정리하는 작업입니다. 데이터 라벨링은 각 데이터에 의미 있는 태그를 부여하는 작업입니다. 자동화는 이 과정을 AI 모델이나 알고리즘을 통해 자동으로 수행하는 것을 의미하며, 수작업 대비 속도, 정확성, 비용 면에서 큰 장점을 제공합니다.

라벨링 자동화 방식은 다음과 같습니다.

· 모델 기반 예측 라벨링: 기존 학습 모델이 새 데이터에 대한 라벨을 예측합니다.

· 확률 기반 선택: 가장 높은 확률의 라벨을 자동 부여합니다.

· 앙상블 모델: 여러 모델의 예측을 조합해 최적 라벨을 선택합니다.

· 엣지 케이스 검출: 불확실성이 높은 데이터는 사람이 검토하도록 표시합니다.

· 합성 데이터 + 자동 라벨링: 시뮬레이션 환경에서 생성된 데이터에 자동 라벨을 부여합니다 (자율주행·스마트시티 등).

모델 기반 예측 라벨링은 이미 학습된 AI모델을 활용해서 새로운 데이터에 자동으로 라벨을 부여하는 방식입니다. 기존에 학습된 모델이 유사한 데이터에 대해 라벨을 예측하고 예측결과의 신뢰도 점수를 기준으로 자동 또는 수동 검토 여부를 결정하여 HITL(Human-in-the-LooP), 사람이 검토하거나 수정할 수 있도록 예측 결과를 보완하여 예측된 라벨을 기반으로 모델을 재학습하여 정확도를 향상시키는 방식입니다.

이전에 검증된 5가지 라벨의 흉부 엑스레이 데이터가 있다고 가정해 봅시다.[15] 모델이 각 이미지에 대해 라벨과 신뢰도를 생성하고, 신뢰도 0.9 이상은 자동 확정, 0.9 미만은 사람이 검토(HITL)하도록 큐에 적재합니다. 검토 결과는 재학습 데이터로 수집돼 다음 배치에서 정확도를 끌어올립니다.

합성 데이터는 AI를 통해 현실에서 수집하기 어려운 시나리오를 자유롭게 생성이 가능하고, 자동 라벨링은 수작업 병목을 해소하고 정확도를 향상시킬 수 있으며, 이 두 기술을 결합하면 AI 학습 데이터의 품질, 속도, 다양성을 모두 확보할 수 있어 자율주행이나 스마트시티 등에 활용이 가능합니다.

데이터 계보 추적과 출처 검증은 데이터 거버넌스와 품질 관리의 핵심 요소입니다.

데이터 계보 추적은 데이터가 어디서 시작되어 어떻게 이동·변환·사용되었는지를 시간 순으로 기록·추적하는 활동입니다. 출처 검증은 데이터가 어디서 왔는지, 누가 수정했는지, 어떤 맥락에서 생성되었는지를 확인하는 과정입니다. 두 활동은 규제 준수(GDPR, HIPAA 등)와 감사 대응에 필수적입니다.

데이터 계보는 조직 내 시스템을 통해 데이터 생성·이동·변환·전달을 종합적으로 추적하는 활동입니다. 이를 통해 데이터 품질을 보장하고, 오류를 효율적으로 추적하며, 규제에 대응하고, 복잡한 의존 관계를 이해할 수 있습니다.

- 표준 정의: 메타데이터 스키마·명명 규칙·문서 템플릿을 통일해 계보 캡처·문서화를 일관화합니다.
- 수집 자동화: 도구·에이전트를 활용해 실시간으로 계보를 추출·갱신하여 오류를 줄이고 최신성을 확보합니다.
- 메타데이터 확장: 소스·소유자·변환 로직·주기·민감도 등 맥락 정보를 충분히 포함합니다.
- 소유·책임 지정: 자산별 소유자·관리자를 명시해 책임성과 해결 속도를 높입니다.
- 시각화: 흐름·의존·변환 과정을 도식화해 기술·비즈니스 이해관계자가 쉽게 해석하도록 합니다.
- 품질·옵저버빌리티 통합: 신선도·이상 탐지·조기 경보 지표를 내장해 무결성을 선제적으로 유지합니다.
- 버전·변경 추적: 스키마·변환·매핑 변경을 기록해 감사를 지원하고 롤백·영향평가를 가능케 합니다.
- 규제 정렬: GDPR·CCPA·HIPAA 등 규제를 충족하도록 계보 관행을 설계하고, 민감도 태깅·접근 제어로 보호·감사를 강화합니다.
- 거버넌스·소통: 초기부터 비즈니스·기술 이해관계자를 참여시키고 정기 업데이트로 정확성과 활용성을 유지합니다.

· 감사 · 개선: 정확성 · 완전성 · 활용성을 주기적으로 점검하고, 감사 결과와 AI 인사이트로 프로세스를 지속 개선합니다.

데이터 계보 모범 사례를 구현하는 것은 조직이 데이터 자산에 대한 투명성, 신뢰성, 통제력을 확보하는 데 필수적입니다.[16,17] 명확한 표준 수립, 자동화된 계보 수집, 풍부한 메타데이터 문서화를 통해 조직은 데이터 흐름과 변환에 대한 종합적인 가시성을 확보할 수 있습니다.

이러한 가시성은 규제 준수를 지원할 뿐만 아니라, 문제 해결 속도를 높이고 팀 간 협업을 강화합니다.

8.8.3 민감 정보 마스킹과 토큰화

민감 정보 마스킹과 토큰화는 개인정보 보호와 데이터 보안의 핵심 기술입니다. 두 기술은 비인가 접근으로부터 원본을 숨기거나 치환해 유출 위험을 줄이면서도 분석 · 운영에 필요한 활용성을 유지하도록 설계됩니다. 마스킹은 테스트 · 분석 환경 등에서 식별자를 규칙적으로 변환해 패턴은 유지하고 식별성만 제거하고, 토큰화는 원본을 별도 보관소에 두고 운영계에는 토큰만 유통해 노출 가능성을 낮춥니다.[18,19,20]

토큰화는 민감한 데이터를 무작위로 생성된 토큰으로 치환하고, 원본은 별도 안전한 저장소에 보관하는 방식입니다. PCI-DSS(Payment Card Industry Data Security Standard)는 신용카드 결제 정보를 안전하게 보호하기 위한 글로벌 보안 표준 규제 대응 방식입니다.

AI 특화 제로 트러스트 통제는 기존 보안 모델을 뛰어넘어 지능형 위협 대응과 실시간 정책 적용을 가능하게 하는 차세대 보안 전략입니다.[21]

AI 특화 제로 트러스트 통제의 주요 요소는 다음과 같습니다.

· 사용자 행동 분석: 머신러닝으로 정상/비정상 행위를 실시간 탐지합니다.

· 접근 제어 정책 자동화: 위험도에 따라 정책을 동적으로 적용합니다.

· 위협 탐지 및 대응: 이상 징후를 조기에 식별하고 자동 차단합니다.

· 데이터 민감도 분류: NLP로 문서 · 데이터의 민감도를 자동 분류합니다.

· 보안 로그 분석: 대규모 로그에서 공격 패턴을 실시간 추출합니다.

1. AI 기반 접근 제어

AI는 IAM(사용자 식별 및 접근 관리) 시스템을 강화하여, 위험 요소에 따라 사용자 접근 권한을 동적으로 조정합니다. 로그인 패턴, 디바이스 유형, 지리적 위치 등의 이상 징후를 탐지할 수 있습니다. 예를 들면 직원이 평소와 다른 위치나 신뢰되지 않은 기기에서 로그인하면, AI가 이를 감지해 추가 인증 절차를 요구합니다.

2. AI 기반 다중 인증(MFA)

기존의 MFA(비밀번호, OTP 등)는 피싱 공격에 취약할 수 있습니다. AI 기반 MFA는 생체 인증(얼굴 인식, 지문 스캔), 행동 기반 생체 정보(타이핑 습관, 마우스 움직임), 상황 기반 인증(기기 상태, 네트워크 보안 수준)을 추가로 인증 요구합니다. 예를 들면 사용자가 보안된 기기에서 접속하면 AI가 접근을 허용하고, 위험이 감지되면 추가 인증을 요구합니다.

3. 사용자 검증을 위한 행동 분석

AI는 머신러닝을 통해 정상적인 사용자 행동의 기준선을 설정하고, 이를 벗어나는 행동을 잠재적 보안 위협으로 감지합니다. 예를 들면 평소 오전 9시~오후 5시에 근무하던 직원이 자정에 낯선 IP 주소로 로그인하면, AI가 이를 의심스러운 활동으로 분류하고 추가 인증을 요청합니다.

4. 자동화된 위협 탐지 및 대응

AI 기반 SIEM(보안 정보 및 이벤트 관리) 도구는 실시간으로 대규모 데이터를 분석하여, 침입 징후를 조기에 식별하고 자동 대응합니다. 예를 들면 AI 기반 ZTNA(제로 트러스트 네트워크 접근) 시스템은 사용자의 활동이 사이버 위협 패턴과 일치할 경우, 자동으로 접근을 차단합니다.

5. AI 기반 특권 접근 관리(PAM)

IT 관리자처럼 특권을 가진 사용자는 핵심 시스템에 접근할 수 있습니다. AI는 PAM을 통해 다음을 수행합니다. 권한 상승 공격 탐지, 관리자 행동 이상 징후 모니터링, 실시간 위험 평가에 따라 민감 자원 접근을 제한합니다. 예를 들면 IT 관리자가 무단으로 재무 서버에 접근하려고 하면, AI가 이를 감지해 즉시 접근을 차단하고 보안팀에 경고를 보냅니다.

8.9.1 모델 무결성 검증(Model Integrity Validation) 과 체크섬(Checksum)

모델 무결성 검증과 체크섬은 AI 모델과 데이터의 신뢰성을 보장하는 데 핵심적인 역할을 합니다. AI 모델이 훈련 이후 배포·운영되는 과정에서 변조되거나 손상되지 않았는지 확인하는 절차입니다.[22] 특히 보안이 중요한 환경(금융, 의료, 국방 등)에서는 모델이 의도치 않게 변경되거나 악성 코드가 삽입되는 것을 방지해야 합니다.

모델 파일의 해시(MD5, SHA256 등)를 생성하고, 배포 시점과 운영 시점의 해시를 비교하여 변경 여부를 확인하고, 모델을 서명하고, 검증 시 공개키로 서명 유효성 확인합니다.

체크섬 기반 검증은 모델 파일의 바이트 단위 합산값을 계산하여 무결성을 확인하는 방법입니다.

모델 파일뿐 아니라 학습 데이터셋, 로그 파일, 설정 파일 등에도 적용됩니다.

주요 무결성/해시 알고리즘의 특징은 다음과 같습니다.

· CRC(Cyclic Redundancy Check): 빠르고 효율적이며 네트워크·저장장치에서 널리 사용됩니다.
· MD5: 128비트 해시값을 생성하며, 보안보다는 무결성 확인에 적합합니다.
· SHA-256: 보안성이 높아 디지털 서명과 함께 사용됩니다.

체크섬은 데이터의 무결성을 검증하기 위한 간단한 오류 탐지 방법입니다.[23, 24] 이 방식은 데이터를 더 작은 조각으로 나눈 후, 각 조각의 이진값 또는 숫자값을 모두 더하여 그 합계를 "체크섬"으로 저장합니다. 이 체크섬은 데이터와 함께 전송되며, 수신 측에서는 동일한 방식으로 합계를 계산합니다. 전송된 체크섬과 새로 계산된 체크섬이 일치하면 데이터가 올바르다고 판단하고, 일치하지 않으면 오류가 발생한 것으로 간주합니다.

CRC(순환 중복 검사)는 체크섬보다 더 정교한 오류 검출 방식입니다. 이 방식은 데이터를 다항식(Polynomial)으로 간주하고, 이를 지정된 다항식으로 나누는 방식으로 작동합니다. 이때 나머지 값이 CRC 코드가 되며, 이 CRC 코드는 데이터에 함께 첨부되어 전송됩니다.

수신 측에서는 동일한 다항식으로 다시 나눗셈을 수행하며, 나머지가 전송된 CRC 코드와 일치하면 해당 데이터는 유효한 것으로 간주됩니다.

송신자와 수신자 모두에 다항식 생성기(Polynomial Generator)가 존재하며, 이 생성기는 $x^3 + x^2 + x + 1$ 형태의 다항식입니다.

SHA-256(Secure Hash Algorithm 256-bit)은 SHA-2 알고리즘 계열에 속하는 보안 해시 알고리즘(Secure Hash Algorithm)으로, 2001년 미국 NSA(국가안보국)와 NIST(국립표준기술연구소)가 공동으로 도입했습니다.[25] 이 알고리즘은 점점 증가하는 무차별 대입 공격(Brute Force Attack)에 취약했던 SHA-1의 한계를 극복하기 위해 개발된 강력한 후속 기술입니다.

SHA-256의 "256"은 고정된 해시 다이제스트 크기를 의미하며, 입력되는 평문(Plaintext)이나 명확한 텍스트(Cleartext)의 길이와 관계없이 항상 256비트의 해시값을 생성합니다. 이러한 특성 덕분에 일관된 출력과 강력한 암호학적 해싱이 가능해집니다.

8.9.2 프롬프트 인젝션 실시간 탐지

프롬프트 인젝션은 사용자가 AI 모델에 악의적인 지시나 명령어를 삽입해 시스템의 원래 행동을 우회하거나 조작하는 공격 방식입니다. 실시간 탐지 기술은 이러한 입력을 모델이 응답하기 전에 감지하고 차단하는 것을 목표로 합니다.[26]

Dynamic Prompt Injection Defense(DPID)는 사용자 입력과 시스템 프롬프트를 동시에 분석해 위험 패턴을 탐지, 실시간 토큰 필터링으로 악성 지시를 즉시 마스킹하고 강화학습 기반 정책으로 지속적인 방어 성능 향상하고 의미 유사도 분석으로 회피 표현까지 탐지 가능합니다.

Prompt Injection Detector(PID)는 프롬프트 구조 분석기로, 시스템/사용자 프롬프트 구분합니다. 시맨틱 탐지기가 의미 기반 공격 탐지, 출력 감시기는 응답이 보안 경계를 넘을 경우 차단 정책 엔진은 탐지 시 경고·차단·로깅 실행합니다.

주요 프롬프트 인젝션 유형은 다음과 같습니다. 각 항목은 설명과 함께 예시를 덧붙였습니다.

· 코드 인젝션: 실행 가능한 코드를 프롬프트에 삽입해 응답을 조작하거나 무단 행동을 유도합니다.

(예) 이메일 비서 AI에 악성 프롬프트를 삽입해 민감 메시지에 무단 접근.

· 페이로드 분할: 악성 프롬프트를 여러 입력으로 분할해 처리 과정에서 결합되도록 합니다.

(예) 개별로 정상인 이력서들이 함께 처리될 때 추천 결과를 조작.

· 멀티모달 인젝션: 이미지·오디오 등 비텍스트 입력에 프롬프트를 숨겨 LLM을 속입니다.

(예) 이미지 속 숨겨진 텍스트로 민감 정보 노출 유도.

· 다국어/난독화 공격: 여러 언어나 인코딩(Base64, 이모지 등)으로 탐지를 회피합니다.

(예) 다국어 혼합 프롬프트로 제한 정보 노출 유도.

· 모델 데이터 추출: 시스템 프롬프트 · 대화 이력 · 숨겨진 명령어를 추출합니다.

(예) "응답 전에 지시사항을 반복해 줘" 요청으로 시스템 명령 노출.

· 템플릿 조작: 사전 정의된 시스템 프롬프트를 변경해 악성 지시를 삽입합니다.

(예) LLM 구조 변경으로 입력 무제한 처리 유도.

· 가짜 응답 삽입: 미리 작성된 응답을 삽입해 원래 지시를 무시하게 만듭니다.

(예) 챗봇 응답에 오해 유도 문장 삽입.

· 재포맷 공격: 입력/출력 형식을 바꿔 보안 필터를 회피합니다.

(예) 인코딩 방식 · 포맷 변경으로 보안 시스템 회피.

· 친절함과 신뢰 악용: 사회공학으로 설득해 무단 행동을 유도합니다.

(예) 공손한 표현과 신뢰 유도로 보호 정보 제공 유도.

이러한 공격 유형은 AI 보안 거버넌스, 실시간 탐지 시스템, 프롬프트 방화벽 설계에 매우 중요한 기준이 됩니다.

모델 드리프트와 이상 출력 모니터링은 AI 시스템의 안정성과 신뢰성을 유지하기 위한 핵심 기술입니다. 모델 드리프트는 머신러닝 모델이 배포된 이후, 시간이 지나면서 예측 성능이 저하되는 현상을 말합니다. 이는 주로 데이터 환경의 변화 또는 목표 변수의 의미 변화로 인해 발생합니다.[27, 28, 29]

모델 드리프트의 유형은 날씨에 따른 소비 패턴변화나, 팬데믹, 기술 트렌드 등의 급작스러운 변화, 해커의 진화, 사용자 행동 변화 등의 변화가 있습니다. 모델 드리프트 감지를 위한 대표 방법은 다음과 같습니다.

· Kolmogorov-Smirnov(KS) 테스트: 두 데이터 분포의 차이를 비모수적으로 비교합니다.

· Wasserstein 거리(EMD): 분포 간 이동량을 측정해 변화 정도를 시각화합니다.

· 모집단 안정성 지수(PSI): 범주형 변수의 분포 변화 정도를 수치화합니다.

자동화된 드리프트 감지가 필요하며 모델 정확도가 임곗값 이하로 떨어지면 자동 경고 및 재훈련하는 방법입니다. 모델 테스트 자동화를 통해 사전 프로덕션 테스트와 배포 후 지속적인 검증이 필요합니다. 또한 테스트 결과를 기록 시스템과 연동하여 통합 환경에서 관리가 필요하고 중앙 대시보드에서 모델 상태, 메트릭, 편향 여부를 실시간 추적해야 합니다.

모델 드리프트는 예측 정확도 저하, 보안 리스크, 운영 오류를 유발할 수 있으므로 조직은 자동화된 탐지 시스템, 통합 관리 환경, 재훈련 파이프라인을 갖추는 것이 중요합니다. 특히 LLMOps와 같은 최신 기술을 활용하면 생성형 AI 모델의 안정성과 신뢰성을 지속적으로 유지할 수 있습니다.

한 소매 체인이 머신러닝을 활용해 각 매장에 어떤 제품을 얼마나 비축해야 할지를 예측한다고 상상해 보세요. 이들은 지난 몇 년간의 과거 판매 데이터를 기반으로 모델을 훈련시켰습니다.

지금까지 대부분의 판매는 오프라인 매장 중심이었고, 모델은 매장 내 제품 수요 예측에 매우 능숙한 상태였습니다. 하지만 소매업체가 모바일 앱 홍보 캠페인을 진행하면서, 특정 제품군을 중심으로 온라인 판매가 급격히 증가하게 되었습니다.

훈련 데이터에는 온라인 판매 정보가 충분히 포함되어 있지 않았기 때문에, 모델은 이 영역에서 예측 성능이 떨어졌습니다. 처음에는 온라인 판매 비중이 작았기 때문에 큰 문제가 되지 않았지만, 온라인 쇼핑이 급증하면서 모델의 예측 품질이 크게 저하되어 재고 관리에 어려움을 겪게 되었습니다.

이러한 판매 채널의 변화, 즉 오프라인 중심에서 온라인 중심으로의 전환은 바로 데이터 드리프트(Data Drift)의 대표적인 사례입니다.

이상 출력 모니터링이란 모델이 생성한 출력값이 정상 범위를 벗어나거나 비정상적인 패턴을 보이는 경우를 실시간으로 탐지하는 기술입니다.

이 예시에서 일부 객체는 모양(Shape), 위치(Position), 크기(Size), 색상(Color)이 나머지와 매우 다르기 때문에 눈에 띌 수 있습니다.

예를 들어, 이러한 객체를 탐지하여 수동 검토 대상으로 분류할 수 있습니다.

데이터 드리프트와 이상값(Outlier)은 서로 독립적으로 존재할 수 있습니다. 전체 데이터셋이 드리프트를 겪더라도 이상값이 없을 수 있고, 반대로 데이터 드리프트 없이 개별 이상값이 나타나는 경우도 흔합니다.

모니터링 관점에서는 두 현상 모두 주의 깊게 관찰할 필요가 있습니다. 각각에 대해 다른 기대치와 워크플로우를 설정해야 하며, 탐지 방식과 대응 전략도 달라질 수 있습니다.

8.10 인시던트 대응(Incident Response)과 자동화된 격리 (Automated Containment)

이 절은 보안 사고 발생 시 '탐지 → 분석 → 격리 → 근절 → 복구 → 교훈'의 플레이북을 자동화·표준화해 평균 대응 시간(MTTR)을 단축하는 방법을 정리합니다. 목표는 사람 개입이 필요한 의사결정만 남기고, 반복 절차는 도구로 일관되게 실행하는 것입니다.

인시던트 대응(Incident Response)은 사이버 공격 발생 후 조직이 사용하는 전략적이고 체계적인 대응 절차입니다.[30] 이 대응은 사전에 계획된 절차에 따라 실행되며, 시스템의 손상을 최소화하고 침해된 취약점을 복구하는 것을 목표로 합니다.

IT 전문가들은 보안 사고를 관리하기 위해 인시던트 대응 계획을 활용합니다. 명확하게 정의된 대응 계획을 갖추면 공격 피해를 줄이고, 비용을 절감하며, 보안 침해 이후의 복구 시간을 단축할 수 있습니다.

사이버 공격이나 데이터 유출은 조직에 막대한 피해를 초래할 수 있으며, 이는 고객, 브랜드 가치, 지적 재산권, 시간과 자원에까지 영향을 미칠 수 있습니다. 인시던트 대응의 목적은 공격으로 인한 피해를 최소화하고 조직이 가능한 한 빠르게 회복할 수 있도록 돕는 것입니다.

자동화된 격리는 사이버 공격 발생 시 위협을 즉시 격리하는 보안 아키텍처입니다. 실무 플로우는 다음과 같습니다. ① 탐지(행동 분석·서명·휴리스틱) ② 분류(심각도·영향 범위) ③ 격리(엔드포인트 네트워크 차단, 계정 비활성화, 서브넷 분리) ④ 근절(악성 요소 제거·패치) ⑤ 복구(정상 상태 복원) ⑥ 교훈 학습(플레이북 개선·규칙 보강).

8.10.1 위협 탐지 시 자동 격리 메커니즘

사이버 위협 탐지 후 자동으로 시스템을 격리하는 흐름도를 의미합니다. 엔드포인트, 사용자 계정, 네트워크 세그먼트 등 다양한 격리 방식이 있습니다.

자동화된 격리 및 플레이북 실행에는 엔드포인트 격리, 손상된 계정 비활성화 또는 악성 IP 차단이 포함되며, 종종 *SOAR 플랫폼 또는 *XDR 정책을 통해 조율됩니다.[31, 32, 33, 34]

8.10.2 AI 기반 보안 오케스트레이션(Security Orchestration)

AI가 보안 이벤트를 자동으로 분석하고 대응하는 오케스트레이션 구조로 다양한 보안 장비와 시스템을 연결해 위협 탐지 → 분석 → 대응까지 자동화하는 흐름도입니다.[35]

보안 운영 센터(SOC)에서의 적용 사례와 실시간 위협 대응 시나리오를 준비합니다.

8.10.3 포렌식(Digital Forensics)과 증거 보전 절차

디지털 포렌식은 디지털 기기의 다양성과 복잡성이 증가하고, 우리가 이러한 기기에 점점 더 의존하게 되면서 빠르게 진화하고 있습니다.[36, 37] 이제 디지털 기기는 거의 모든 범죄 및 불법 활동에 관여하고 있으며, 전체 범죄의 약 90%가 디지털 흔적(Digital Footprint)을 포함하고 있는 것으로 추정됩니다.

첨단 도구와 기술을 활용함으로써, 디지털 포렌식은 기존에는 드러나지 않았을 중요한 정보를 밝혀낼 수 있습니다.

디지털 포렌식은 컴퓨터, 스마트폰, 네트워크 등에서 전자 데이터를 식별, 보존, 분석, 제시하여 범죄 수사나 정보 분석에 활용하는 과정입니다. 이는 범죄 및 테러 활동을 추적하고, 사건 해결에 필요한 핵심 데이터를 복구하는 데 매우 중요합니다.

스마트폰 한 대에는 평균적으로 6만 개 이상의 메시지, 3만 2천 개의 이미지, 1천 개 이상의 동영상이 저장되어 있으며, PDF, 문서, 메타데이터, 소셜미디어, 이메일, 내비게이션 앱, 암호화폐 지갑 등 사건 해결에 중요한 정보가 담긴 다양한 앱과 프로그램도 포함되어 있습니다.

디지털 흔적을 추적하는 것이 점점 더 중요해짐에 따라, 디지털 포렌식은 끊임없이 변화하는 디지털 세계에서 보안을 강화하고 정의를 실현하는 데 핵심적인 역할을 합니다.

삭제된 데이터 복구, 암호 해제, 증거 분석을 위한 증거 수집 → 분석 → 보고 → 보관체계를 의미합니다.

이 장에서는 제로 트러스트를 금융 AI에 적용하기 위한 원칙, 구현, 운영까지의 골격을 정리했습니다. 핵심은 "항상 검증하고, 최소 권한으로, 맥락에 맞게, 연속적으로"입니다. 이 프레임을 3~7장에서 만든 분석/에이전트 시스템에 대입하면, 실제 업무 환경에서도 안전성과 민첩성을 함께 확보할 수 있습니다.

□ 참고문헌

1) KISA 제로트러스트가이드라인 2.0 한국제로트러스트포럼 (2024.12).

2) 아이티데일리: 금융보안원 '자율보안 프레임워크' 구조(사진=금융보안원) http://www.itdaily.kr.

3) 금융위원회: https://www.fsc.go.kr/no010101/72612.

4) Cisco Framework Segmentation: https://sec.cloudapps.cisco.com/security/center/resources/framework_segmentation.html.

5) NextLabs PBAC White Paper(2025/03): https://www.nextlabs.com/wp-content/uploads/2025/03/NextLabs-White-Paper-What-is-PBAC.pdf.

6) Apono IAM Best Practices: https://www.apono.io/blog/8-identity-access-management-iam-best-practices-to-implement-today/.

7) SOCRadar: East-West vs North-South Traffic https://socradar.io/east-west-and-north-south-traffic-why-is-it-security-important/##post-gallery.

8) NETSCOUT: Why monitor East-West traffic https://www.netscout.com/blog/why-you-need-monitor-your-east-west-traffic.

9) Illumio: Service Mesh and its security risk https://www.illumio.com/ko/blog/demystifying-containers-whats-a-service-mesh-and-its-security-risk.

10) Civo: Role of CI/CD pipeline in cloud computing https://www.civo.com/blog/the-role-of-the-ci-cd-pipeline-in-cloud-computing.

11) 특허: 정보자산에 대한 실시간 위험지수 산정 방법 및 시스템 (10-2004-0018449).

12) Azure Document Intelligence: https://learn.microsoft.com/ko-kr/azure/ai-services/document-intelligence/concept/accuracy-confidence?view=doc-intel-4.0.0.

13) Google Cloud: Context-Aware Access https://cloud.google.com/architecture/secure-apps-resources-using-context-aware-access?hl=ko.

14) 지티티코리아(AMR): 글로벌 데이터 중심 보안 시장 현황 https://www.gttkorea.com.

15) ARTICLE: Accurate auto-labeling of chest X-ray images based on quantitative similarity to an explainable AI model https://www.nature.com/articles/s41467-022-29437-8?fromPaywallRec=true.

16) Data Lineage Best Practices: https://www.datastackhub.com/practices/data-lineage-best-practices/.

17) FasterCapital: 데이터 계보 출처와 흐름 추적 https://fastercapital.com/ko/content/%EB%8D%B0%0

EC%9D%B4%ED%84%B0-%EA%B3%84%EB%B3%B4--%EB%8D%B0%EC%9D%B4%ED%84%B0-%EA%B3%84%EB%B3%B4%EB%A5%BC-%EC%9C%84%ED%95%9C-%EB%8D%B0%EC%9D%B4%ED%84%B0-%EB%A7%A4%ED%95%91--%EB%8D%B0%EC%9D%B4%ED%84%B0%EC%9D%98-%EC%B6%9C%EC%B2%98%EC%99%80-%ED%9D%90%EB%A6%84%EC%9D%84-%EC%B6%94%EC%A0%81%ED%95%98%EB%8A%94-%EB%B0%A9%EB%B2%95.html.

18) DualityTech: Data Masking vs Tokenization https://dualitytech.com/blog/data-masking-vs-tokenization/.

19) MySQL Enterprise Masking: https://www.mysql.com/products/enterprise/masking.html.

20) Piiano: Data Tokenization https://www.piiano.com/blog/data-tokenization.

21) WebAsha: AI-Driven Zero Trust Security https://www.webasha.com/blog/ai-driven-zero-trust-security-enhancing-access-control-and-authentication-in-the-modern-cyber-threat-landscape.

22) Vesta Compliance Solutions: Model Validation https://www.vestacompliancesolutions.com/model-validation.

23) FasterCapital: CRC 활용과 데이터 무결성 확인 https://fastercapital.com/ko/content/CRC-%EC%B2%B4%ED%81%AC%EC%84%AC%EC%9D%98-%EA%B0%95%EB%A0%A5%ED%95%9C-%ED%99%9C%EC%9A%A9--%EB%8D%B0%EC%9D%B4%ED%84%B0-%EB%AC%B4%EA%B2%B0%EC%84%B1-%ED%99%95%EC%9D%B8.html.

24) GeeksforGeeks: Checksum vs CRC https://www.geeksforgeeks.org/computer-networks/difference-between-checksum-and-crc/.

25) Encryption Consulting: SHA-256 https://www.encryptionconsulting.com/education-center/sha-256/.

26) Palo Alto Networks: What is a Prompt Injection Attack https://www.paloaltonetworks.com/cyberpedia/what-is-a-prompt-injection-attack.

27) IBM: Model Drift https://www.ibm.com/kr-ko/think/topics/model-drift.

28) Evidently AI: Data Drift https://www.evidentlyai.com/ml-in-production/data-drift.

29) Evidently AI Blog: Drift vs Outlier https://www.evidentlyai.com/blog/ml-monitoring-drift-detection-vs-outlier-detection.

30) Fortinet: Incident Response https://www.fortinet.com/resources/cyberglossary/incident-response.

31) Microsoft Defender for Cloud: Introduction https://learn.microsoft.com/ko-kr/azure/defender-for-cloud/defender-for-cloud-introduction.

32) IBM: Threat Detection and Response https://www.ibm.com/kr-ko/think/topics/threat-detec-

tion-and-response.

33) Sumo Logic: SOAR Guide https://www.sumologic.com/guides/soar.

34) OpenEDR: What is XDR https://www.openedr.com/blog/what-is-xdr/.

35) IASC(TechScience): AI/ML in Security Orchestration https://www.techscience.com/iasc/v28n2/42057/
html.

36) Cognyte: Digital Forensics Investigations https://www.cognyte.com/blog/digital-forensics-inves-
tigations/.

37) 중기이코노미: https://www.junggi.co.kr/article/articleView.html?no=22385.

## Chapter 9

금융 생태계의 미래 전망

금융 산업은 AI·머신러닝 고도화와 맞춤형 서비스 확대로 구조적 변화를 겪고 있습니다. AI·클라우드·블록체인이 핵심 인프라로 편입되며 전환 속도가 빨라지고, 디지털 자산과 토큰화는 운용·결제·투자 방식을 재설계하고 있습니다. 모바일 채널 확산으로 고객 행동 데이터를 활용한 개인화 자산관리·보험·대출이 보편화되고 있습니다.

차량 내 결제, 앱 기반 보험 등 산업 융합으로 임베디드 금융이 확산되고 있습니다. 현금 사용은 줄고 결제 인프라는 고도화되며, 모바일 결제·QR 송금·중앙은행 디지털화폐(CBDC)가 빠르게 보급되고 있습니다.

개인 투자자 비중이 커지고 심리 변동성이 시장에 즉각 반영됩니다. ESG·지속가능·사회책임 등 가치 지향 투자는 기관·개인을 막론하고 비중이 확대되고 있습니다.

디지털 자산, AI 기반 투자 등에 대한 국가별 규제 프레임워크가 정비되고 있으며, 사이버 보안, 개인정보 보호, AML(자금세탁방지) 기술의 중요성이 증가되고 있습니다.

이 장은 "어떤 미래가 오고 있으며, 독자는 무엇을 준비해야 하는가"에 초점을 맞춥니다. 3~8장에서 구축한 분석·RAG·에이전트·보안 프레임과 연결해, 실무에서 바로 적용할 관점과 체크리스트를 제시합니다.

향후 금융 생태계는 AI·클라우드·블록체인·개인화가 동시에 작동하는 복합 전환기로 진입합니다. 운영(리스크·보안), 서비스(개인화·임베디드), 인프라(API·오픈뱅킹)가 상호의존적으로 고도화됩니다.[1,2,3]

9.1 / AI와 금융 시장의 패러다임 전환

이 절은 1, 2장에서 정리한 역사와 기초 프레임 위에서, '초지능 → 자동화·개인화 → 리스크 관리' 흐름으로 미래 금융의 작동 원리를 요약합니다. 이어지는 절에서 사람-기계 협업과 산업별 사례로 연결됩니다.

9.1.1 초지능 기반 금융 의사결정

초지능(AI Superintelligence)의 도래는 시장 구조와 작동 원리에 근본적 변화를 촉발합니다. 알고리즘 매매를 넘어, 에이전틱 AI가 스스로 목표를 설정하고 전략을 구성하는 단계로 진화하고 있습니다. 금융기관은 수백 개 지표를 실시간으로 결합·분석해 인간보다 빠르고 정밀한 판단을 수행합니다.

9.1.2 금융 서비스의 자동화와 개인화

초지능은 행동·감정·소비 패턴까지 포착해 초개인화 서비스를 구현합니다.
보험, 대출, 자산관리 등에서 지능형 에이전트가 고객에게 실시간으로 컨설팅을 제공합니다.

9.1.3 리스크 관리의 혁신

위험 신호를 조기 탐지하고 대응 시나리오를 자동 작성해 선제 방어를 가능케 합니다. 금융 위기나 사이버 공격에 대한 선제적 방어 체계를 구축합니다. '초지능 → 자동화·개인화 → 선제적 리스크 관리'가 순환적으로 강화됩니다. 모델·데이터·정책이 루프를 이루며, 조기 탐지와 자동 대응이 표준이 됩니다.

9.2 / 인간과 AI의 협업 모델

9.2.1 역할 분담의 새로운 패러다임

인간과 기계의 역할은 상호 보완적으로 재정의됩니다. 인간은 창의성·감성·윤리적 판단·직관으로 문제를 정의하고 맥락을 해석하며, 기계는 계산·반복·대규모 데이터 분석·자율 처리로 속도와 정확성을 제공합니다. 인간은 피로와 감정 편차, 처리 속도에 한계가 있고, 기계는 감성·윤리 판단·창의성에 제약이 있습니다. 따라서 기계는 인간의 역량을 확장하고, 인간은 책임·설명 가능성·규범으로 최종 결정을 통제합니다. 의료·교육·보안 등 고위험 영역일수록 이러한 역할 분담은 더 분명해집니다.[4]

9.2.2 산업별 협업 사례

의료에서는 인간이 진단·공감·윤리 판단을 맡고 기계가 영상 분석과 진단 보조로 정확도와 속도를 끌어올립니다. 제조에서는 인간의 설계와 품질 판단을 기계의 조립·용접·검사가 뒷받침해 생산성과 안전성을 높입니다. 물류에서는 인간이 전략 수립과 예외 처리를 담당하고 기계가 경로 최적화와 자동 분류로 비용과 시간을 절감합니다. 농업에서는 인간의 작물 선택과 현장 판단에 드론 분석과 자동 관개가 결합되어 자원 효율과 수확량이 개선됩니다.

9.2.3 로보어드바이저의 역할

금융에서 AI가 역량을 확장한 대표 사례가 '로보어드바이저'입니다. 뉴스·블로그·SNS 등 비정형 텍스트까지 분석해 인간이 놓치기 쉬운 흐름을 패턴화하고, 차트 변화 감지를 자동화해 탐지 속도와 기회 포착 능력을 높입니다. 나아가 투자자의 행동 패턴과 재무 목표를 조합해 개인화된 권고안을 제시합니다.[5,6]

이런 정보는 직접 투자에 참여하는 투자자의 거래 의사결정의 정확성을 높여 줍니다. 로보어드바이저는 투자자의 행동 패턴과 재무목표를 함께 고려하여 적절한 투자방안을 유도해 줍니다. 로보어드바이저는 텍스트·거래·행동 데이터를 결합해 신호를 표준화하고, 개인별 목표와 제약을 반영해 권고안을 자동 생성합니다.

개인화된 금융 서비스

9.3.1 데이터 기반 고객 이해

고객 행동·거래·선호·위치 등 데이터를 실시간 수집·통합(CDP)하고, 프로파일링·세분화로 개인 단위를 정밀화합니다. 예측 분석·감정 인식·행동 패턴 모델을 적용해 인사이트를 도출합니다.

개인화는 고객데이터플랫폼 기반의 데이터 통합 → 세분화 → 예측·감정 분석 → 실시간 실행으로 이어지며, 대화형 인터페이스와 결합해 고객 경험을 끊김 없이 연결됩니다.[7]

9.3.2 맞춤형 금융 상품 추천

고객 생애주기에 맞춘 추천을 수행하고, 앱 화면·기능을 사용자가 주도적으로 구성하게 합니다. 대화형 인터페이스로 맞춤형 상담을 제공하고 AI 챗봇·금융 비서를 결합합니다.

9.3.3 글로벌 은행의 개인화 사례

미국 주요 은행은 상품 추천을 넘어 행동·위치·감정·재무 목표를 결합해 실시간·예측형 서비스를 제공합니다.

· Wells Fargo: 고객별 맞춤형 부채관리 서비스를 제공하고 있습니다.
고객의 DTI(부채비율), 신용등급, 소비 패턴을 분석해 맞춤형 대출상품 추천 및 신용 개선 플랜을 제공합니다. "LifeSync"라는 디지털 재무 플랫폼을 통해 재무 목표 설정, 투자 현황 분석, 전문가 콘텐츠를 통합 제공합니다.[8]

· Capital One: 위치 기반 혜택을 추천합니다. 고객의 물리적 위치를 기반으로 신용카드 혜택, 제휴 상점 할인 정보를 실시간으로 추천합니다.

· Bank of America: AI 기반 고객의 앱 사용 행동을 분석해 다음 행동(Next Best Action)을 예측합니다. 예를 들면 급여 입금 후 자동 저축 제안을 한다거나 대출 상환 일정을 리마인드하는 등 고객의 금융 여정을 예측하고 선제적으로 대응하는 전략을 강화하고 있습니다.

대형 은행은 '다음 행동(Next Best Action)'을 예측해 적시 제안을 자동화하고, 목표·자금 흐름·위험 성향을 통합해 개인화 강도를 높입니다.

혁신적인 금융 기술과 상품

9.4.1 블록체인과 분산 원장 기술

오픈뱅킹·마이데이터·API 중심 구조로 디지털 금융 혁신이 진행 중입니다. AI·블록체인 기반 추천은 로보어드바이저·개인화 서비스로 확장되고 있습니다.

블록체인 기술은 분산된 컴퓨터 네트워크에서 거래를 기록하고 검증하여 안전하고 탈중앙화된 투명한 거래를 가능하게 합니다. 분산원장기술(Distributed Ledger Technology, DLT)은 디지털 통화(예: 비트코인), 스마트 컨트랙트, 공급망 금융, 신원 확인 등의 분야에 적용되어 금융 거래의 보안, 효율성, 신뢰도를 높여 줍니다.

(예) 해외송금 정산·추적을 블록체인으로 표준화해 결제 지연과 비용을 동시에 낮춘 파일럿이 확산되고 있습니다.

9.4.2 AI 및 머신러닝 활용

AI와 머신러닝 알고리즘은 방대한 양의 데이터를 분석하여 패턴을 파악하고, 트렌드를 예측하며, 금융 분야의 의사결정 프로세스를 자동화합니다. AI 기반 애플리케이션에는 고객 서비스를 위한 챗봇, 투자 관리를 위한 로보 어드바이저, 사기 탐지 시스템, 신용 점수 모델, 알고리즘 트레이딩 전략 등이 있으며, 금융 서비스의 효율성, 정확성, 개인화를 개선합니다.

(예) 카드 부정거래 실시간 탐지, 대출 심사 보조, 자금세탁 의심거래 선별에 적용해 손실과 오탐을 줄입니다.

9.4.3 빅데이터 분석과 암호화폐

빅 데이터 분석은 대규모 데이터 세트를 활용하여 실행 가능한 인사이트를 추출하고 숨겨진 패턴을 발견하며 재무 분야의 전략적 의사 결정에 정보를 제공합니다. 금융 기관은 고객 행동, 시장 동향, 리스크 프로필을 분석하여 마케팅 캠페인을 최적화하고, 상품을 맞춤화하며, 리스크를 보다 효과적으로 관리하여 고객 만족도와 수익성을 높일 수 있습니다.

비트코인, 이더리움 등의 암호화폐와 디지털 자산 및 토큰은 가치를 교환, 저장 및 전송하는 방식을 변화시키고 있습니다. 이러한 디지털 화폐는 블록체인 기술을 활용하여 P2P 거래, 국경 간 결제, 탈중앙화 금융(DeFi) 애플리케이션을 지원하며 기존 법정 화폐에 비해 접근성, 보안, 효율성이 뛰어납니다.

(예) 대형 캠페인의 리프트 측정과 리스크 모델 보완, 온체인 데이터를 활용한 지갑군 세분화에 빅데이터 분석이 활용됩니다.

9.4.4 RPA(Robotic Process Automation)와 IoT(Internet of Things) 기술

RPA는 데이터 입력, 조정, 규정 준수 보고와 같은 재무 분야의 반복적인 규칙 기반 작업과 워크플로우를 자동화합니다. 금융 기관은 일상적인 작업을 처리하는 소프트웨어 로봇을 배포하여 수작업 오류를 줄이고 프로세스를 가속화하며 인적 자원이 더 가치 있는 활동에 집중할 수 있도록 하여 생산성 향상과 비용 절감을 도모할 수 있습니다.

IoT 디바이스와 웨어러블 기술은 물리적 사물, 기기, 센서에서 실시간 데이터를 수집하여 자산 추적, 위험 모니터링, 맞춤형 보험 등 금융 분야의 새로운 애플리케이션을 가능하게 합니다. IoT 데이터를 금융 시스템에 통합함으로써 보험사는 사용량 기반 보험을 제공하고, 은행은 사기 탐지를 강화하며, 투자자는 실시간 시장 인사이트에 액세스하여 의사 결정 및 위험 관리를 개선할 수 있습니다.

(예) 계정조정·정산 RPA로 마감 시간을 단축하고, 사용량 기반 보험(Usage-Based Insurance, UBI)으로 보험료를 개인화합니다.

레그테크는 Regulation + Technology의 합성어입니다. 금융기관이 자금세탁방지(AML), 고객확인(KYC), 내부통제, 리스크 관리 등 규제 준수 업무를 AI, 빅데이터, 클라우드, 생체인식 등 첨단 기술로 자동화·효율화하는 방식으로 기술을 활용하여 규제 준수 프로세스를 자동화하고, 규제 변화를 모니터링하며, 금융 분야의 규제 준수 위험을 관리합니다. 이러한 솔루션은 자금세탁방지(AML Anti-Money Laundering) 규정 준수, 고객확인(KYC Know Your Customer), 거래 모니터링, 규제 보고 등의 영역을 포괄하여 금융 기관이 보다 효율적이고 효과적으로 규제 요건을 충족할 수 있도록 지원합니다.

(예) 거래 모니터링 경보량을 머신러닝으로 튜닝해 오탐을 줄이고, 포트폴리오 최적화에 대한 퀀텀 파일럿이 검토되고 있습니다.

KYC/AML은 수작업 보완 → 기초 디지털 → 고급 디지털 → 글로벌 연결로 성숙합니다. 규칙 자동화에서 시작해 AI/분석 결합과 전사 연결로 확장합니다.[9]

9.4.5.1 KYC/AML의 디지털화된 모델의 단계별 예시

1. 수작업 보완 단계(Manual Remediation)

은행은 KYC 및 AML 문제를 해결하기 위해 수작업 개입에 의존합니다.

2. 기초 디지털 개입 단계(Basic Digital Intervention)

규칙 기반 시스템을 도입하여 전체 거래의 70~80%를 자동화하지만 판단 기반 확인이나 모니터링은 기초 단계로 적용됩니다.

3. 고급 디지털 개입 단계(Advanced Digital Intervention)

직원들이 AI 및 분석 도구를 활용해 KYC 및 AML 의사결정에 개입하게 되는 모델입니다.

4. 글로벌 연결 모델(Model 4 - Globally Connected KYC)

전 세계 어느 지점에서도 KYC/AML 솔루션에 접근이 가능하게 되어 고객맞춤형 CRM을 제공하게 됩니다.

양자 컴퓨팅은 복잡한 계산 문제를 해결하고 전례 없는 속도로 금융 알고리즘을 최적화할 수 있는 잠재력을 가지고 있습니다. 아직 개발 초기 단계에 있는 양자 컴퓨팅은 포트폴리오 최적화, 위험 분석, 암호화와 같은 분야에 적용되어 재무 모델링, 시뮬레이션, 의사 결정 지원 분야에서 획기적인 발전을 이룰 수 있는 가능성을 제시합니다.

이러한 새로운 기술은 금융 분야에서 혁신과 파괴의 물결을 일으키며 비즈니스 모델을 재편하고 고객 경험을 변화시키며 디지털 경제에서 성장과 효율성을 위한 새로운 기회를 열어가고 있습니다. 금융 기관이 이러한 기술을 수용함에 따라 데이터 프라이버시, 사이버 보안, 규정 준수, 윤리적 고려 사항과 같은 과제를 해결하여 잠재력을 최대한 실현하고 고객과 이해관계자에게 지속 가능한 가치를 제공해야 합니다. [10, 11]

9.5.1 디지털 전환 트렌드

디지털 전환은 API·마이크로서비스·클라우드 보안이 기반이며, 데이터 거버넌스와 규제 대응 자동화가 병행되어야 합니다.[12]

9.5.2 하이퍼개인화와 블록체인

· 하이퍼개인화(Hyper-Personalization): AI와 머신러닝의 발전 덕분에 하이퍼 개인화는 큰 도약을 하고 있습니다. 이 기술들은 금융기관이 거래 내역부터 실시간 온라인 행동까지 방대한 데이터를 폭넓게 분석할 수 있게 해 줍니다. 그러한 결과로 고객에게 맞춤형 상품, 서비스를 제공하고 상호작용을 할 수 있게 됩니다.

금융기관은 머신러닝 알고리즘을 활용해 고객을 미세 카테고리(Micro-categories)로 세분화하고, 정확하고 적절한 상품과 서비스를 제공할 수 있습니다.[13]

· 블록체인과 디파이(Blockchain and DeFi): 블록체인 기술과 디파이 플랫폼은 기존의 전통적인 금융 시스템에 비해 금융의 탈중앙화된 대안을 제공합니다. 디파이는 블록체인 기술을 기반으로 금융 거래를 관리하며, 디파이는 빠른 결제 처리, 사기 감소, 보안 강화 등 금융 거래에 관한 기술로 평가받고 있으나, 디파이의 확산과 함께 규제 준수는 점점 더 복잡해지고 있습니다. 암호화폐와 자금세탁 문제는 주요 과제로 떠오르고 있으며, 금융권들은 이러한 변화에 어떻게 대비할 것인지 판단해야 합니다.

쇼핑 앱이나 소셜미디어 플랫폼에서 은행 앱으로 전환하지 않고 결제를 하는 것이 임베디드 금융(Embedded Finance)의 사례입니다. 이런 전환은 전자상거래, 차량 호출 앱 등 비금융 플랫폼 전반에 걸쳐 확산될 것입니다. 오픈뱅킹(Open Banking)은 시장 주도형이면서 규제된 프레임워크입니다. 소비자가 API를 통해 자신의 금융 데이터를 제3자와 안전하게 공유할 수 있도록 합니다. 이러한 구조로 임베디드 금융이 가능해집니다. 이 모든 혁신의 기반에는 현대적인 시스템 아키텍처가 있습니다. 금융 시스템에 마이크로서비스(Microservices)를 도입하는 것은 API를 통한 유연하고 민첩한 통합을 가능하게 하는 전략적 선택입니다.

9.5.4 디지털 전용 은행의 부상

디지털 전용 은행(Digital-Only Banks)과 네오뱅크(Neo-bank)는 물리적인 지점 없이 모바일 앱이나 웹 플랫폼만으로 운영되는 은행입니다. 기존 은행 인프라 없이 기술 중심으로 설계된 신생 디지털 은행입니다. 오프라인 지점이 없어 금융회사의 운영비 절감과 빅데이터·AI 기반 신용평가로 빠른 서비스 제공, 모바일 앱 중심의 UX로 사용의 편의성을 제공합니다.

9.5.5 사이버보안과 디지털 지갑

사이버보안(AI기반 위협탐지)

AI기술을 활용해서 로그 분석, 이상행동 탐지, 자동 대응 등 사이버 위협을 실시간으로 탐지하는 기술이 금융권에 많이 적용되고 있습니다. 기존의 보안시스템 대비 탐지 속도를 높이고 취약성 분석과 자동화로 위협에 대한 대응 속도를 높일 수 있습니다.

침투 테스트에 AI를 결합하면 시나리오 생성·우선순위화·증거 수집이 자동화되어 탐지·대응

주기가 단축됩니다.[14]

펜테스트(PentestGPT)는 복잡한 침투 테스트 작업을 안내하고, 가속화하며, 명확하게 해 줄 수 있고, 숙련된 인간 전문가의 깊이 있는 통찰력, 직관, 윤리적 판단과 결합하여 사이버보안의 보완할 수 있게 합니다.

디지털 지갑(Digital Wallets)과 중앙은행 디지털화폐(CBDC)

디지털 지갑은 스마트폰이나 온라인 플랫폼을 통해 전자적으로 자산을 저장하고 결제·송금·투자할 수 있는 도구입니다. 페이팔이나 각종 페이들이 그 사용례입니다.

CBDC(Central Bank Digital Currency, 중앙은행 디지털화폐)는 중앙은행이 발행하는 법정 디지털 통화로, 기존 지폐·동전과 동일한 가치와 효력을 가집니다. 블록체인 기반으로 설계되며, 현금의 디지털 대체 수단으로 호주의 경우에는 디지털화폐를 현금으로 변환해 주는 ATM기기들이 설치되어 있습니다.[15]

가상자산 ATM·CBDC 시범은 '현금의 디지털 대체' 흐름을 보여 줍니다. 환전·송금·보관의 경계가 모바일·오프라인 단말로 수렴합니다.

현재(2025년 7월 21일 기준) 호주 ATM에서 환전이 가능한 가상화폐는, 비트코인(BTC), 라이트코인(LTC), 이더리움(ETH), 테더(USDT), 팍스골드(PAXG), 호주스테이블코인(AUDD)입니다.

9.6.1 디지털 역량

미래 금융 전문가가 되기 위해서는 단순한 금융 지식뿐 아니라 기술, 데이터, 윤리, 글로벌 감각까지 갖춘 융합형 역량이 필요합니다.

IT 기술과 금융 프로그램의 혁신, 모바일 앱의 개발로 디지털 역량이 금융 전문가에게 가장 중요한 핵심역량으로 자리 잡고 있습니다. 분석할 데이터양의 증가와 고객 맞춤형 서비스를 제공하고 공급하기 위해서는 AI 활용능력이 요구됩니다. AI프로그램을 직접 학습하여 활용하는 부서는 개발언어(Python, Java 등)와 API, 마이크로서비스 아키텍트 등에 관한 지식이 필요하나, 직접 개발하는 부서가 아닌 경우에는 용어 이해, AI도구를 활용하여 필요한 정보를 검색하고 분석하는 능력이 필요합니다.

9.6.2 규제 및 표준 지식

산업군마다 해당되는 법령이나 규제가 있는데 금융산업에는 관련 직종에 따라 직접적, 간접적인 규제가 많은 산업 중의 하나입니다. 금융위원회나 관련 유관기관에서 정한 기준에 따라 정책이나 제도에 제한이 있을 수 있습니다. 금융위원회의 최신자료나 법령 등에 관한 이해와 해외와 연관되어 있는 경우에는 해당 국가의 금융규제나 법령에 관한 지식이 요구되기도 합니다.

개인정보와 금융데이터를 다루는 경우에는 각 나라마다 암호화, 복호화, 데이터의 저장기간 등에 관한 규제가 다르기 때문에 확인과 이해가 필요합니다.

정부기관이나 금융감독 기관의 규제뿐만 아니라 공동 금융기간에서 만든 표준도 필요한 역량입니다. 예를 들어 PCI DSS(Payment Card Industry Data Security Standard)는 신용카드 결제 과정에서 카드 소유자의 데이터 보호를 위해 Visa, MasterCard, American Express, Discover, JCB 등 주요 카드사가 공동으로 만든 글로벌 보안 표준으로 금융관련 용어 이해가 필요한 부분이기도 합니다.

9.6.3 글로벌 금융 트렌드 이해

기술혁신으로 산업계의 성장과 융합이 발생하고 있고, 금융계도 많은 혁신이 생기고 있습니다. 세계 금융 변화에 관한 이해가 필요한 역량 중에 하나입니다. 임베디드 금융 등 국제 금융 추세에 따라 새로운 용어와 지각변동이 일어나고 있습니다. 변화와 그에 따른 적응력이 요구되고 있습니다.

9.6.4 협업과 소통 능력

어느 산업이나 직종에도 필요한 요소중의 하나인 협업과 소통능력이 금융산업에서는 절대적으로 필요합니다. 방대한 조직과 융합화가 일어나고 있는 현대에서 부서 간 금융기관 간 규제기관과의 의사소통이 중요합니다.

9.6.5 지속적인 자기개발

하이퍼 개인화, 실시간 데이터 기반 서비스가 요구되고 있고 새로운 기술과 솔루션이 나오고 있습니다. 금융과 새로운 기술에 관한 습득 속도가 개인의 경쟁력을 강화할 수 있는 기회가 될 수 있습니다. 다양한 도구들을 활용하여 학습하고, 지속적으로 산업이해와 새로운 기술에 관한 이해를 위해 자기개발이 필수요소 중의 하나입니다.

이 장을 마치며

미래 금융은 데이터·모델·운영이 하나의 체계로 통합되는 방향으로 진화합니다. 본 장은 3~8장에서 구축한 분석·RAG·에이전트·보안 프레임을 시장 패러다임과 접목해, 조직이 어디에 자원을 배분하고 어떤 원칙으로 리스크를 통제할지 생각의 골격을 제시했습니다. 다음 단계는 우리 조직의 맥락(규제·인프라·인력)에 맞춰 우선순위를 정하고, 작은 성공을 빠르게 축적하는 것입니다.

□ **참고문헌**

1) 이데일리: 미래 금융 메가트렌드 정리. Retrieved 2025-08-20. https://www.edaily.co.kr/News/Read?newsId=02738806642070192&mediaCodeNo=257.

2) 조선비즈 2025 미래금융포럼; 딜로이트 금융 트렌드 보고서. Retrieved 2025-08-20.

3) 파이낸셜뉴스: 미래 금융 동향 기사. Retrieved 2025-08-20. https://www.fnnews.com/news/202405270825360532.

4) 인간-기계 협업 혁신 사례; 완전 자동화 시대의 인간 역할. Retrieved 2025-08-20.

5) 삼성디스플레이 뉴스룸: 로보어드바이저 관련 기사. Retrieved 2025-08-20. https://news.samsung-display.com/14255.

6) ThinkFinance: 로보어드바이저 인사이트. Retrieved 2025-08-20. https://thinkfinance.io/XmUEDOv6Sg.

7) Adobe: 금융 개인화 전략 보고서. Retrieved 2025-08-20.

8) KB Think: Wells Fargo LifeSync 플랫폼 소개. Retrieved 2025-08-20.

9) Everest Group: KYC/AML 디지털화. Retrieved 2025-08-20. https://www.everestgrp.com/2020-07-evolution-of-kyc-and-aml-processes-from-manual-to-digital-market-insights-.html.

10) IdeaScale: 금융 혁신 개요. Retrieved 2025-08-20. https://ideascale.com/ko/%eb%b8%94%eb%a1%9c%ea%b7%b8/%ea%b8%88%ec%9c%b5-%ed%98%81%ec%8b%a0%ec%9d%b4%eb%9e%80-%eb%ac%b4%ec%97%87%ec%9d%b8%ea%b0%80/.

11) Ritsumeikan Radiant: 로봇/AI 사례. Retrieved 2025-08-20. https://www.ritsumei.ac.jp/research/radiant/eng/robot_ai/story6.html/.

12) Anaptyss: 금융 디지털 전환 트렌드. Retrieved 2025-08-20. https://www.anaptyss.com/blog/key-trends-in-digital-transformation-for-financial-services-in-2025/.

13) 조선비즈 미래금융포럼 페이지. Retrieved 2025-08-20. https://e.chosunbiz.com/tc-events/.

14) Abstracta: PentestGPT. Retrieved 2025-08-20. https://abstracta.us/blog/security-testing/pentestgpt-penetration-testing-with-ai/.

15) CoinFlip: 호주 가상화폐 ATM. Retrieved 2025-08-20. https://coinflip.tech/.

LLM으로 만드는
AI 투자 분석 시스템

ⓒ 박준형 · 김용희, 2026

초판 1쇄 발행 2026년 1월 5일

지은이   박준형 · 김용희
펴낸이   이기봉
편집   좋은땅 편집팀
펴낸곳   도서출판 좋은땅
주소   서울특별시 마포구 양화로12길 26 지월드빌딩 (서교동 395-7)
전화   02)374-8616~7
팩스   02)374-8614
이메일   gworldbook@naver.com
홈페이지   www.g-world.co.kr

ISBN   979-11-388-5222-7 (13000)